# 中美高中物理教材
# 比较研究

郭芳侠 著

陕西师范大学出版总社

图书代号　ZZ21N1741

**图书在版编目(CIP)数据**

中美高中物理教材比较研究／郭芳侠著．—西安：陕西师范大学出版总社有限公司,2021.8
ISBN 978-7-5695-2399-7

Ⅰ.①中…　Ⅱ.①郭…　Ⅲ.①中学物理课—教材—对比研究—高中—中国、美国　Ⅳ.①G633.72

中国版本图书馆 CIP 数据核字(2021)第 162434 号

## 中美高中物理教材比较研究
郭芳侠　著

| | |
|---|---|
| 责任编辑 | 杨雪玲 |
| 特约编辑 | 窦　月 |
| 责任校对 | 刘金茹 |
| 封面设计 | 金定华 |
| 出版发行 | 陕西师范大学出版总社<br>(西安市长安南路 199 号　邮编 710062) |
| 网　　址 | http://www.snupg.com |
| 经　　销 | 新华书店 |
| 印　　刷 | 西安日报社印务中心 |
| 开　　本 | 787mm×1092mm　1/16 |
| 印　　张 | 13.25 |
| 字　　数 | 276 千 |
| 版　　次 | 2021 年 8 月第 1 版 |
| 印　　次 | 2021 年 8 月第 1 次印刷 |
| 书　　号 | ISBN 978-7-5695-2399-7 |
| 定　　价 | 75.00 元 |

读者购书、书店添货或发现印装质量问题,请与本社高等教育出版中心联系。
电话:(029)85303622(传真)　85307864

# 前　言

  教材是教师实施课程教学最重要的文本资源,是课程的物化形态,是学生学习的主要知识载体和获得知识与技能的重要来源。教材也是课程目标与课程理念的综合体现,是联系课程设计者与教材使用者之间的重要纽带。因此,教材建设与教材研究对促进学校教育的发展有着非常重要的意义,物理教材的质量更是直接影响着国民的科学素养。所以,研究中学物理教材对促进我国中学物理教材发展、进而促进中学物理教育意义非凡。

  2013年,教育部启动了普通高中课程修订工作,历时4年多时间,于2018年发布了《普通高中物理课程标准(2017年版)》。2019年,依据新高中物理课程标准编写的教材面世,并逐步推广使用。美国是世界上教育发达的国家之一,其教材在西方具有一定的代表性,研究美国教材能帮助我们了解国际优秀教材的动态和特色,明确编写者的意图、教学思想和方法,开阔视野,为完善我国教材的内容选择、呈现方式等提供借鉴。因此,我们选择中国高中物理教科书《物理》(人民教育出版社,2019年版)和美国主流教材《Physics:Principles and Problems》(2013年版)展开较全面地比较研究,研究分为表层系统和微观系统比较,表层系统比较涵盖了文字系统、图像系统和作业系统,而微观系统比较主要集中在科学本质表征水平、知识内容难度、实验难度、实验探究水平和探究技能、习题不良结构和习题难度等方面。除此之外,还对2019年版物理教材在内容和习题上与课程标准的一致性进行了分析,并把2019年版与2010年版教材进行了纵向对比研究。研究结果的作用和意义:第一,能够帮助中学物理教师全方位了解美国高中物理教材的编写理念、呈现特色、逻辑结构以及中美教材在表层系统和微观系统的异同,取其所长;第二,帮助教师提高教材分析能力,创造性地选择和使用教材进行教学设计,领悟教材蕴含的价值因素;第三,帮助教材使用者全面理解新版教材的继承与创新,把握新版教材的知识结构体系和内在逻辑,从而实现教材的有效利用;第四,有助于挖掘隐含在知识之中的思想方法因素、智力因素、教育因素等多种价值,发挥教材优势,为科学理性地设计教学、引导学生经历学习物理的过程奠定基础,从而提高物理教学的质量和效率。

全书共九章内容:第一章绪论;第二章中美高中物理教材表层系统比较,内容包括文字系统结构特征、图像系统的内容和功能分析、作业系统的结构特征及分类等;第三章中美高中物理教材科学本质表征比较;第四、五、六章分别研究中美高中物理教材知识难度、习题难度和习题不良结构、实验难度、实验探究水平和探究技能等;第七章中国2019年版物理教材内容、习题与课程标准的一致性分析;第八章中国2019年版物理教材与2010年版物理教材的对比;第九章启示与建议。

本书基于科学的量化研究方法从多个角度剖析了中美高中物理教材,并进行了全方位的比较,把中美高中物理教材在结构、编排、呈现、难度、教材隐性功能等特色及差异客观地呈现给读者。本书可以为教材编写者提供一定的参考,同时亦适合广大物理教师、物理教育方向的研究生和本科生阅读。

课题研究小组成员及参与撰写的有于一真、王冰雪、孙静、李晓爽、何琳、张地、高月、郭芳侠、黄凯、韩丽梅(以姓氏笔画为序)。在研究过程中,得到了王较过教授、李贵安教授、张红洋教授热情地指导与帮助,在此深表谢意!

虽然我们本着科学严谨的态度、尽了最大努力进行研究工作,但由于学术水平和写作水平有限,错误和不妥之处在所难免,恳请广大读者给予诚恳地批评与指正。

郭芳侠

2021年7月

# Contents 目录

**第一章 绪论** ……………………………………………………………（ 1 ）
   第一节 研究背景 ………………………………………………（ 1 ）
   第二节 研究目的及框架 ………………………………………（ 10 ）

**第二章 中美高中物理教材表层系统比较** …………………………（ 12 ）
   第一节 分析方法 ………………………………………………（ 12 ）
   第二节 文本系统分析 …………………………………………（ 15 ）
   第三节 图像系统分析 …………………………………………（ 24 ）
   第四节 作业系统分析 …………………………………………（ 33 ）
   第五节 研究结论 ………………………………………………（ 42 ）

**第三章 中美高中物理教材科学本质表征比较** ……………………（ 44 ）
   第一节 科学本质的研究工具及分析方法 ……………………（ 44 ）
   第二节 中美高中物理教材科学本质表征比较 ………………（ 51 ）
   第三节 研究结论 ………………………………………………（ 66 ）

**第四章 中美高中物理教材难度比较** ………………………………（ 67 ）
   第一节 广度难度模型及方法 …………………………………（ 67 ）
   第二节 教材知识广度 …………………………………………（ 70 ）
   第三节 教材难度比较 …………………………………………（ 74 ）
   第四节 研究结论 ………………………………………………（ 80 ）

## 第五章　中美高中物理教材实验比较 ……………………………（81）
### 第一节　分析方法 …………………………………………………（81）
### 第二节　实验内容、类型及仪器比较 ……………………………（84）
### 第三节　中美教材实验难度比较 …………………………………（90）
### 第四节　中美教材实验探究水平及探究技能比较 ………………（92）
### 第五节　研究结论 …………………………………………………（101）

## 第六章　中美高中物理教材习题不良结构和难度比较 …………（103）
### 第一节　研究方法 …………………………………………………（103）
### 第二节　结构不良问题的分析比较 ………………………………（106）
### 第三节　中美教材习题难度比较 …………………………………（114）
### 第四节　研究结论 …………………………………………………（123）

## 第七章　中国高中物理教材与课程标准的一致性分析 …………（124）
### 第一节　一致性分析方法 …………………………………………（124）
### 第二节　教材知识内容与课程标准的一致性分析 ………………（129）
### 第三节　习题与课程标准的一致性分析 …………………………（150）
### 第四节　研究结论 …………………………………………………（161）

## 第八章　中国高中物理教材2019年版与2010年版的对比 ………（163）
### 第一节　内容结构的变化 …………………………………………（163）
### 第二节　教材图像的变化 …………………………………………（166）
### 第三节　教材实验的变化 …………………………………………（171）
### 第四节　教材习题的变化 …………………………………………（179）
### 第五节　科学本质表征的变化 ……………………………………（182）
### 第六节　研究结论 …………………………………………………（192）

## 第九章　启示与建议 …………………………………………………（195）

## 参考文献 ……………………………………………………………（199）

# 第一章 绪论

## 第一节 研究背景

**一、缘起**

自 20 世纪中叶以来,受建构主义等教育思潮的影响,各国结合国情,积极开展教育改革。基础教育是各国改革的重中之重,通过深化基础教育改革,提高教育教学质量是各国共同的愿景。由此,以重新界定教育目的、变革课程设置、推动新的教学方式和评价方式的课程改革拉开了序幕。自新中国成立以来,我国进行了八次基础教育改革。在 70 余年里,我国基础教育经历了改造与创建、自主与迷失、巩固与调整、转型与深化四个发展阶段[1],在统一的前提下,追求多样性的发展。其内在逻辑表现为根植中国传统文化的中庸之道;立足于中国实际情况与时代要求;在实践中检验,构建具有中国特色的基础教育体系。20 世纪末,中共中央、国务院提出要"深化教育改革,全面推进素质教育",要在 21 世纪建构起符合素质教育要求的基础教育课程体系。这次改革不是对课程内容的简单调整,而是一次以课程为核心的波及整个教育领域的系统改革,是课程文化以及教育观念的转变。1999 年,我国首次在《面向 21 世纪教育振兴行动计划》中提出改革构想,2001 年 6 月,颁布了课程改革的纲领性文件《基础教育课程改革纲要(试行)》,其中提到国家课程标准是教材编写、教学、评估和考试命题的依据,也是国家管理和评价课程的基础[2]。2003 年,教育部印发的普通高中课程标准实验稿,指导了 10 余年来普通高中课程改革的实践,基本建立起适合我国国情和时代发展要求的普通高中课程体系,表明了国家对不同阶段的学生在知识与技能、过程与方法、情感态度与价值观等方面的基本要求,提出教育要培养具有学科知识技能、自主学习能力、探索精神等高素质的人才。随着新时代对人才发展需要形式的不断改变,2013年,教育部启动了普通高中课程修订工作,深入总结了21世纪以来我国高中课改的经验以及借鉴国际课程改革的优秀成果。2018年,教育部发布了经过修订的《普通高中物理课程标准(2017年版)》(以下简称课程标准),其修订的主要内容是课程方案以及学科课程标准,进一步明确了普通高中物理教育的重要地位,优化了课程结构,对课程类别以及功能进行了调整,并着重突出了物理学科核心素养[3]。

教材作为课程改革的重要文本资料,上承课程标准,下启教学实践,是课程目标与课程理念的综合体现,是开展学校教学最重要的文本资源,是课程设计者与教材使用者之间的纽带。课程理念的落实和课程目标的达成,需要在教材中全面地体现编写者的意图,帮助教材使用者树立并整合教材的结构体系,从而实现教材的有效利用。对教材的修订,实质上是将基础教育改革的理念映射到实际的课程体系中。因此,在新一轮课程改革轰轰烈烈进行的前提下,对教材的分析与研究显得极为重要。

美国作为全球教育发达的国家,其教材具有一定的代表性,研究美国教材编写特色、教材内容难度、实验难度、实验探究技能、习题特色及难度等能为我国教材的内容选择、呈现方式、编写安排等提供借鉴,开阔视野,明确方向。美国教育以多样化著称,各州在教育上有较高的自主权,因此各地中学物理教学存在许多差异,直至1996年美国开始实行全国性科学教育标准,即《国家科学教育标准》,建立了全国范围的课程标准体系。在美国中学课程体系中,物理作为选修内容,学生可根据情况选择相应的课程进行学习,可供选择的物理课程有以下四种类型:概念物理(Physics for non-science students)、常规型物理课程(Regular first year physics)、荣誉生物理课程(Honors physics)、高级物理(Advanced Placement)[4]。这四类课程体系有不同的偏重,适用于不同的学生选择进行学习。概念物理适合那些将来想要选择非理工方向的学生,与我国的文科物理类似。常规型一年的物理课程,为传统的物理内容,学生一般在十二年级选修该课程。这部分课程同我国普通高中的物理课程极为相似。荣誉生物理课程是一些学校为优秀学生开设的一种荣誉生课程,内容与常规性课程基本相同,有些部分有所加深。高级物理课程是为最优秀、最有学习动力的中学生开设的一种具有大学水平的课程,其所修学分被大学承认。因此我们选择常规型物理课程,这一体系作为我们的研究对象,而在常规型物理课程体系中,《Physics:Principles and Problems》是美国高中教育的主流教材中使用率较高的教材[5]。该教材提倡科学知识要与社会发展紧密结合,设置的情境从多角度设问培养学生的发散性思维能力,非常值得国内教材借鉴。

提高教材编写质量以带动基础教育改革,是我国教材编写的始终追求。教材依次经历了"一纲一本"到"一纲多本"到现在"三科统编",教材编写中的求同存异,使教材更好地满足不同地区和不同群体的教育需求,不同版本教材的良性竞争也促进了教材质量与编写体系的提高与完善。

课程标准以落实立德树人根本任务为总导向,以提升物理学科素养为目标,为我国新一轮基础教育物理课程改革确立了方向。指出在教材编写中:内容以落实物理学科核心素养的要求进行选择,关注物理内容的基础性,满足全体学生的学习需求,注重物理内容的选择性,为学生提供个性发展平台,内容的深度与广度应符合课程标准要求、反映学科动态和体现时代特点,重视科学的发展过程,关注科学探究活动的设计,关注学业质量水平要求,设计多种评价方式;内容呈现上,应有利于教与学,发挥教材的支架作用,注重教材的物理形态;辅助资源上,有效利用信息技术,充分利用社会资源[3]。在课程标准的指导下,新的普通高中教科书《物理》(2019年版)应运而生。在2019年新教材开始应用于北京、天津、辽宁、上海、山东、海南等6个省(市),第二年陆续有14个省(市)使用。随新高考的推进,新版教材逐步进入实际教学,预计到2022年秋季学期,将在全国各地启动实施新课标新教材[6]。新教材对课程体系进行了调整,同时教材内容也进行了改进。那么新物理教材与国外主流教材的编写逻辑、结构、内容、插图等有何异同和特色,知识、习题、实验的难易程度如何?新教材与《普通高中物理课程标准》的符合程度怎么样?与2010年版教材相比发生了哪些变化,这些方面仍缺少具体全面的研究。为了探究这一系列问题,我们选取中国和美国的主流教材,进行全面系统地分析研究以期充实教材比较方面的研究实践,同时也对一线的教学工作产生积极作用,为教师理解教材、汲取国外教材精华,将其创造性地转化并运用于教学实践中提供方便。

## 二、教材研究现状

### 1. 教材表层系统研究

教材整体是一个功能体系,体系由不同部分构成,包括教学内容、各部分的知识结构以及组织方式等,各部分相互作用相互影响,共同完成教材的功能。目前主流观点认为:教材系统可划分为表层系统和深层系统。表层系统包括课文系统、图像系统和作业系统,深层系统是相对于表层而言,注重培养学生的智能发展以及情感态度价值观方面所涉及的知识内容体系[7]。

国外对教材的系统评估中,最具影响力的是 21 世纪伊始美国"2061 计划"对科学教材的系统评估,对近年来的课程建设和课堂教学产生了巨大的影响。"2061 计划"从"教什么"和"如何教"两个角度建立评价维度,制定相应的标准,对不同版本的美国科学教材进行评价,形成报告供教育工作者参考[8-9],其中"教什么"涉及对教材表层系统的研究。国外关于教材表层系统的研究多集中在对教材文本内容的分析研究[10]和对教材内容选择及呈现方式等进行对比分析研究[11]。总体来看,研究的角度虽多,但各角度的研究停留在表面,且多集中于对数量及所占比例的比较,分析不够深入,各研究之间关联度不高,缺乏系统研究。

国内关于教材表层系统的研究主要集中于教材自身结构和教材横向比较两方面,研究的切入点及比较维度聚焦于教材各系统的结构特点、编制逻辑结构、各系统的相互作用等。如蒋炜波从核心素养与高考的"四翼"要求对 2019 年版教材的习题配置情况进行了分析并提出相应的建议[12];邹丽晖从必要性、准确性、可读性、新颖性等方面研究和分析绘制图的科学性问题,提出一种基于层次分析法的插图修订策略,并提出优化建议[13];吕志兰对初中物理力学的知识结构进行分析,得出力学知识内容呈现体现出图文结合、突出实验探究、板块设置丰富多样的特点[14];曾海涛以日本高中物理教材的绪论为研究对象,对其文本内容进行分析,得出日本教材具有紧密联系日常生活、注重物理学史教育以及突出物理实验教育几个特点[15]。教材比较研究主要集中于研究国内外各版本教材之间表层系统的结构差异。关于国内教材比较研究中,主要是人教版、沪科版、粤教版、苏科版、鲁科版等版本之间的比较分析,比如新旧教材习题研究[16]、STSE 栏目的呈现情况[17]等,国外教材则比较关注美国[18]、日本[19]、英国[20]等国家的教材。

**2. 教材科学本质的表征**

加强学生对科学本质的理解是提升科学教育质量的方法之一。我国对于正确理解科学本质的要求,不仅指教师在教学过程中如何正确恰当地引导与培养学生对科学本质的认识,更强调教学材料应提供相应的教学内容予以支持。

国外科学本质内涵的研究中,虽对科学本质内涵的表述及定义不尽相同,但几乎都侧重描述其属性。主要有两类,一类是将科学本质看作科学素养来进行定义,通常由主维度和子维度建构,如 Chiapptta[21]、Lee Yong Hee[22]、刘建智[23]等的研究。这类研究主维度较广,尤其是 Chiappta 和 Lee Yong Hee 的研究。而刘建智的科学本质观虽同样按主次维度进行内涵界定,但其描述的子维度相对较少。另一类研究则从"科学是什么样的? 有什么样的特点?"进行定义,涉及范围较小,如 Lederman[24]和 Abd-El-Khalick[25]等的研究,这类研究不再分为主次维度进行界定,相比较,涉及维度少且侧重描述科学知识的特点。不同研究对科学本质的认识虽有不同,但一些内容是有共识性的,如实证性、创造性等。

国外对教材科学本质表征的研究,主要有三个角度。第一是将科学本质作为科学素养主题来研究其表征。如 Chiappetta,Sethna 和 Fillman(1991)[26]对高中化学教材中的科学素养主题进行了定量分析,又在 2007 年以高中生物教材研究为例,增加了科学本质框架[21]。Knain 等(2001)[27]采用其他框架研究了意识形态对科学教育的作用。第二是从科学内容表现的历史和哲学的角度研究教材内容的准确性并探讨其发展。Niaz 等(2000)[28]以美国大学化学教材为例,基于科学的历史和哲学框架,制定了评估大学化学教材的八个标准,同时还研究了土耳其[29]、韩国[30]等国教材在该方面的表征情况。第三是研究科学本质表征质量和出版社及作者对其表征的影响。该角度分析始于 Abd-El-Khalick 等(2002)[31]对美国四本获奖教材的科学本质表征研究,在 2008 年又系统地研究了美国 14 本中学化学教材的表现[25],并在 2017 年对美国高中生物和物理教材的分析中,扩展了原有的分析框架[32]。

我国对科学本质的研究相较西方国家起步较晚。刘健智(2006)[23]提出科学本质内涵应包括科学知识、科学探索、科学事业三层次,共对应十七个因素。李西营等(2019)[33]构建了教材科学探究的评价指标体系,核心包括科学探究过程和科学本质两部分,科学本质的评价指标涉及七个维度,虽未涉及对科学本质定义的说明,但间接反映了对科学本质的认识。

国内对教材科学本质的研究主要集中在理科学科上。可分为两类:第一类是中外教科书的比较,多为中美两国的对比。杨玉琴等(2010)[34]采用 Abd-El-Khalick 等的科学本质观,对比分析了中美高中化学教材中的科学本质呈现。侯新杰等(2013)[35]综合刘建智等的科学本质内涵,建构新的框架对比了人教版高中物理(2010 年版六册)、美国《物理:原理与问题》(2005 年版)中科学史对科学本质的呈现。贺琳等(2018)[36]重构了理论框架,分析了人教版高中物理(2006 年版六册)、美国《物理:原理与问题》(2005 年版)科学本质的呈现。黄晓等(2020)[37]基于 Lederman 等的科学本质内涵,对美国、中国四套(台湾翰林出版社、浙江教育出版社、华东师范大学出版社、武汉出版社)科学教材进行比较,得出科学本质呈现"全"而"不均",且以隐性方式呈现为主。这些研究中,皆从中美教材的科学本质呈现特点进行比较,采用的理论框架都是当下普遍认可或基于此重构的,内容相差不大。第二类是对于国内教材的研究。大多都采用 Abd-El-Khalick 等的科学本质观,如严文法等(2012)[38]采用该体系,分析了鲁科版高中化学教材中科学本质的呈现方式;Bing Wei 等(2013)[39]考察了三套初中科学教材中科学史的表征;张雪等(2020)[40]以人教版三版高中物理教材的"静电学"为研究对象,研究了科学本质表征的变化。最新研究中,陈少丽等(2021)[41]采用尼日利亚学者 Upahi 等所构建的科学本质的表征工具,提取了鲁科(2019年版)高中化学教材的科学本质。与前面的研究相比,该研究还增加了科学本质与学科之间的联系的研究,属于较新颖的角度,但采用该工具的研究还较少,其普遍性还需进一步探索。

综合以上分析,发现教材科学本质的研究多以中美对比为主,但目前涉及《Physics:Principles and Problems》一书都是2005年版教材,人教版教材也不是最新的;且绝大部分仅比较部分知识内容模块的表征;目前还没有对中美最新的整套教材进行全面比较的研究;也没有基于课程标准的2019年版与2010年版高中物理教材的全面整体地比较研究。基于以上分析,我们的研究采用侧重科学本质的认知论,使用 Abd-El-Khalick 等构建的科学本质内涵,来系统分析中美高中物理教材中科学本质的表征。

### 3. 教材难度研究

(1) 知识难度

史宁中的课程难度模型[42]指出课程难度主要受课程广度、课程深度和课时的影响,建立的课程难度定量模型被广泛运用于各学科的教材难度研究中[43]。

常晓慧(2017)等人将美国高中物理教材《Physics:Principles and Problems》)和人民教育出版社出版的普通高中课程标准实验教科书《物理》(2010年第3版)必修1、2和选修3的内容按照知识模块划分,从广度、深度进行分析,其中把知识点深度分为"知道、理解、推理与分析"三个层次进行对比分析[44]。刘健智(2014)等在《中美高中物理教材内容呈现方式的比较——以"加速度"的编写为例》中比较美国教材《Physics:Principles and Problems》和2010年人教版教材"加速度"部分编排、文本编写、栏目设置等并结合教育学知识分析两国教材的特点[45]。廖伯琴等从美、英、法、德、俄、中、日、韩、新、澳国家中选取了十套高中物理教材,从知识、实验、习题及拓展四个方面进行比较研究。研究结果表明,中国高中物理教材的难度属于中等水平,美、新、英、澳的教材比中国的难,中国教材容量不大、更注重内容的深度[46]。

(2) 习题难度

在鲍建生(2002)《中英两国初中数学期望课程综合难度的比较》一文中,从定量的角度刻画难度模型,以"数学题综合难度模型"为基础,比较分析中国和英国的数学课程综合难度[47],王建磐与鲍建生(2014)对该综合难度模型进一步完善,从例题的背景、数学认识、运算、推理、知识综合五个因素对中国、美国、法国、俄罗斯、澳大利亚的六套高中数学教材例题进行了分析,比较了各样本教材在例题上面的难度特征[48]。习题难度模型运用方面,在吴立宝(2014)《初中数学教科书习题国际比较研究》一文中,选择十个国家的初中数学教科书为研究对象,对数学学科五个板块的习题从题型、数量、结论开放性和难度四个方面进行定量的分析。在习题难度方面,其优点在于利用专家访谈和教师问卷,通过主因素分析法确定习题难度[49];在廖伯琴等人(2017)《高中物理教材习题难度国际比较》一文中,建立了习题难度的计算模型,然后从深度和广度两个方面对十个国家的高中物理教材习题难度进行对比分析[50];在冯婷嫣(2019)《中美高中物理习题比较研究》一文中,以定性和定量相结合的方法,选取中美高中物理教材"曲线运动"部分习题为研究对象,从习题数量、类型、呈现方式、特征和难度五个方面对比分析中美教材习题的异同。其不足之处在于只对"曲线运动"这一部分内容进行比较研究,习题样本数量不够丰富,从而导致得到的结果不够全面[51]。

**4. 实验研究**

陈娴(2007)在《从改革后的新教材看美国中学物理实验教学的主要特点及发展趋势》中,基于美国《国家科学教育标准》对5套初高中物理教材进行对比,对该国科学教育目标、实验教学特点进行分析,得出美国实验有目的规范化、内容人性化、方案微型化、评价行为化等特点[52]。熊泽本(2017)[53]选取中美四个大学的物理实验教科书从知识内容结构、内容深度广度、实验项目取材、配套信息建设、体现教与学的思维方法等方面进行对比分析,总结各自的特色,并认为中美两国教科书在认知思维方式、学习观、教科书的开放形式、实验环境设置、实验插图设计等方面存在不同。另在《基础物理实验教科书对比与分析》[54]中,熊泽本选取国内6所高校选用或主要参考的基础物理实验教材,从知识的内容结构、实验项目的取舍、配套信息的选择等内容分析,得出我国教材普遍采用了层次化的实验项目、开放性的实验步骤以及与现代科技紧密结合的实验内容。廖伯琴(2017)[55]基于已有的课程难度研究,建构了基于实验广度、深度的实验难度模型。其中,实验广度指教材中的实验总个数,实验深度指实验的复杂程度。运用该模型进行赋值并比较分析十国教材的实验难度,得出中国教材实验难度最大。李鼎(2020)[56]就中美教材中数字化实验的呈现特点进行比较,通过分析人教版、沪科版、粤教版、美国AP四版教材,得出在实验内容呈现上美国教材的实验方式更具选择性;在数字化实验上,美国数量占比、时长设置均高于我国教材。陈运保(2020)[57]就2013年人民教育出版社和上海教育出版社的初中物理教材探究实验中批判性思维内容进行比较。研究从实验教学的3个阶段、依据批判性思维6项技能要素标准进行量化统计,并结合案例进行质性分析,从而揭示教材是如何体现批判性思维的培养。

### 5. 一致性研究

**(1) 主要模式**

"一致性"最早出现于20世纪60年代布鲁姆的教育目标分类学中,仅仅停留在"作为判断被测与目标匹配程度"的理念阶段。20世纪90年代,为检查核实"基于标准"的课程改革成效,美国组建"课程与评价一致性分析协会",关注各学业评价与课程标准的一致性程度。随着一致性研究不断完善,其研究范围逐渐扩展到教材、教学、作业等方面,成为当前教育改革研究领域的重要项目[58]。针对分析教材与课程标准一致性模式,应用较为广泛的有 Webb 模式、SEC 模式以及 Achieve 模式。

1) 韦伯模式

1997年韦伯开发了一个全面而复杂的方法来评估教材与标准之间的一致性程度,最初从五个方面共十二个指标对数学和科学学科给出了一致性分析的例子[59]。在该评估系统应用时,多关注于"内容重点"这一层面,其被分为六个分析维度:知识类别一致性、知识深度一致性、知识对应范围一致性、知识结构可比性、知识分布平衡性、意向一致性。1999年韦伯针对已有的模式进行了一些修改,并将其应用于四个州数学和科学课程的一致性研究。在后续的研究调查中,韦伯等研究者将关注点放在知识类别、知识深度、知识广度以及知识分布平衡性这四个方面,并运用萨博克维克数理统计程序可以得到以上维度的可接受阈值[60]。之后的研究中,韦伯及其同事发现由于知识深度标准的缺乏指导,大部分研究人员在标准和目标上的评分可能会忽略不同的观点,并存在夸大四个维度上的一致性程度的问题[61]。

2) SEC 模式

2001年波特与史密斯等人在韦伯模式的原理基础上开发出新的一致性判断程序——课程实施调查模型(Surveys of Enacted Curriculum model),简称 SEC 模式[62]。Blank 及其同事运用 SEC 模式研究了6个州的教学与评估一致性程度,得到各州一致性系数相似的结论[63]。波特认为韦伯模式仅用知识种类一致性标准来衡量评价项目是不充分的,因此将知识广度与深度作为分析评价与课程标准一致性的核心要素。他提出了"主题""对学生表现的期望"两个维度,其中"主题"是指知识的内容主题,"对学生表现的期望"是指知识的认知水平。SEC 模式主要从"内容主题"与"认知水平"两个维度进行分析,再将评价项目与标准用同样的准则编码到各自的二维矩阵中去,形成"内容主题×认知水平"矩阵,根据一致性计算公式得到最终结果,波特的一致性分析公式为

$$P = 1 - \frac{\sum_{j=1}^{n}\sum_{i=1}^{m}|X_{ij} - Y_{ij}|}{2}$$

其中，$X_{ij}$、$Y_{ij}$表示教材、课程标准的"内容主题×认知水平"矩阵中第$i$行第$j$列数据。

3）Achieve 模式

为改变美国学生高中毕业生学术能力水平考试成绩不断下滑以及在国际测验中不断落后的现状，Achieve 公司经过对马萨诸塞州等地学业评价与课程标准一致性实践研究，在 2002 年提出了"测验－标准"一致性分析模式，简称"Achieve 模式"，Resnick 等人应用该模式对标准与测验之间的一致性做出了相关报告[64]。

该模型分析主要考虑三个方面：评价项目是否测试了课程标准内容；评价项目在多大程度上测试了课程标准内容；评价项目对学生的挑战性是否足够[65]，由此得到了 Achieve 模式的具体框架，包括向心性、均衡性和挑战性三个维度，各维度又有两个指标，分别为内容向心性、表现向心性、平衡、范围、挑战来源和挑战层次。每个一致性指标对应 2~5 个程度等级，需要评价者针对每一指标分析内容进行等级评判，并与相应一致性可接受阈值比较，研判是否达到一致性标准。

（2）研究现状

我国关于评价与课程标准一致性较早且深入研究的学者是刘学智，他论述了美国一致性研究的起源，以 Webb 模式为例阐述了美国构建一致性分析标准的经验，提出构建一致性标准要立足于本土化及其必要性[23]。同年，邵朝友和周明研究认为在追求标准与评价一致性的要求下，内容标准、表现标准、评价是匹配的体系[66]，指出我国课程标准只有内容标准，缺少表现标准。在此基础上刘学智详细介绍了广泛应用的 SEC 模式[67]、韦伯模式[68]、Achieve 一致性分析模式[69]。国内关于一致性的研究主要参考以上三种模式，对比对象主要有：教材知识内容与课程标准；教材习题、考试题与课程标准；教材例题与习题；教材编写的一致性。

梳理一致性相关研究发现，不同学者或教育机构在研究一致性时所关注的维度及指标存在差异。韦伯模式以及 Achieve 模式交叉的分析维度有

① 知识是否有对应的习题（知识种类/知识内容分布/内容向心性）；

② 习题是否反映知识的要求水平（知识深度/内容严密性/表现向心性）；

③ 知识与习题分布的平衡性（分布平衡性/内容均衡性/平衡、范围）。

韦伯模式的独特分析维度是"知识广度"，实际上是通过知识种类水平占比衡量其是否达标的一种方式，且每一分析维度都有相应的一致性临界值指标，但是其分析维度较少，研究对象多是学业评价与课程标准。在其基础上改进的 SEC 模式对一致性指标进行了量化处理，操作简便、更具有科学性，但只能从"内容主题"和"认知水平"两个维度综合考量一致性，因此在文本内容的一致性分析中常被使

用。Achieve 模式除了以上共同维度外,还包括"挑战的来源",侧重于判断项目的科学性,这与教材自身的一致性关系不大,"挑战水平"主要则侧重于解答测试题目对学生能力的要求。

几种一致性模型有着各自的优势,Webb 模式取样便捷且分析质效高;Achieve 模式则在深度的定性分析方面有较好应用;SEC 模式开创性地引入了一致性指数算法,可以将分析内容和认知水平放入同一框架进行整体性分析,这有利于不同地区的课程研究。

通过以上文献分析,发现目前对于中美高中物理教材的比较研究绝大多数还不是最新版本,且研究的角度分散,研究的内容大多仅涉及教材部分知识模块,缺乏较全面较深入系统地对比研究。尚未发现对于基于新课程标准编写的 2019 年版物理教材和 2010 年版的全面比较。因此,本书将以中美整套教材为研究对象,采用科学的量化研究方法,从多个角度系统深入研究中美高中物理教材,并比较 2019 年版、2010 年版物理教材的变化。

## 第二节 研究目的及框架

分析研究教材对教材设计的最优化、教材评价的科学化及教材理论建设有着重要意义。研究选用的教材是:美国 McGraw – Hill 公司 2013 年出版的《Physics: Principles and Problems》(《物理:原理与问题》,简称"美国教材"),人民教育出版社 2019 年版《物理》教科书(简称"中国教材")和 2010 年版教材。

### 一、研究目的

① 通过对中美教材文本系统、图像系统、作业系统的编写特色全面地比较研究,揭示两者在内容选择、呈现方式、编排逻辑以及知识结构上的异同,各取所长,相互借鉴。

② 通过对中美物理教材科学本质表征的研究,了解中美物理教材科学本质呈现的均衡性、明确性和准确性以及表征水平的差异,展示各自特色,为我国教材中科学本质的呈现提供新思路,帮助学生正确地理解科学。

③ 通过对中美教材知识难度、实验难度、习题难度的分析比较,明确中国教材的相对难易程度;同时揭示中美教材习题的不良结构、实验的探究水平和探究技能方面的差异。

④ 探究 2019 年版教材的知识内容和习题的设置与课程标准的一致性程度,了解教材对课程标准的落实情况。

⑤ 明晰2019年版教材在2010年版教材的基础上发生的变化，展示特色和优势。为新教材的进一步推广做好服务。

## 二、研究框架

中美高中物理教材比较研究框架如图1-1所示。

```
教材比较研究
├── 表层系统分析
│   ├── 文本系统分析
│   ├── 图像系统分析
│   └── 作业系统分析
└── 微观系统分析
    ├── 科学本质分析
    ├── 难度分析
    │   ├── 知识内容难度
    │   ├── 实验难度
    │   └── 习题难度
    ├── 实验探究水平及探究技能
    ├── 习题不良结构
    └── 一致性分析
        ├── 知识内容一致性
        └── 习题一致性
```

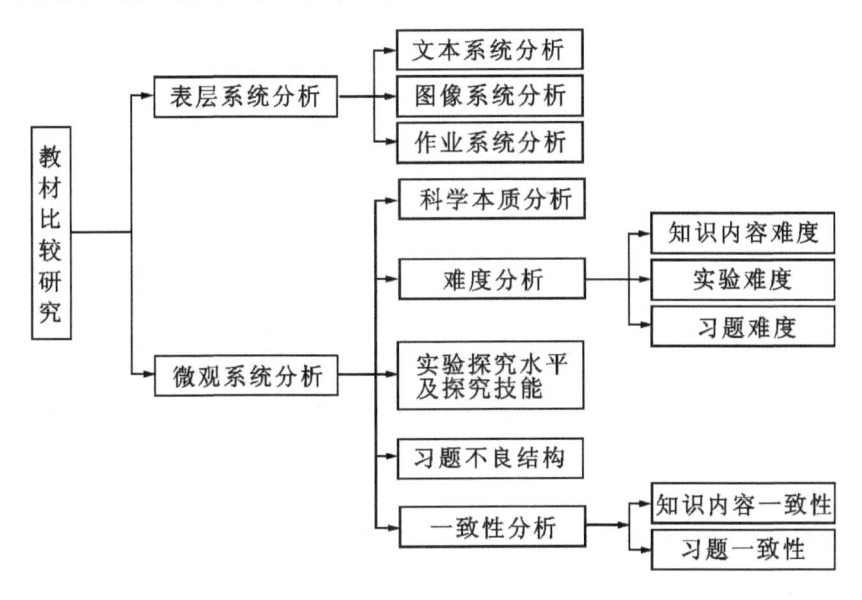

图1-1 教材比较研究框架

研究包括教材的横向比较和纵向比较。横向比较中国高中物理教材与美国高中物理教材，纵向比较中国2019年版教材与2010年版教材。研究分为表层系统分析和微观系统分析。

教材的表层系统研究包括文本系统、图像系统、作业系统分析，基于一定分析框架对编写结构特征和编排方式、图像系统的内容和功能、作业系统的结构类型和特点等展开研究；另一方面从微观角度分析中美教材科学本质的呈现、知识难度、习题难度、实验难度、实验的探究水平和探究技能等，并对中美教材、人教版2019年版和2010年版教材进行比较；同时还将研究2019年版教材的知识内容、习题与课程标准要求的一致性程度。

对教材进行分析研究，可以帮助我们开阔视野，了解国际教材动态，明确方向，把握变化，同时加深理解教材内容和目标。其结果可以作为中学教师使用新教材进行教学活动的有益参考，有助于教师更好地理解把握新教材，提高教学效率。

# 第二章 中美高中物理教材表层系统比较

文字是教学内容的主要载体,是呈现和传递信息的主要形式。生动形象的图像囊括大量信息,具有文字内容无法替代的教学功能;课本问题有效地将课堂与实际生活相联系,通过具体的物理情境,帮助学生巩固内化、理解并运用课堂知识解决问题,拓展思维,对学生综合能力的发展有着重要作用。本章将整体分析比较中国教材和美国教材,分别从文本系统的编写结构特征和编排方式、图像系统的内容和功能、作业系统的结构类型和特点等展开研究,展示编写特色,寻找差异。

## 第一节 分析方法

美国在《Project 2061》中明确提出了培养学生的科学素养,要求教材编写要体现这一要求[70,71]。我国于2017年开始的新一轮课程改革的核心是培养学生的核心素养,二者本质是相同的。但美国在这方面起步早于我国,并取得了一定的成果,通过对美国教材与中国教材的对比分析,各取所长,对我国教材体系的完善与核心素养的落地有促进作用。

需要说明的是由于中国教材的选修内容属于校本内容,内容及教学安排由学校自主决定,无统一的要求与说明,所以仅选择中国教材的必修1~3、选择性必修1~3的内容和美国教材进行比较。

### 一、文本系统分析方法

为了便于分析比较,把教材内容按物理学的知识划分为五个模块:力学、电磁学、热学、光学和近代物理。各模块对应的教材章节内容如表2-1所示。

表 2-1　中美教材中模块内容对应的章节

| 模块 | 中国教材 | 美国教材 |
| --- | --- | --- |
| 力学 | 必修1、必修2、选择性必修1(第一章至第三章) | 第二章至第十一章、第十四章、第十五章 |
| 电磁学 | 必修3、选择性必修2 | 第二十章至第二十六章 |
| 热学 | 选择性必修3(第一章至第三章) | 第十二章、第十三章 |
| 光学 | 选择性必修1(第四章) | 第十六章至第十九章 |
| 近代物理 | 选择性必修3(第四章、第五章) | 第二十七章至第三十章 |

文字作为教材呈现和传递信息的主要形式,是教材同使用者交流的重要途径,是教学内容的主要载体,在整个教材系统有着重要的作用。对文本系统进行分析,能更好地了解教材的基本情况,加深对教材编写逻辑以及价值取向的理解。

选取教材的栏目作为切入点,以教材栏目的编排方式探究教材的编写理念,把握教材的结构特征;然后对中美教材知识点的编排逻辑结构进行分析。

**二、图像系统分析方法及框架**

图像作为教材文本的重要组成部分,承载着大量信息,具有文字内容无法替代的作用,在教材构成中占有重要地位。因此,对图像进行全面系统的分析有助于我们更好地领悟教材。图像系统分析将从宏观和微观两个视角进行,宏观层面,主要关注图像在教材中的数量、密度、各内容主题的分布情况以及各教材的呈现特征;微观层面,主要关注图像内容的分布情况、图像功能的分布情况及对比分析。

**1. 图像内容分析框架**

对于物理教材图像分类,依据不同的分类角度,形成了不同的分类标准。其中具有一定代表性有如下几种:杜爱慧等人依据插图的教学功能,分为原理模拟图与模型示意图、生产生活相关图、肖像图、实验图以及各类图表[72,73];祁映宏等人依据物理学科内容,把插图分为物理仪器、史学史料、自然现象、科技进展、实验探究、日常生活、概念原理等类别[74];陈运保等人根据插图的内容将其分为科技生活图、数据图表图、史料类图、引导图、实验图、结构图、原理模拟图[19]。

结合前人的分类框架及中美教材图像的内容特点,对教材图像从内容的角度,制定了如表 2-2 所示分类标准,并给出相应的界定方法及示例。

表2-2　图像呈现内容分类标准及界定方法说明

| 呈现内容 | 界定方法 | 示例 |
| --- | --- | --- |
| 科技生活 | 物理学前沿或与科技相关的插图、生产生活相关的插图 | （必修2,图6.4-8） |
| 物理学史 | 历史照片或与物理学发展进程中做出重大贡献的杰出人物有关的插图 | （必修3,图13.3-1） |
| 实验探究 | 实验装置图、实验现象图、操作示意图等与实验相关的插图 | （必修1,图3.3-6） |
| 原理模拟 | 对物理模型或结构加以解释的插图 | （必修1,图3.3-7） |
| 数据图表 | 用知识表格、数据表格或物理量关系图像形式表达知识或者规律的插图 | （必修1,61页） |
| 结构框架 | 呈现知识点关系内在逻辑的插图 | （必修1,30页） |

### 2. 图像功能分析框架

对于教材图像功能的划分最受关注且被广泛采用的划分办法为Levin等人的观点,他们提出图表有装饰性功能、表征性功能、组织性功能、理解性功能和转换性功能等五种不同的功能类别[75]。在此基础上,Victor R. Lee将科学教材中图像表征的功能分为演示功能(demonstrative function)、阐明功能(illustrative function)和解释功能(explanatory function)[76]。本文采用Victor R. Lee的图像功能分类,构建本文图像功能的分析框架,给出相应的操作性定义,并配以相应的配图,如表2-3所示。

表2-3　图像功能分类标准及操作性定义说明

| 功能 | 定义 | 判断依据 | 示例 |
| --- | --- | --- | --- |
| 演示功能 | 指导行为操作或激发情感体验 | 以图形中是否有人物或者人物元素（例如人的手或眼睛等）为判断依据 | （必修1,图3.2-1） |
| 阐明功能 | 展示某种人物、实物或现象 | 以图形的使用目的是否为了向人们展示实物、人物或现象为判断依据 | （必修3,图9.4-6） |
| 解释功能 | 解释科学原理或规律 | 以图中是否有象征性符号或文字标注为判断依据 | （必修1,图3.3-1） |

## 三、作业系统分析方法及框架

作业系统作为教材的重要组成部分,同教材紧密联系,反映教材取向,其提供的题目,在巩固课堂所学的同时引导学生进行思维拓展,对提升学生的科学素养、发展其创新能力发挥着重要作用。此外,课本问题是联系实际生活的有效途径,借助情景化的问题,引导学生去解决问题,学以致用,内化知识。

对于题目类型的划分,不同的分类方式,有不同的结果。本文以题目对知识运用的要求为依据,划分为运用型、理解型和创生型,其包含的题目类型及判断依据如表2-4所示。

表2-4 题目类型分类依据

| 知识运用的要求 | 题目类型 | 判断依据 |
| --- | --- | --- |
| 运用型 | 填空 | 题中有空格出现,要求学生直接填写或简单陈述规律概念的内容 |
| | 计算 | 求……(物理量)。包括字母运算、具体数字运算 |
| | 作图 | 明确指出,画……(图像)。若作图出现在实验题目中,则该题目归为实验题 |
| 理解型 | 简答 | 题目问题出现:简述,说明……(原理),解释等要求学生用精炼文字回答的题目 |
| | 实验 | 涉及物理实验的题目 |
| | 实践 | 具有实践性,且题目说明具备条件的在课后完成 |
| 创生型 | 科学写作 | 表现为同实际生活结合,关键词:论述,建议,写……小的文章 |
| | 原理设计 | 题目中要求学生设计,开发……等词 |

本章仅着眼于作业系统宏观上的数量、特点及题型分布等情况,对于题目结构与难度的分析将在本书第六章进行分析。

## 第二节 文本系统分析

教材编写的过程实质上是对所选择的教学资源进行整合的过程,通俗来讲,就是根据学生认知水平与预期教学目标的要求,设置一系列具有一定逻辑与梯度的栏目,并在栏目中配置恰当的教学资源。各类栏目在教材中依据教学的需要合理安排呈现顺序,构成具有一定层次的体系,这一体系便是我们所说的教材。

教材栏目作为教材结构划分的重要标志,不同教材在栏目设置上有所不同,具有极大的弹性,在很大程度上反映出不同教材的特点。通过教材栏目的分析,能帮助我们更好地理解教材编排的结构,全面了解中美教材在栏目设置上的巧思,进而解读编写上的特点。本节将着重分析教材的编写结构:包括栏目的种类、编排方式、内容以及功能等。

**一、中美教材编排结构特征比较**

中国教材共 6 册,总计 27 章。每册的整体结构大致为:前言—目录—章节—课题研究—学生实验—索引—后记。其中前言与后记为序,无知识性内容;目录和索引为全书图表等信息的检索工具,为功能型附录;其余部分为知识内容的呈现部分,是研究的主体。在知识内容的编排上,中国教材采用章节式进行编写,教材设计的栏目穿插其中,将不同的内容连接在一起,构成完整的体系以发挥其教育价值,达成预期的教学目标。其结构图如图 2-1 所示。

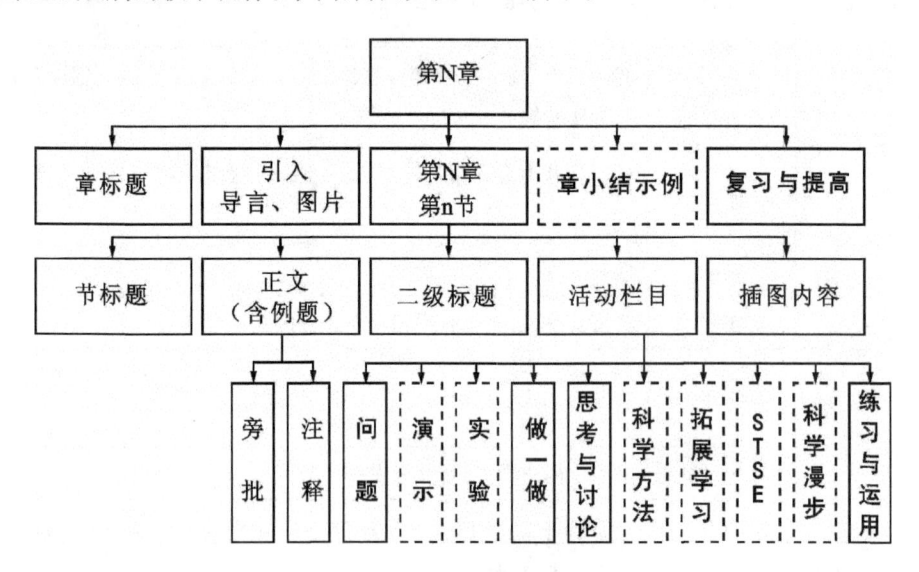

图 2-1 中国教材编排结构

注释:1. 黑体字代表该内容为教材编写中预设的栏目。
   2. 实线框代表栏目是固定出现的,虚线框代表栏目或内容会选择性出现。

中国教材在知识内容的编排上,选择性必修与必修予以分开说明。在必修部分按照"运动学—动力学—电场—磁场"的顺序展开,可分为两部分,一部分为力学,一部分为电磁学,各部分内部内容衔接较为紧密。在选择性必修中,按照"机械振动—光学—电磁学—热学—近代物理"的顺序展开。两个模块在编写思路上相同,均是从运动入手,然后进行电磁学,而后接入其他内容。这也体现了物理学中力学的重要地位。

美国教材共3册,总计30章。每册教材的编写结构大致为:目录—前言—章—附录。对知识内容以章节的形式进行编排,以物理核心概念为一章,将与其相关的概念依次编排为该章下的各小节。每章下设的小节数较少,控制在2至3小节。相应每小节所包括的知识内容相对丰富,且多以知识团的形式出现,在一定程度上减少了知识点间的割裂和碎片化,但也相应增加了最小教学单位的知识容量。在整体的编排结构上,美国教材层次清晰,在大层次下嵌套小层次,层层递进,将较抽象的知识借助材料逐层具体化,教材编写逻辑性强。在考虑学生认知情况的基础上,兼顾了物理学科知识的特点,体现学科的逻辑性与系统性。结构图如图2-2所示。

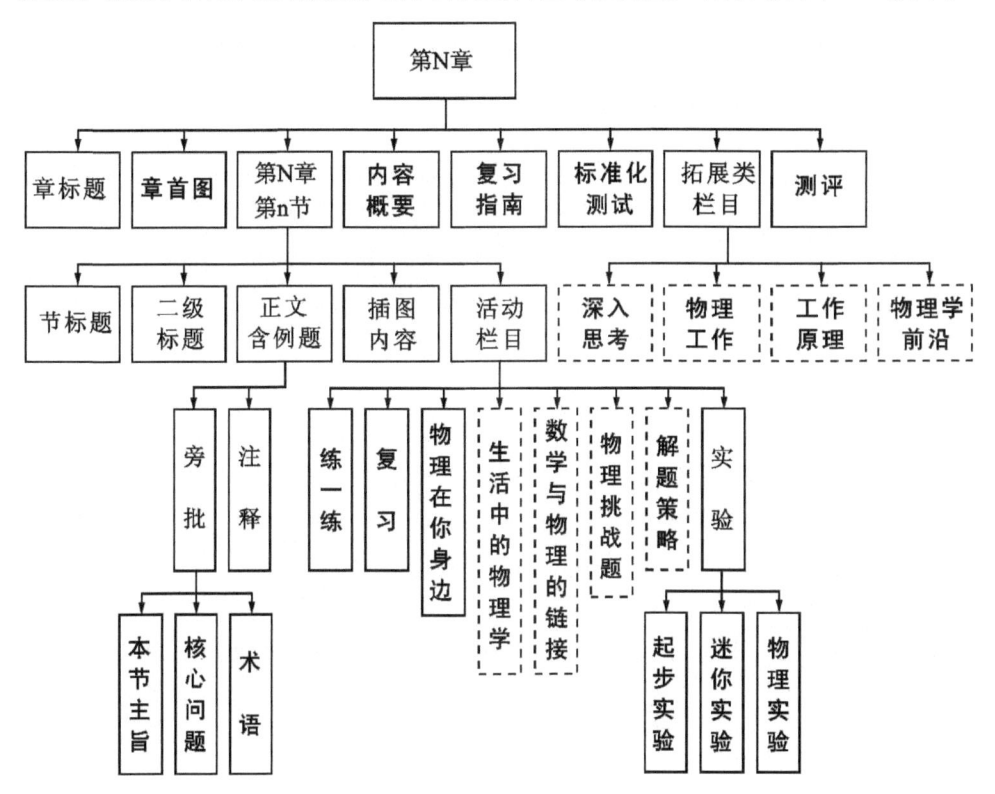

图2-2 美国教材结构编排

注释:1. 黑体字代表该内容为教材编写中预设的栏目。

2. 实线框代表栏目是固定出现的,虚线框代表栏目或内容会选择性出现。

美国教材在内容呈现上,以物理学工具箱作为起始章节,介绍数学工具、物理学中的作图技巧以及对学生科学本质的引导为后续的学习奠定基础。在物理知识内容的安排上,以"力学—热学—光学—电磁学—近代物理"的顺序进行编排。以力学开篇,以能量为链接点,由力学的机械能到热学中的内能,模块之间衔接自然。由热学过渡到光学时,利用机械振动这一内容,以力学作为生长点,进入对光学的学习。而后的电磁学部分的内容是对前面力学以及光学的部分知识进行整合,并在其基础上建立新的概念。近代物理的内容放在全书的最后,为高中的物理学习画上句号,同时其中较为前沿的物理知识也为进一步深入学习做好了伏笔。

**二、中美教材栏目编排比较**

中美教材在栏目设置上,均下足了功夫,种类丰富,且分类细致,每一栏目特色鲜明,功能十分突出,专业化程度高。

中国教材设计了十二个栏目,美国教材共设计了二十一个栏目。

为了便于后续的比较与分析,对中美教材栏目依据其教学功能划分为五类,各类对应的栏目名称如表2-5所示。

表2-5 中美教材栏目分类对应情况

| 类别 | 中国教材 | 美国教材 |
| --- | --- | --- |
| 指导类栏目 | 章小结示例 | 本章概要、本节主旨、核心问题、术语、解题策略、复习指南 |
| 练习类栏目 | 练习与应用、复习与提高 | 练一练、物理挑战题、复习、测评、标准化测试 |
| 实验类栏目 | 实验、演示、做一做 | 起步实验、迷你实验、物理实验 |
| 拓展类栏目 | 拓展学习、STSE、科学漫步 | 深入思考、物理工作者、物理学前沿、工作原理 |
| 引导类栏目 | 问题、思考与讨论、科学方法 | 物理在你身边、生活中的物理学、数学与物理学的链接 |

**1. 指导类栏目**

指导类栏目是指在教材中对学生进行学法指导,指向学生学习过程,有一定示范与引领性的栏目。目的在于培养学生的学习习惯,规范学生的学习行为,从而提高学习效率。

中国教材仅在必修1第一章末出现过一次,以知识框架图的形式出现,指导学生如何制作框架图,并要求学生在之后的章节绘制框架图。指导学生对学习内容进行梳理、构建知识框架体系,培养整合能力。

美国教材中"本章概要"出现在每一章的开始,简明扼要地概括本章的主要内容;"本节主旨""核心问题"和"术语"出现在每节开篇的旁批处,介绍本节的学习目标以及要求掌握的核心概念,使学生对本节的重点、难点有所把握;"解题策略"多出现在例题后,内容是对一些典型问题解题策略或分析方法进行说明、归纳与总结;"复习指南"设置于章末,总结归纳本章知识内容,提供复习框架,引导归纳习惯的养成,促进学生知识体系的形成。

在该类栏目上,美国教材在种类和数量上均高于中国教材,对栏目的划分较为细致,每章从开始到结束均有一定数量的指导类栏目穿插其中。由此可见,美国教材注重对学生学习方法的引导,重视学生学习习惯的培养。两国教材在该类栏目的设计上存在共同点,均注重对学生知识体系和框架构建的引导,强调框架体系在物理学习过程中的重要性。

**2. 练习类栏目**

练习类栏目是指按照一定教学需求编写的需要学生独立完成的题目所构成的栏目,归属于教材的作业系统。

中国教材中"练习与运用"出现于节末,围绕小节核心内容展开,注重基础知识与基本能力,促进学生对内容的消化与吸收,设置的题目数量与难度适中;"复习与提高"出现于章末,编写的题目涉及该章的知识点,题目综合性较强。栏目内部又分为A、B两组,其中A组相对容易,B组相对难一些,体现题目的进阶和个性化设计。

美国教材中练习类栏目根据其在章节中出现的位置不同可将其分为三类。第一类:课堂练习题,包括"练一练"和"物理挑战题"穿插于小节中。"练一练"出现在例题后,针对例题进行巩固与提高;"物理挑战题"的难度相对较大,培养学生的迁移能力,在"练一练"的基础上,设置一些较为复杂,需要学生综合分析的问题,强化能力,课堂练习栏目设计层层递进。第二类:节末练习即"复习"栏目,设置于节末,围绕本节的内容展开,注重考查基本知识和基本技能。第三类:章末练习,包括"测评"和"标准化测试",均出现在章末,"测评"以本章的知识内容为纲编写,以小节为最小呈现单位,编排由易到难,由浅入深,形式多样,考查内容全面,既注重基础知识与基本技能,也强调学生的迁移与拓展能力;而"标准化测试"虽也围绕章节知识点编制,但题目的类型较为单一,以合格性测试的题目为蓝本进行编制,以选择题为主,辅以简单的计算题。

中美教材在练习类栏目的预期功能上是一致的。中国教材中的"练习与运用"同美国教材的"练一练""物理挑战题"以及"复习"是对应的,同样"复习与提高"同"标准化测试""测试"对应。但对比可发现,在具体的划分上,美国教材更为细致,结构层次较多且清晰,这使得栏目的功能更加专一化。

### 3. 实验类栏目

实验类栏目是指以实验内容为材料,通过符合教学需要的编写方式,向学生呈现实验现象、实验方法、操作或实验建议的栏目。

中国教材中"演示"栏目侧重于实验现象,对实验器材、操作步骤进行简要的说明,不做展开。设置问题,以提示学生需要观察的现象,并引导学生分析。该栏目有助于明确课堂演示实验的指向性,使其教学功能更好地发挥;"实验"侧重于实验方法以及具体的操作,步骤翔实、操作严格。该栏目让学生亲自动手,总结归纳物理规律或结论,体现物理作为实验学科的魅力,体味物理探究过程,培养动手能力;"做一做"指向实际的操作,针对性地提出建议或供参考的处理方法,引导学生进行创新和探索。凸显物理学与实际生产生活以及其他学科联系,激发学生的学习兴趣。

美国教材中"起步实验"设置在每一章开篇,其目的在于通过实验让学生对知识有大致了解,激发学习的兴趣;"迷你实验"穿插在课本中,要求学生利用生活中常见的物体进行实验,实验操作相对容易,其目的在于鼓励学生积极进行探索,让学生将所学的知识立即运用到实践中,加深对知识的理解与感悟;"物理实验"的操作要求较高,需要学生严格按照物理实验的规范要求进行实验,强调物理学的严谨性,其目的在于对学生进行物理研究方法的指导和训练,并加强学生对科学探究过程的认识与感悟。

中美教材实验类栏目设置及编写思路基本相似,中国教材中的"演示"可与"起步实验"对应;"做一做"可同"迷你实验"对应;"实验"与"物理实验"对应。这表明两国教材就物理实验在教材中的地位有共同的理解,各类实验对学生的作用也有共识。

### 4. 拓展类栏目

拓展类栏目是指对教材中知识的拓展与延伸,为学生提供进一步开拓视野的学习材料,提升学生对物理的兴趣,体现了以学生为中心的理念。

中国教材中"拓展学习"是对知识的拓展、延伸或涉及部分公式定理的推导过程,或是用传感器、计算机等设备自动记录和处理数据的原理及具体使用方法。难度较大,但描述详细,配图考究,编写逻辑清晰,为学有余力和有条件开展深入学习的学校提供了素材;"STSE"栏目有极强的综合性,均以故事或实例的方式呈现,配以合适的问题引发思考。凸显了物理知识的价值,拓宽学生眼界,培养学生学习兴趣,引导学生思考科技与人类生活的关系,树立正确的科学观;"科学漫步"内容为物理学的重要史实或前沿进展,陈述物理学发展的重要事件与人物,丰富学生的物理素养,其目的在于激发学生主动学习的动机。

美国教材中"深入思考""物理工作者""物理学前沿""工作原理"均设置在每一章的结束部分,每章仅选择其中一个呈现。涉及的内容主要为新材料、人工智能等前沿知识。

在拓展类栏目上,中国教材在呈现的频次高于美国教材,且栏目的内容划分较美国教材更为清晰,体现了中国教材编写过程中的弹性。美国教材与中国教材在拓展类栏目上均着眼于激发学生的学习兴趣,但侧重点不同,美国教材倾向于科普,向学生传递当前的物理前沿;中国教材有较多的对科学思维以及科学态度的启发性内容,落脚于学生正确科学观的培养,聚焦于学生的核心素养。

**5. 引导类栏目**

引导类栏目是指在教学过程中具有承上启下,推动认知发展,调节课堂进度的栏目。

在中国教材中"问题"设置于小节开篇,与小节的核心内容吻合,创造教学情境,点燃学习欲望。"思考与讨论"栏目分布较为广泛,在每一节出现的位置和数量也不固定。在小节中间位置的"思考与讨论",多起着承上启下的作用;在末尾位置的"思考与讨论",多是对本节内容的进一步深挖,指向对学生错误的前概念的纠正,促进学生错误概念的转化,加深对知识点的理解。"科学方法"这是对物理学中的科学思想、方法进行归纳和总结。

美国教材中"物理在你身边"出现在每一小节的开始,配合节首插图,提出与本节内容相关的问题。创设物理情境,引发学生的思考,培养学生的问题意识;"生活中的物理学"穿插在小节中,设置在某些较为晦涩的物理概念或规律之后,展现相关的生活实例,使其更加具象化;"数学与物理学的链接"设置在部分小节中,陈述数学知识在物理学的运用,涉及的内容包括数学知识以及数学思维的运用,凸显出物理学同其他学科的联系。

在引导类栏目上,中美教材栏目种类数相同,但并不一一对应。中美教材在栏目的定位上有较大的差异。中国教材设置的栏目侧重于对教材编写以及逻辑的引导,在"问题"和"思考与讨论"栏目体现较为突出;美国教材的栏目,更多是对部分内容的及时展开与补充,在"生活中的物理学"和"数学与物理学的链接"体现较为明显。

### 三、中美教材知识点结构特征比较

通过对中美教材栏目的介绍与说明,对其编写逻辑有了大致的了解,接下来将从知识点编排这一角度对两国教材进行更为细致的分析比较。

知识点作为教材呈现的核心内容,是教材最重要的组成部分,其编排的顺序反映了教材编写者对物理学体系的认识,同时也为实际教学的顺序提供了参考。中美教材在章节的内容划分上,都具有各自的特点,具体知识体系的编排情况,如表2-6所示。

表2-6 中美教材章节分布情况

| | 美国教材 | | 中国教材 |
|---|---|---|---|
| 上册 | 物理学工具箱,运动的描述,加速运动,一维力,二维力,二维运动,万有引力,转动,动量与动量守恒,功、能量和机械 | 必修1 | 运动的描述,匀变速直线运动的研究,相互作用—力,运动与力的关系 |
| | | 必修2 | 抛体运动,圆周运动,万有引力与宇宙航行,机械能守恒定律 |
| 中册 | 能量与能量守恒,热能,物态,振动与波,声,光学基础,反射与面镜,折射与透镜,干涉与衍射,静电 | 必修3 | 静电场及其运用,静电场中的能量,电路及其应用,电能、能量守恒定律,电磁感应与电磁波初步 |
| | | 选择性必修1 | 动量守恒定律,机械运动,机械波,光 |
| 下册 | 电场,电流,电磁现象,串联和并联电路,磁场,电磁感应,量子理论,原子,固态电子学,核物理和粒子物理 | 选择性必修2 | 电磁感应,安培力与洛伦兹力,交变电流,电磁振荡与电磁波,传感器 |
| | | 选择性必修3 | 分子动理论,气体、固体和液体,热力学定律,原子核,原子结构与波粒二象性 |

通过表格,不难发现中美教材在知识点的选取以及组织上均存在的一定的差异,带有自身的一些特色,具体分析如下。

**1.中美教材章节编排对比**

在内容编排次序上,中美教材均将力学作为起始内容,以近代物理作为结束内容,在安排上总体遵从物理学的发展历史。如在电磁学模块,均按"电学"在前,"磁学"在后来编排,然后进一步揭示"电"与"磁"的关系,符合人类对电磁现象的认识过程。

在章节的编排上,美国教材与中国教材存在一定的差异,中国教材由于有必修与选择性必修的划分,在内容的安排上存在螺旋式递进,这一特点主要体现在对电磁学内容的安排上。除此之外,对热学的内容安排,也存在差异,中国教材将热学的内容放在力学、电磁学、光学之后,其后紧跟近代物理的内容;美国教材则将热学置于力学与光学内容之间。

除以上知识模块的安排顺序外,两版教材在每小节内容容量的划分上也存在较大的差异。中国教材的知识划分更加具体,每一小节的节标题同每节的内容联系较为紧密,在节标题中突出了教学的重点,给学生和教师明确了知识要点,但也有不利的一面,小节内容划分细致,节数相应较多,可能会不利于学生知识体系的建立,存在知识碎片化倾向。美国教材各章划分的小节数量较少,同时在划分小节时,注重知识的系统性与联系性,每一小节都围绕核心概念进行渐进式的展开,知识体系在呈现的过程中更加完善。但这样的处理方式,每节的知识内容量不平均,对于实际教学的课时分配带来一定的困扰,同时也对教师组织课堂内容,开展教学工作带来一定的挑战。

**2. 中美教材知识覆盖面比较**

为了进一步了解中美教材在知识点编排上的特点,寻找其中的共性,发现各自的差异,对中美教材的内容编制进行对比分析。两国教材均涉及力学、电磁学、光学、热学以及近代物理五个知识模块,在大的范围上两者是一致的,但在具体的模块中存在差异。

在知识的广度上美国教材更广,美国教材较中国教材内容更加丰富。具体表现为:美国教材在力学部分增加了转动、简单机械以及乐器中的物理学原理等相关内容;在光学部分增加了面镜成像的相关内容;在近代物理中增加了二极管工作原理的相关内容。这使得美国教材在知识的覆盖面上较中国教材更广,涵盖的物理知识更多。

在知识的精细程度上,中国教材更为细致。这一点在电磁学模块体现尤为突出,中国教材在呈现知识点时分割更加细致。如:对电磁波谱的内容进行呈现时,美国教材直接以电磁波谱这一知识团呈现,中国教材则是通过逐一介绍"无线电波""红外线""可见光"等具体的电磁波段进行说明;美国教材对变压器的说明中未将远距离输电作为一个独立的知识点出现,中国教材将其独立出来,以"降低输电损耗""电网输电""输电技术的发展"的形式呈现。中国教材在呈现知识内容时,知识点加工的程度更高,更加精细化。

## 第三节　图像系统分析

图像系统的篇幅仅次于文字系统,其呈现信息的方式与文字相比具有更强烈的视觉冲击,更加生动直观,是文字不可替代的。为了更好地了解中美教材图像系统的异同,将从图像数量、图像内容、图像功能以及各自的特点等方面进行分析。

### 一、图像数量及呈现特征比较

#### 1. 中美教材图像系统数量分布比较

中国教材 6 册共 530 页(不包括序言),总计 879 幅插图,插图密度为 1.65 幅/页。美国教材 3 册共 420 页(不包括第一章物理学工具箱),总计 698 幅插图,插图密度为 1.66 幅/页。各模块的图像数量及所占比例如表 2-7 所示。

表 2-7　中美教材各模块图像数量/占比

| 版本 | 力学 | 电磁学 | 热学 | 光学 | 近代物理 |
| --- | --- | --- | --- | --- | --- |
| 中国教材 | 345,39.2% | 317,36.1% | 84,9.6% | 51,5.8% | 82,9.3% |
| 美国教材 | 275,39.4% | 149,21.3% | 63,9.1% | 111,15.9% | 100,14.3% |

中美教材图像总数量相差较大,但图像密度大致相同,说明教材图像数量的差异是由于知识容量的差异所致,美国教材知识点多于中国教材,相应的图像数量也较多。反映了中美教材均重视发挥图像的教育功能,按照大致相同的比例配置了插图。

从模块角度分析,中国教材图像中,力学模块和电磁学模块占据了较大的比重,二者分别占据了图像总量的 39.2% 和 36.1%。其次,热学和近代物理模块比重相近,分别为 9.6% 和 9.3%,占比最少的为光学模块,为 5.8%。美国教材力学模块图像数量最高,占比 39.4%,其次是电磁学模块,占比 21.3%,二者在占比上存在一定的差距。接下来是光学模块和近代物理模块,占比分别为 15.9% 和 14.3%,这两模块较为接近,占比最少的为热学模块,为 9.1%。

通过对两国教材各模块图像占比的比较可知,中美教材图像分布占比在电磁学相差 14.8%,光学模块相差 -10.1%,有较大的差异,这主要是由于内容量的不同引起的。电磁学模块中知识点数量美国教材略低于中国教材,中国教材在知识内容呈现方面比美国教材更加全面和深入,导致电磁学模块图像分布差异较大。另一个方面也反映出各国教材对内容的侧重程度不同。光学模块也是和内容量直接相关,美国教材光学部分知识点多于中国教材。

## 2. 图像呈现特征比较

**(1)中美教材图像内容选择与处理对比**

中国教材图像内容选择上,富有时代感,注重传统文化。中国教材图像具有极强的时代气息,较多是物理学前沿的内容。如选取了C919客机(必修1,37页)、无人机(必修2,图5.4-3)和天宫二号(必修1,图4.6-7)为素材来源,且多以实物图的方式呈现出来,以便让学生更直观地感受。图像呈现的事物或事件与学生同时代,学生感受或体验较多,更容易引起学生的情感共鸣。这是课程标准的实践要求,也是加强物理与生活联系的有效途径。此外,中国教材中出现了部分以中国古代科学文化成就、传统文化习俗为内容的图像。例如古代的科学成果—浑仪(必修1,图0-1),以及传统文化习俗—端午划龙舟(必修1,图3.3-4)。在传递相关知识的同时渗透中国的传统文化,让学生在了解物理知识的同时也感受到古代中国在科学上取得的成就,使得教材具有了人文气息,有助于培养学生的民族自豪感与使命感,对学生科学态度的培养具有积极的导向作用。

选择真实物理情景的照片作为图像来源是中国教材的一个突出特点。如在研究曲线运动时,呈现的图像分别是喷泉喷出的水(必修2,图5.4-6)和游乐场的旋转木马(必修2,图6.1-4),均是生活中的情景,拉近了学生同物理的距离,降低了学生的理解难度。但此类图像中呈现的物理信息较多,易受到实际现象中的因素干扰而忽略掉其中的关键信息。这需要教师针对所讲授的内容结合图像进行引导,指导学生从实际的现象中抽离出物理规律或物理概念,培养学生的科学思维。

美国教材对部分图像内容进行了再加工,能更好地降低认知负荷。原理模拟类的图像若涉及的内容为仪器、常见工具的原理,则通常会给出相应的实物图或在实物图上进行原理的分析说明;若涉及的为物理过程,便会提供相应物理过程的情景图,并基于情境图进行分析说明。如在分析位于凹面镜交点处的光源发出的光线的传递情况,在其下方配了一张发光的手电筒的照片(536页,图17-11),呈现生活中对这一原理的利用,既巧妙缓解了由于抽象带给学生的认知恐惧,降低认知负荷,又使学生能感受到物理模型的魅力,有助于培养和发展学生物理模型的建构能力。而且让学生真切地感受到生活中处处是物理,激发学生学习物理的热情。

通过图像陈述"类比"的内容,是美国图像系统的又一亮点。如(332页,图11-1)在图像中以"钱的转移"类比"能量的转移",通过"赚钱"和"花钱"来类比能量的增减,基于学生的已有认知,并借助图像直观地呈现出来,降低了认知难度,为新概念的建立提供生长点,帮助学生在较短的时间内,准确的理解并掌握新概念。

(2)图像出现位置

美国教材图像常常处于中心位置,单幅图像所占的篇幅较中国教材更大。就文本与图像的关系上,美国教材图像处于中心位置,文本内容围绕其展开,对图像进行细致详细的说明与解释;中国教材的图像通常尺寸较小,且多出现在教材的边角处。中国教材的图像处于文本的从属地位,通常是为了更好地说明文字内容而呈现的,是对文本的补充。

(3)图像利用率

美国教材的图像利用率略高于中国教材。同一幅图像在多个场景中重复,特别是正文例题中所用的图像,通常会在例题后的练习中再次使用。这无疑提高了图像的价值,充分发挥了图像的作用。此外教材中对图像会设计较多的提问内容,一步步引导学生描述图像所呈现的现象,尝试让学生解释相关现象的产生原因,充分挖掘出图像的教育意义与教学价值。

## 二、图像内容分布特征比较

### 1. 图像总体分布情况

不同内容的图像比例反映了教材编写者在图像选择上的考量。对其分布特征的研究有助于我们更好地把握图像内容与知识内容以及学生需求的联系,进一步提高图像选择的质量。

按照第一节中内容分类原则,对中美教材图像内容分析并进行统计,其结果如表2-8所示。

表2-8 中美教材图像内容数量/占比分布

| 版本 | 科技生活 | 物理学史 | 实验探究 | 原理模拟 | 数据图表 | 结构框架 |
|---|---|---|---|---|---|---|
| 中国教材 | 277,31.6% | 49,5.6% | 162,18.4% | 301,34.2% | 82,9.3% | 8,0.9% |
| 美国教材 | 299,42.9% | 13,1.8% | 110,15.8% | 207,29.6% | 65,9.3% | 4,0.6% |

为了更直观地反映两国教材在图像内容分布上的差异,绘制了如图2-3所示的统计图。

中美教材图像主要都集中在科技生活类和原理模拟类,总占比分别为65.8%和72.5%。结构框架类的图像占比最少。但科技生活类图像在美国教材中的占比高于中国教材;数据图表类、结构框架类以及实验探究类占比中美差距不明显。由此可见在图像内容的选择上,美国教材倾向科技生活类的图像,而中国教材倾向

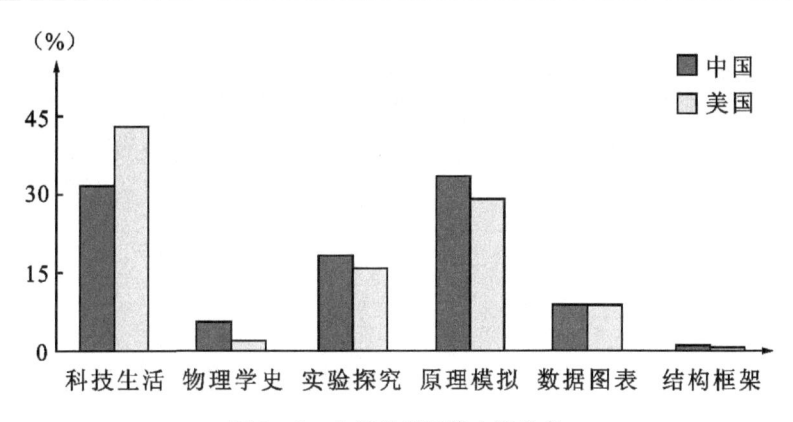

图 2-3 中美教材图像内容分布

使用原理模拟类和科技生活类的图像。表现为美国教材内容同生活的联系更加紧密,对生活中的物理现象与物理情境挖掘得更加深入;中国教材倾向于对物理规律和模型的详尽分析。

此外中国教材与美国教材相比,在原理模拟和物理学史作为内容载体的图像,占比均不同程度的高于美国教材。这表明中国教材更加重视对学生科学观的引导,通过呈现物理学发展建立过程中有重要贡献的人或事件的相关图像,帮助学生了解物理学发展的历程,感悟科学家的精神,从而建立正确的科学观。对于实验探究类的图像,在美国教材占比较低的原因主要是由于美国教材大部分演示实验要求教师在课堂进行演示或学生课后进行探究,因此没有相应的图像内容。

**2. 图像在各内容模块分布情况**

为了进一步深入了解中美教材在图像内容上的差异,以模块为单位对中美教材的图像内容进行进一步对比,各模块的图像内容分布如表 2-9 所示。

表 2-9 中美教材图像内容各模块数量/占比分布

| | 版本及模块 | 科技生活 | 物理学史 | 实验探究 | 原理模拟 | 数据图表 | 结构框架 |
|---|---|---|---|---|---|---|---|
| 中国教材 | 力学 | 126,36.5% | 19,5.5% | 63,18.3% | 100,29.0% | 36,10.4% | 1,0.3% |
| | 电磁学 | 91,28.7% | 11,3.5% | 62,19.6% | 124,39.1% | 24,7.6% | 5,1.6% |
| | 热学 | 21,25.0% | 4,4.7% | 18,21.4% | 29,34.5% | 11,13.1% | 1,1.2% |
| | 光学 | 13,25.5% | 4,7.9% | 15,29.4% | 18,35.3% | 1,1.2% | 0,0.0% |
| | 近代物理 | 26,31.7% | 11,13.4% | 4,4.9% | 30,36.6% | 10,12.2% | 1,1.2% |

续表

| 版本及模块 | | 科技生活 | 物理学史 | 实验探究 | 原理模拟 | 数据图表 | 结构框架 |
|---|---|---|---|---|---|---|---|
| 美国教材 | 力学 | 137,49.8% | 4,1.5% | 39,14.2% | 61,22.2% | 34,12.4% | 0,0.0% |
| | 电磁学 | 55,36.9% | 2,1.3% | 31,20.8% | 54,36.2% | 6,4.0% | 1,0.7% |
| | 热学 | 30,47.6% | 2,3.2% | 8,12.7% | 13,20.7% | 7,11.1% | 3,4.8% |
| | 光学 | 44,39.6% | 1,0.9% | 17,15.3% | 45,40.5% | 4,3.6% | 0,0.0% |
| | 近代物理 | 33,33.0% | 4,4.0% | 15,15.0% | 34,34.0% | 14,14.0% | 0,0.0% |

通过表格数据,可看出中美教材在各模块中图像内容分布的差异,同总体的差异并不完全相同,这同模块自身的特点有关,下面将从模块角度比较两国教材除在总体特征上所表现出的图像选择的倾向外,是否有新的特征,并分析其原因。

(1)力学模块

在力学模块中,中美教材图像内容占比排序一致,科技生活类第一,原理模拟第二,结构框架类最少,表明两国教材在力学模块中对教材图像内容选择的偏重相似。

中国教材物理学史类、实验探究类以及原理模拟类的图像比例均高于美国教材;差异最大的是科技生活类,其次是原理模拟类,表明中美教材在力学模块图像内容选择上的倾向不同,美国教材偏向于科技生活类;物理学史类和实验探究类中国教材高于美国教材,是由于中国教材在力学部分,尤其是力与运动的关系的部分,以科学家的探究过程为序展开,对其中的经典实验进行说明,让学生感受这些实验中的物理方法与独特的思维方式,借助物理学史对学生进行科学素养的熏陶。

美国教材在数据图表类的图像占比略高于中国教材。差异主要是由于两国教材在处理位移、速度以及加速度教学内容的方式存在差异:美国教材利用具体的数据,绘制图像,利用数学知识总结归纳规律,探究性更强;中国教材则是先给出定义,后借助实际的例子让学生进行验证,这一方式在保证教学质量的前提下,缩短了教学时间,提高了教学效率。两种处理方式不存在孰优孰劣,但正是这一处理方式的差异,使得数据图表类的图像百分比存在一定的差异。

(2)电磁学模块

在电磁学模块中,表现出和力学不一样的特点,原理模拟类的比例与科技生活类不相上下,排在后四位的次序一致。由此可知,中美教材在电磁学模块,原理模拟类图像与力学模块相比占比均有较大幅度的提高。这一点同这部分知识的特性密不可分,电磁学部分知识较为抽象,需要借助较多的原理模拟类的图像帮助学生建构模型。比例排前两位的中国教材是原理模拟类、生活科技类,美国教材则相反。表明在对待较为抽象的知识时,两国的处理方式存在细微的差别,美国教材提供大量的科技生活类的图像,通过实际的实例帮助学生理解;中国教材则通过分析原理,帮助学生构建模型,从而理解并掌握知识。

中美教材相差最大的是科技生活类的图像,美国教材比重高于中国教材,其原因同力学模块相似,是由于教材内容选择的倾向所致。数据图表类中国教材高于美国教材,是由于在电流部分,中国教材较多地使用了函数图像帮助学生理解物理量的关系,美国教材没特别强调这一内容。实验探究类美国教材占比高于中国教材,是由于美国教材在建立电场、电场线、磁场、磁场线时较中国教材使用了更多演示实验的图片,利用实验现象展示相关内容;中国教材也有相应的图片,但数量不及美国,中国教材更倾向使用经过抽象加工的原理图进行说明。

(3) 热学模块

在热学模块中,中美各类图像占比排序与电磁学模块相似,中国教材在科技生活、结构框架类上低于美国教材,其他的都高于美国教材。其中科技生活类、原理模拟类以及实验探究类两国教材差异较大。

两国教材在科技生活类和原理模拟类的差异一部分是由于两国图像内容选择的倾向,另一部分是在于对热学模块知识呈现的角度所致。中国教材从统计学角度出发构建宏观与微观的联系,在分析过程中较多使用原理模拟类的图像;美国教材则着眼于热学的宏观现象,将其微观内容弱化,较多使用科技生活类的图像,进行说明。数据图表类中国占比较高是由于在热学部分中国教材在说明内能和速率分布时使用了函数图像进行分析,美国教材是进行的文字说明。

结构框架类美国教材相较中国教材多出两幅,两幅均是用于分析热机的能量转化,该内容在中国教材中不是重点,故未配图。

(4) 光学模块

在光学模块中,原理模拟类两国占比均最高,结构框架类图像都没有呈现。中国教材在实验探究类、物理学史类占比高于美国教材。

在光学模块中,中美教材的差异主要是对光学部分的重视程度不同所致,美国教材较中国教材更重视光学模块,在该模块增加了部分关于透镜成像的内容,知识广度高于中国教材。由于美国教材在光学部分较中国教材多出的内容为规律性的知识,在呈现的过程中借助较多的原理模拟类的图像,这使得美国教材中原理模拟类图像占比较高,其余占比相应减少;中国教材中对光学的内容集中于对光的波动性的理解,编撰过程以人类对光的认识为序,配以相关的实验,故物理学史类和实验探究类占比较高。

两版教材在科技生活类所呈现的差异,是两国教材在图像内容选择倾向在光学模块的具体体现。

(5)近代物理模块

在近代物理模块中,两国教材在物理学史和实验探究类上有较大的差别,在其他类别中差异不大。科技生活类比重接近,表明两国教材在近代物理模块图像的选择上存在一定的共性,均倾向使用贴近生产生活的图像,以拉进物理知识与实际生活的距离。

实验探究类以及物理学史类比重差异是由于中美教材在呈现部分近代物理重要实验时选择的角度不同所致,中国教材以物理学史的方式进行表达,美国教材则是从物理实验的角度进行陈述。这使得中国教材物理学史的比重高于美国教材,而实验探究类低于美国教材。

## 三、图像功能分布特征比较

### 1. 总体情况

为了使叙述更加简洁,后续对图像功能的表述均用编号进行表达。同时对表格中出现的"单一功能(S)"及"复合功能(C)"进行说明:同一图像具有多种功能,记为复合型功能图像,仅具有一种功能的插图称为单一功能图像。

按图像功能的划分依据,对中国和美国教材的图像进行判定统计,结果如表2-10所示。

表2-10 中美教材图像功能数量分布/占比

| 图像功能及编号 | | | 中国教材 | | 美国教材 | |
|---|---|---|---|---|---|---|
| 单一功能(S) | S1 | 演示 | 29,3.3% | 556 63.3% | 36,5.2% | 435 62.3% |
| | S2 | 阐明 | 288,32.8% | | 179,25.6% | |
| | S3 | 解释 | 239,27.2% | | 220,31.5% | |
| 复合功能(C) | C1 | 演示+阐明 | 76,8.6% | 323 36.7% | 55,7.9% | 263 37.7% |
| | C2 | 演示+解释 | 16,1.8% | | 13,1.9% | |
| | C3 | 阐明+解释 | 207,23.5% | | 152,21.8% | |
| | C4 | 演示+阐明+解释 | 24,2.7% | | 43,6.2% | |

通过表格可知,中美教材中单一功能图像均占较大比重,两者比例基本一致,均超过60%。复合功能的占比较小,图像功能上以单一功能为主。

两国教材图像功能虽大体上保持一致,但在具体的图像功能存在一定的差异,为了更直观地反映这一差距绘制了如图2-4所示的统计图。

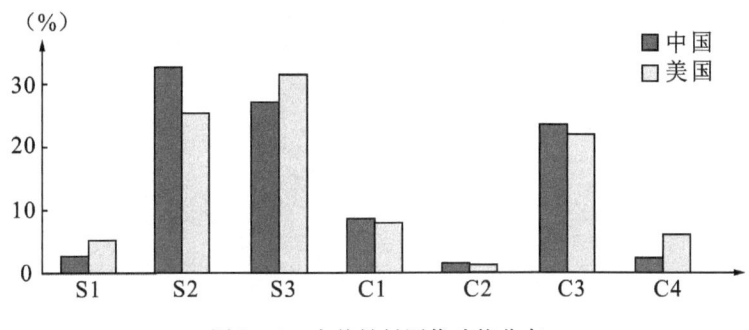

图2-4 中美教材图像功能分布

中国教材与美国教材在图像功能上的差异,主要表现中国教材在S2、C1和C3类的占比高于美国,其中S2较为明显,高出7.2%;美国教材图像在S1、S3、C2、C4的占比高于中国,其中S3超出百分比最高,为4.3%。同时具有三种功能的C4类,美国超出中国3.5%。这些差异表明中国教材更加注重利用图像再现真实的物理情景或生活中的物理现象,以激发学生的学习兴趣。美国教材倾向运用图像进行解释说明,利用图像直观、简洁的特点,高效地传递信息,同时在图像的综合功能设计上考虑更深入。

**2. 各模块分布情况**

为了进一步深入了解中美教材在图像功能上的差异,以模块为单位对中美教材的图像功能进行进一步对比,各模块的图像内容分布如表2-11所示。

表2-11 中美教材图像功能各模块占比

| | | | 力学 | 电磁学 | 热学 | 光学 | 近代物理 |
|---|---|---|---|---|---|---|---|
| 中国教材 | S | S1 | 4.6% | 1.9% | 1.2% | 3.9% | 4.9% |
| | | S2 | 30.1% | 31.9% | 33.3% | 51.0% | 35.4% |
| | | S3 | 26.7% | 31.2% | 31.0% | 3.9% | 24.4% |
| | C | C1 | 16.2% | 3.2% | 7.1% | 3.9% | 2.4% |
| | | C2 | 4.1% | 0.6% | 0.0% | 0.0% | 0.0% |
| | | C3 | 16.5% | 27.4% | 25.0% | 33.3% | 30.5% |
| | | C4 | 1.7% | 3.8% | 2.4% | 3.9% | 2.4% |

续表

| | | | 力学 | 电磁学 | 热学 | 光学 | 近代物理 |
|---|---|---|---|---|---|---|---|
| 美国教材 | S | S1 | 6.2% | 2.7% | 7.9% | 4.5% | 5.0% |
| | | S2 | 21.5% | 30.2% | 27.0% | 30.6% | 24.0% |
| | | S3 | 25.8% | 32.9% | 25.4% | 33.3% | 47.0% |
| | C | C1 | 10.6% | 7.4% | 14.3% | 3.6% | 2.0% |
| | | C2 | 1.1% | 2.7% | 0.0% | 5.4% | 0.0% |
| | | C3 | 22.9% | 19.5% | 25.4% | 20.7% | 21.0% |
| | | C4 | 12.0% | 4.7% | 0.0% | 1.8% | 1.0% |

通过表格的数据，可看出中美教材在相同模块中，图像的部分功能存在较大的差异，且在不同模块出现较大差异的图像功能并不相同，为了更好地厘清这一差异存在的原因，对每一模块进行逐一分析，分析内容如下：

(1) 力学模块

在力学模块中，两国教材在 S2、C1、C3 和 C4 功能上差距较大，其中 S2 和 C1，中国教材高出美国教材 8.6% 和 5.6%；在 C4 和 C3 上低于美国教材 10.3% 和 6.4%，综合表现为美国教材在力学模块的复合型图占比高于中国教材。

S2 类图像占比中国教材高于美国教材，这是由于中国教材在力学部分的图像多用于呈现物理情景与现象，基于情境进行分析的较少；而美国教材对呈现的情境通常会进行相应的分析，这使得 C3 类占比较中国教材更高；C1 类的图像在教材中多以演示实验的形式出现，但美国教材演示实验要求教师课堂演示，故教材中这部分的图像内容很少；C4 类美国与中国教材差距较大，这一差异体现了美国教材在力学部分的一大特征，图像复合性强，即在讲解力学中的概念时，利用实际生活的实例进行分析，直接在实物图中进行分析，抽离模型，使一幅图像同时具有多种功能。

(2) 电磁学模块

在电磁学模块中，单一功能图像、复合功能图像中美教材占比非常接近。但细致分析，在 C3 功能上有较大的差异，中国教材高出美国教材 7.9%。这是由于在中国教材中，电磁学模块有较多的结构模型用于解释物理概念与规律，这些模型以图像的形式出现，在呈现结构的同时，配以相应的符号与文字进行解释说明，在功能上表现为 C3，这使得在电磁学中 C3 类的图像比重较高。美国教材在电磁学部分的知识内容，不及中国教材深入，因此 C3 类图像的比重相对较低。

(3)热学模块

在热学模块中,两国教材图像在单一功能上,中国教材高出美国 5.2%,复合功能上美国高出中国 5.2%。但在 C1、S1、S2 和 S3 上,存在不同程度的差异。其中 S2 和 S3,中国教材高出美国教材 6.3% 和 5.6%;在 C1 和 S1 上低于美国教材 7.2% 和 6.7%。

这部分差异主要是由于两国教材对热学模块的重视程度不同所致,通过前面的分析可知,中国教材较美国教材更重视热学部分。基于此中国教材对热学中的现象会进行进一步的分析,相应具有阐明和解释功能的图像数量会增多;而美国教材进行简要的介绍,相应的演示功能的图像数量会上升,占比的变化同热学模块在各自教材中的地位以及要求相吻合。

(4)光学和近代物理模块

在光学与近代物理模块中,均在 S2、S3 和 C3 功能上存在较大差异,光学模块 S2 和 C3,中国教材高出美国教材 20.4% 和 12.6%;在 S3 上低于美国教材 29.4%,表现为中国教材在光学模块的复合型图占比高于美国教材 9.6%;近代物理模块 S2 和 C3,中国教材高出美国教材 11.4% 和 9.5%;在 S3 上低于美国教材 22.6%,综合表现为中国教材在近代物理模块的复合型图占比高于美国教材 11.3%。

两国教材,在这两模块的差异性情况相同,其成因有一定的相似性,即在这两模块中,美国教材更加注重对物理规律、结论或原理的分析归纳,因此单一的解释功能高于中国教材;而中国教材在解释原理的过程中,还适当的增加了实例类图片,即具有阐明功能的图像,使得 S2 以及 C3 类功能的图像比例较大一些。

## 第四节 作业系统分析

**一、中美教材作业系统数量特征比较**

对作业系统的研究聚焦于其宏观特征,包括题目数量、题目编排特点、题目对知识的要求等宏观特征,有关题目结构以及题目难度的分析,将在第六章中呈现。

**1. 题目栏目分布对比**

中国教材作业系统由"课堂练习"557 题和"章末复习"328 题(A 组 171 道,B 组 157 道)两栏目,共 885 道题目构成。力学模块题目数量最多,电磁学模块次之,热学与近代模块数量相差不大,均高于光学模块。在不同内容模块的分布情况,反映了中国教材作业系统的重点在力学和电磁学模块上,这与课标的要求以及教材知识内容的重点是相吻合的。各模块题目数量及占比情况如表 2-12

所示。

表 2-12 中国教材各栏目题目数量/占比

| 模块 | 课堂练习 | 章末练习 | | 总计 |
|---|---|---|---|---|
| | | A 组 | B 组 | |
| 力学 | 233,61.32% | 75,19.74% | 72,18.94% | 380,42.94% |
| 电磁学 | 196,63.02% | 61,19.62% | 54,17.36% | 311,35.14% |
| 热学 | 51,60.71% | 18,21.43% | 15,17.86% | 84,9.50% |
| 光学 | 26,72.22% | 5,13.89% | 5,13.89% | 36,4.07% |
| 近代物理 | 51,68.91% | 12,16.22% | 11,14.87% | 74,8.36% |
| 总计 | 557,62.90% | 171,19.34% | 157,17.76% | 885,100% |

美国教材作业系统由课堂练习、章末练习、标准化训练三个模块构成，选取第 2 章至第 30 章，共 29 章进行统计（第一章绪论，不计入其中），题目数量共 3051 题。其中力学模块题目数量最多，电磁学模块次之，光学和近代物理模块数量分别为第三与第四，题目最少的是热学模块。题目主要集中在章末复习、节末练习栏目中，具体分布及占比如表 2-13 所示。

表 2-13 美国教材各栏目题目数量/占比

| 模块 | 节末练习 | 章末练习 | 标准化训练 | 总计 |
|---|---|---|---|---|
| 力学 | 463,35.18% | 750,56.99% | 103,7.83% | 1316,43.13% |
| 电磁学 | 241,32.39% | 440,59.14% | 63,8.47% | 744,24.38% |
| 热学 | 87,40.09% | 111,51.15% | 19,8.76% | 217,7.11% |
| 光学 | 127,30.60% | 248,59.76% | 40,9.64% | 415,13.61% |
| 近代物理 | 135,37.60% | 189,52.65% | 35,9.75% | 359,11.77% |
| 总计 | 1053,34.51% | 1738,56.96% | 260,8.52% | 3051,100% |

**2. 题目模块分布对比**

在作业系统的题目数量上，中国教材 885 道，美国教材 3051 道，中国教材题目数量不到美国教材的三分之一。为了更直观的呈现中美教材题目在各模块数量分布上的特点，绘制柱形图，如图 2-5 所示。

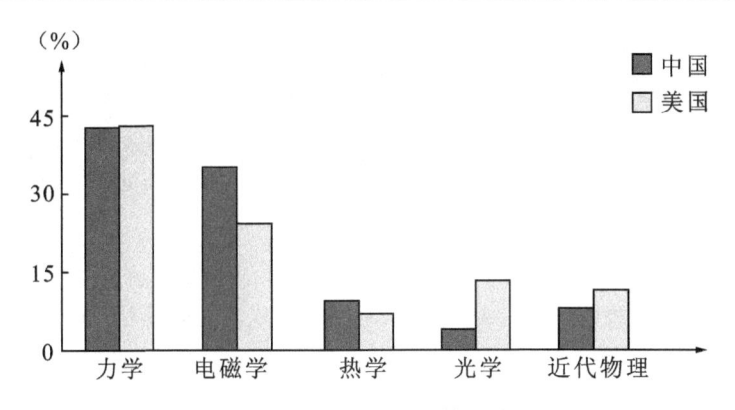

图 2-5　中美教材题目数量对比

借助图像可知，中美教材在题目的分布上存在一定的相似之处，两国教材题目占比最高的均为力学模块，其次是电磁学，排在第三位的中国是热学，而美国是光学；第四位中国与美国都是近代物理，占比最低中国是光学，而美国是热学。

这表明不论是美国教材还是中国教材，力学、电磁学模块在高中物理中的地位是一致的，不可撼动的。这也符合物理学科知识体系的逻辑框架，力学部分是物理学的开端，作为研究自然科学的一门学科，物理学最先研究的问题便是物体的运动。电磁学实际应用广泛，理论相对完善，体系逻辑性强，有助于培养学生的物理思维，加深对科学本质的理解，因此题目占比相对较高。中美教材在近代物理模块设置的题目涉及的内容同物理前沿联系紧密，受限于学生思维的发展水平以及教学课时，故其设置的题目占比相应较低。

中美教材在光学和热学模块的差异主要是由于知识点广度所引起的，美国教材光学模块的知识点多于热学模块，中国教材热学模块的知识点多于光学模块，题目占比的同这一情况相符合。这也表明教材在题目的编写过程中，均考虑了知识点数量，力求题目覆盖每一知识点。

**二、中美教材作业系统结构特征比较**

**1. 编写结构比较**

（1）中国教材作业系统结构特征

中国教材作业系统栏目在题目选取上都考虑到了栏目自身的定位和特点，题目都能较好地实现栏目预期的目标。在"课堂练习"这一栏目中，聚焦当堂所学内容，借助题目对重点难点内容进行多角度的理解，进一步深化对知识的认知，从而构建知识体系；在"章末练习"部分设置的题目具有较强的综合性，并带有一定的检测性，题目分为 A 组和 B 组，B 组综合性、难度皆高于 A 组，有阶梯性。栏目结构主要具有以下特征：

① 题目的综合性较强，单个题目涉及的知识点较多。

中国教材的题目出现于节末和章末，题目是基于该节或该章的知识内容进行编制，由于教材整体编制的题目较少，教材的知识点较多，因而单个题目涉及的知识点较多，题目的综合性较强。

② 题目编写有明显的梯度，尤其体现在章末练习中。

题目设置层次分明，体现弹性，可分为三个层次，节末练习、章末练习 A 组、章末练习 B 组。在设置上，既考虑到每一节知识的练习与巩固，又考虑到一章内容的综合练习和巩固。满足基本教学要求的前提下，兼顾不同层次的学生，培养一般学生的成就感的同时也为优秀学生带去挑战性。章末的 A 组和 B 组题目分别和学业水平考试以及高考接轨，体现题目设置的梯度。

在同一栏目内题目的编排上，也注重层次性。其题目编排按照题目设置的目的，依次为辨析概念、巩固新知、训练方法、综合提高，按照由易到难，由浅入深展开。

(2) 美国教材作业系统结构特征

美国教材在作业系统栏目设计上体系较为完善，本章第二节已予以说明，在此着重分析栏目的内在结构，主要体现以下特征：

① 作业系统的三类栏目设计具有极强的功能指向性。

课堂练习中的题目多为例题的同构题或变式题，均围绕着例题所呈现的知识点，对其进行强化、补充和拓展，是对例题知识与方法的巩固与提高；章末练习中的测评栏目题目，指向对整章知识全面复习、巩固和提升，既有基础题目，又有难度较高、综合性较强功能不同的题目；标准化测试中的题目编写模式同等级考试的要求相同，题目类型较为固定，大部分为选择题，其中计算题通常一至两道，题目难度大致与等级考试的要求相当，为等级考试做好准备。

② 栏目内部题目有较强的递进性，难度层层拔高。

课堂练习通常由 4～6 道题目构成，设置顺序由简单到复杂，逐渐增加难度，符合认知规律，利于学生掌握相应的知识点以及解题方法。

在章末练习中，将题目分为了几个小的模块，分别是："理解概念""解决问题""应用概念"和"复习提高"，层次分明，难度呈递进式分布。同时"复习提高"中的题目涉及的是之前章节中的知识，体现了对学生认知过程的考量和已学知识的综合运用。

③ 题目设置注重同题异构，题目类型丰富，考查方式灵活。

通过对同一物理情景，改变不同的物理量，设置不同的问题，触类旁通，开阔思维,促进学生对知识点的掌握与理解。

在题目类型上,除传统的简述题、计算题、选择题外,美国教材中有几类较为新颖的题型,包括:科技写作、编写问题和补充问题。这三类题型均是开放型题目,科技写作是给定主题范围,让学生自行查阅资料,选取角度,组织材料后形成一篇基于一定主题的小科技论文,所选的主题通常是对物理学家、物理定律以及当下物理前沿的评述;编写问题与补充问题较为相似,均是给出部分内容限定考查的知识范围,让学生编写题干,设计问题,不同之处在于,编写问题给出的是运算表达式,补充问题所提供的是知识点范围和部分题干描述。这三类题目与常规的题目有较大的差异,指向学生开放性思维的培养,表明美国教材在题目类型设置上,充分考虑到对学生开放性思维的训练。

④ 栏目内部,借助黑体字的形式,明确题目考查目标。

这一特征主要体现在"测评"栏目中,部分题目前会有黑体字提示本题考查目标。如"本章概要""排序""编写问题""建立模型"等。黑体字明确了考查的主要目的,让学生在解题的过程中既回顾掌握知识本身,又明确了考查形式,利于学生进行归纳总结,构建相应的模型。

**2. 题目表述方式比较**

(1)提问方式

中国教材在提问方式上表现出一定的特点。大量使用"有没有不同的认识""结合……想一想""不正确,错在哪里?""分析过程""请说明理由"等词语,引导学生的思维活动,注重思辨能力和质疑精神的培养。具体例子分析如表 2-14 所示。

表 2-14  中国教材提问方式分析

| 题目 | 提问关键词分析 |
|---|---|
| ……水是在最低点还是在最高点时更容易甩出?请说明道理。 | "说明道理"—强调要通过分析和推理过程得出结论。 |
| ……沿哪一条虚线运动?为什么? | "为什么"—注重引导学生寻找证据并解释。 |
| 质量为 0.5 kg 的石块从 10 m……机械能守恒定律和动能定理分别讨论。 | "分别讨论"—要求学生从不同角度思考解决物理问题。 |

美国教材作业系统中的题目,问题的提出较为直白,基本没有引导性的文字。问题呈现常以"计算某物理量""作出图像""如何描述"等形式进行呈现。虽也有部分题目出现"为什么""请给出你的解释"等带有引导性的提问方式,但数量较少

且均为对前一问题的进一步追问。在提问方式上,倾向使用直接的话语,指向要求计算与分析的物理量或现象,对学生引导极少。

(2) 背景材料

中国教材为题目提供了大量背景说明类的文字,其中部分题目要求学生根据提供信息对所学知识进行迁移拓展。借助题目对学生的知识面进行拓展,符合当前社会发展对人才的要求,面对繁杂的信息流快速提取有效信息是新时代学习者必须具备的一种能力,较大且适量的阅读有助于培养学生这方面的能力,同时拓宽了题目的功能,提高了教材题目的质量。同时题目选择的背景材料丰富,兼备科学性与趣味性,部分题目具有一定价值观导向和育人作用,体现在对学生科学思维、科学态度以及对科学本质的理解上,配合教师的相关引导,能较好地发展学生的物理核心素养。例如

"海边会发生潮汐现象⋯⋯有人认为这是由于太阳对海水的引力变化以及月球对海水的引力变化所造成的。中午⋯⋯;拂晓和黄昏⋯⋯;就引起了潮汐现象。

已知太阳质量⋯⋯估算一下:对同一片海水来说,太阳对海水的引力、月球对海水的引力,分别是海水重力的几分之一?"(必修2,72页,第5题)

题目中对潮汐现象进行较为全面的分析,将其作为背景材料给出,具有一定的科普性质,增加题目的可读性,提高了题目的知识量,巧妙地将拓展性内容融入题目之中。

与中国教材相比,美国教材题目基本不提供背景信息,题目所提供的均为解题的信息。题目描述极为简洁、解题信息在题目描述中极为明显。有利于学生在较短的时间抓住解题的关键信息,但不利于培养学生从复杂情境中提取关键信息,对问题简化、建立模型等能力的培养。以下列举部分题目进行分析:

"质量为1.0kg的小球在做匀速运动的过程中所受到的净力是多少?"(《物理;原理与问题》上册,130页,41题)

"发电机和电动机有什么区别?""列出交流发电机的主要部件"(《物理;原理与问题》下册,794页,32、33题)

以上题目,除解题信息和问题指向外,无其他描述内容,题目简短干练,指向性明确,篇幅以及阅读量小。

### 三、中美教材作业系统题目类型比较

#### 1. 中美教材题目类型整体分布比较

按照知识运用水平将题目分为运用型、理解型和创生型,对中美两国教材作业系统中的题目逐一分析编码统计,结果如表2-15所示。

表2-15 中国教材各内容模块题目类型数量/占比分布

| 模块 | 中国教材 | | | 美国教材 | | |
|---|---|---|---|---|---|---|
| | 运用型 | 理解型 | 创生型 | 运用型 | 理解型 | 创生型 |
| 力学 | 278,73.2% | 89,23.4% | 13,3.4% | 975,74.1% | 280,21.4% | 60,4.6% |
| 电磁学 | 170,54.7% | 129,41.5% | 12,3.8% | 521,70.1% | 190,25.5% | 33,4.4% |
| 热学 | 37,44.1% | 45,53.6% | 2,2.3% | 144,66.4% | 60,27.7% | 13,5.9% |
| 光学 | 19,52.8% | 16,44.4% | 1,2.8% | 287,69.0% | 107,25.7% | 22,5.3% |
| 近代物理 | 46,62.2% | 24,32.4% | 4,5.4% | 190,52.9% | 153,42.6% | 16,4.5% |
| 总计 | 550,62.1% | 303,34.3% | 32,3.6% | 2117,69.4% | 790,25.9% | 144,4.7% |

中国教材题目中,运用型、理解型、创生型三类习题数量比约为17:9.5:1的比例分布。题目集中在运用型和理解型的问题,创生型的问题极少,仅占3.6%。美国教材三类的比例大致为14:5:1。创生型的问题同样极少,仅占4.7%。可见中美教材绝大部分题目属于运用类型,占比均超过60%,其次为理解类型,但与运用型占比相比差距较大,创生类型题目极少,整体分布呈现金字塔形。这表明高中物理教材中的题目注重学生对知识点的运用,即利用概念、规律分析问题,然后解决问题,指向对学生能力的培养。通过题目让学生将知识迁移应用,巩固内化,建构知识体系,掌握分析问题解决问题的方法,培养思维能力,形成物理学科素养。

但在具体的占比上,中美教材仍存在一定的差异,为直观反映这一差距绘制了如图2-6所示的统计图。

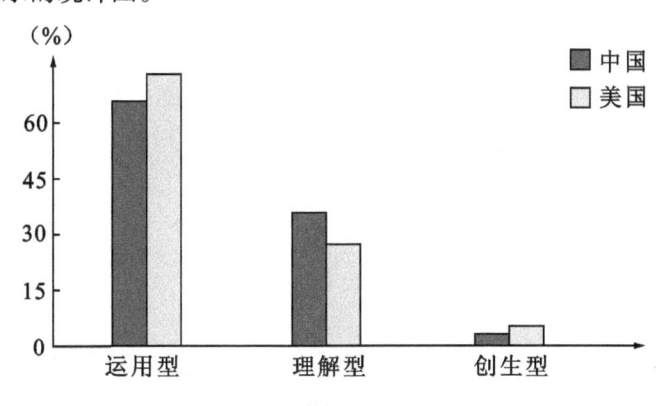

图2-6 中美教材题目知识运用情况对比

中国教材的理解型题目的占比高出美国教材8.4%；运用型、创生型题目中低于美国教材7.3%和1.1%。在一定程度上说明中国教材的题目较美国教材更加强调对知识点的理解，而非简单套用公式结论进行解题，注重物理概念、规律以及结论的内涵与外延的理解，考查学生对物理原理、概念的本质的掌握。

对于创生型题目，虽然占比相差不大，但由于题目基数较大，美国教材创生型题目144道，远高于中国教材的32道。在美国教材的每章中均会有固定的题目类型——科技写作，该类题目每章固定2至3道，要求学生根据所给定的范围完成相应的评述，内容多为物理学家的贡献以及前沿科技等方面，属于创生类的题目。

**2. 中美教材各模块题目类型分布对比**

（1）力学模块

在力学模块中，结合表2-15的数据可知，中美教材在题目类型的分布上相似，其中运用型题目的占比分别为73.2%和74.1%。这表明两国教材对力学模块题目考查点有较为统一的认知，即侧重于学生灵活运用知识能力的考查与培养。这一要求同模块特征密切相关，力学模块作为物理学的起始章节，物理概念与规律较多且均为后面学习的基础，因此要求学生熟练掌握相关的知识内容并运用到具体的题目中。因此在运用型的题目上存在一定的侧重，比例较高。

（2）电磁学模块

在电磁学模块中，两国教材在分布情况上，运用类题目依旧占比最大，创生类最低，题目设计的初衷依旧是指向对知识点的熟练运用。在具体的占比中，中美教材在运用型与理解型的差异较大，中国教材运用型与理解型占比分别为54.7%和41.5%；美国教材为70.1%和25.5%，在创生型上两国教材相差不大。

两国教材在电磁学模块中题目类型分布的比例差异，同教材中的知识内容有关，中国教材相较美国教材更重视电磁学模块，且前文提及中国教材对电磁学部分的知识处理更加深入，这使得中国教材在题目设置上，增加了理解类题目的比重，以回应教材中对知识的深入讲解；而美国教材，重点在集中于定量的分析与计算，涉及规律的运用，因此运用类题目比重较大。差异的产生是基于两国教材在电磁学模块知识内容的侧重不同。

（3）热学模块

在热学模块中，两国教材在题目类型的分布上出现较大的分歧，中国教材占比最高的为理解类题型，美国教材占比最高为运用型。表明在热学模块两国教材题目的考查存在较大的差异，中国教材理解型题目占比高出美国教材25.9%，运用型和创生型占比分别低于22.3%和3.6%。

热学的宏观现象同实际的生产生活有极强的联系,而宏观现象的微观解释又具有极强的逻辑推理性。中美教材在呈现上,选择不同的呈现方式。中国教材注重对热学规律本质的理解,美国教材则关心热学规律,尤其是过程中的能量变化,这使得两者在题目的设置上,有较大的分歧,美国教材借助生活情境,涉及较多计算给定过程热量、能量变化的题目,这类题目多表现为运用型和创生型的题目;而中国教材,设置较多的辨析类或用微观规律解释宏观现象的题目,这类题目通常表现为理解型,使得中美教材题目类型呈现较大的差异。

(4)光学模块

光学模块的差异情况与热学模块相似,但亦有一些不同,两国教材在大致的分布上是保持一致的,均是运用类最高,创生类最低,这说明两国教材在光学模块考查点是较为一致的。但在具体占比上有较明显的差异,中国教材理解型题目占比高出美国教材18.7%,运用型和创生型占比分别低于16.2%和2.5%。

光学模块的差异主要是由于两国教材在光学模块的知识容量所导致的,美国教材较中国教材,增加了较多定量计算的内容,如薄透镜成像和面镜成像等。针对这些知识点的题目多为计算题,使得美国教材运用型的题目比重上升。同时,由于知识面更广,可与实际生活结合的点更多,使得创生类题目比重也有所上升。中国教材光学模块内容较少,多是对光现象的解释说明和定性的描述,要求学生准确理解相关的概念,使得理解类题目比重较大。

(5)近代物理模块

在近代物理模块中,总体分布情况两国教材较为相似,但在具体的占比上存在一定的差异,中国教材运用型与创生型题目占比分别高出美国教材9.3%和0.9%;理解型题目低于美国教材10.2%。

在近代物理模块,中国教材运用型题目占比高于美国教材,是由于中国教材在该模块内容主要是原子核物理、量子力学初步以及相对论的内容。内容难度较高,因此教材所选内容都是基础内容,较少涉及复杂的原理。理解难度并不大,故设置较多的运用型题目,加深对基础知识的记忆。创生型略高是由于近代物理中涉及较多重要的物理人物与实验,对其进行评价使该部分题目的重要来源,这使得创生型题目有所上升。美国教材在理解型题目高于中国教材,是由于美国教材,在近代物理涉及了半导体的定性知识,这部分知识不涉及计算,均是对概念规律的理解,使得理解类题目数量有所增加,占比相应增加。

## 第五节　研究结论

### 一、中美教材文本系统

中美教材栏目类型相同,但美国教材栏目种类多于中国教材,且体系更加成熟。美国教材设置的栏目在全书出现的位置较中国教材更加均衡,但中国教材中"科学方法"这一栏目,体现了对科学素养的重视,这是美国教材缺失的。

中国教材在知识点覆盖度上,总体略低于美国教材,但知识的精细化程度高于美国教材,表明两国教材在知识的处理上存在不同的倾向,美国教材侧重于知识的量,在有限的课本容量中尽可能多且完整的展现物理学的学科体系;中国教材倾向于知识的精细程度,将物理学科中重点的内容尽可能清晰且细致地呈现给读者。

中美教材在编写逻辑上均起于力学,止于近代物理,但具体的内容编写存在差异。中国教材由于课程体系的要求,在编写中存在的知识内容的螺旋上升;美国教材则是按照物理学科的内在逻辑和物理学的发展历程为指导进行编制。

中美教材在处理章节容量时倾向不同,中国教材倾向于在课时容量与知识体系的完整与连贯间找出平衡点,按照课时容量划分每小节内容;美国教材倾向于知识体系的完整与连贯。具体体现为:中国教材小节数较多,每小节的知识容量大致相同;美国教材不同小节容量相差较大,但单一小节的知识体系更加完善。

### 二、中美教材图像系统

中美教材图像密度差异很小,在各模块的数量分布与各模块的知识容量相关,知识内容较多的模块其图像数量及占比也相应增多。

中美教材图像内容的选择服务于知识内容的呈现。不同的知识模块下,基于教学内容的不同处理方式以及知识内容的差异,存在一定程度的个性调整。具体来讲,中国教材倾向于使用原理模拟类的图像,美国教材倾向使用科技生活类的图像;中国教材图像内容富有时代感,注重弘扬传统文化,同时采用许多真实场景照片。

中美教材图像功能,根据模块自身在教材中的定位以及要求的不同进行调整;其次,根据对教学内容的侧重点的不同,选择具有相应功能的图像以达成教学目标。中美教材中图像功能均以单一功能为主,中国教材中解释功能的图像更多。而美国教材中阐明功能的图像更多,同时更注重图像的复合功能设计。

### 三、中美教材作业系统

中国教材题目数量少于美国教材。中美教材题目数量按内容模块的分布的依据是相同的,均是依据知识点数量以及模块的考核要求来配置。知识内容较多、考核要求较高的模块其题目数量相应较多。

中美教材在作业栏目设计上均注重认知水平的递进。中国教材通过节末、章末设置不同的层级,对应不同的考核要求,提高教材题目的针对性。美国教材习题栏目间也有层次,且章末"测评"栏目内部体现得更加明显。章末设置"复习提高"栏目复习巩固前面的内容,体现了题目的螺旋性。

在题目的运用上,中国教材擅长借助题目向学生提供拓展性知识以及科学思维、科学态度等的培养;美国教材则倾向于挖掘题目本身的价值,借助一题多变,充分利用题目情境,帮助学生进行知识迁移。

# 第三章　中美高中物理教材科学本质表征比较

科学本质(Nature Of Science,简称 NOS)是一个涉及哲学、历史等的复杂概念,在教育研究界中没有关于科学本质的统一定义,经常引用且常见的一般定义是由 Lederman 提出的,他认为科学本质是指产生和验证对科学知识的主张所依据的假设和价值[77],将 NOS 定义为科学的认识论,认为科学是一种认知的方式[78]。科学本质是科学素养的核心成分,而科学素养通常被视为"公众对科学的了解,以便更有效地适应自然世界",是许多国家科学教育的理想结果,可以通过帮助学生理解科学本质来实现。

研究表明,教科书对科学本质的呈现在一定程度上会影响学生乃至教师对科学的正确理解,绝大多数学生和教师对科学本质观的主要的认识还存在着一定程度上的误解[25]。因此,想要提高学生对科学本质的理解,需要解决好教科书对科学本质的呈现,让学生对"科学是什么""是怎样产生的"有更为精确的认识。

本章将对中国和美国高中物理教材中科学本质表征的完整性和均衡性、明确性和准确性进行分析,以了解两国教材对科学本质呈现的特色,评估其表征水平。

## 第一节　科学本质的研究工具及分析方法

### 一、研究工具

#### 1. 分析框架

分析框架的选择涉及对要捕获的重要内容的价值判断。研究选用 Abd-El-Khalick 等 2017 年提出的科学本质十个内涵[32],在国际上共识度较高,具体内容如表 3-1 所示。

表3-1 科学本质各内涵维度及操作性定义

| NOS | 各维度内涵 | 操作性定义 | 示例 |
| --- | --- | --- | --- |
| N1 实证性 | 科学知识来源于对自然现象的观察，然而，科学家并没有直接接触到大多数自然现象，他们的观察需要借助感官进行过滤，通过科学仪器进行调节，或者从复杂的理论框架中进行解释 | 出现阐明证据对于科学知识的发展是必要的表述，如有"证实""实验表明"等词语表述 | 伽利略通过逻辑推理，首先指出亚里士多德对落体认识的问题，然后得出重物与轻物应该下落得同样快的结论，最后用实验证实了自己的结论 |
| N2 观察与推论的区别 | 观察与推论之间有一个重要的区别。观察是对自然现象的陈述性描述，这些自然现象可通过感官或感官的延伸得到，观察者可以相对容易地达成共识。推论是关于感官无法直接接触到的现象的陈述（例如，物体由于重力而倾向于掉到地上），通过它们的表现效果来感知或测量 | 同时表述可观察实验现象并进行推论得出结论，或指出某些现象、事实是观察不到的，需要建立模型来进行研究 | 由实验可以看到，将玻璃管里的空气抽出去后，没有了空气阻力的影响，轻的物体和重的物体下落得同样快。在现实生活中人们之所以看到物体下落的快慢不同，是因为空气阻力的影响。如果没有空气阻力，所有物体下落的快慢都一样 |
| N3 创造性 | 科学不是一种完全理性、有序的活动。科学知识的产生涉及人类的创造力，也就是科学家创造解释和理论实体。科学的这种特质，加上推断性质，使得科学实体（原子、力场等）是功能的理论模型，不是真实本体的复制 | 出现新的理论或新的技术，出现"创造""建立""发明""第一次首次提出"等词语，体现创造性对科学研究的影响 | 伽利略对运动的研究，不仅确立了许多用于描述运动的基本概念，而且创造了一套对近代科学的发展极为有益的科学方法。这些方法的核心是把实验和逻辑推理（包括数学演算）和谐地结合起来，从而发展了人类的科学思维方式和科学研究方法 |

续表

| NOS | 各维度内涵 | 操作性定义 | 示例 |
|---|---|---|---|
| N4 理论负载性 | 科学家的理论和学科承诺、信念、原有知识、经验和期望影响着他们的研究问题、研究方法的选择、观察（和不观察）什么以及对这些观察的解释。这种个体性（有时集体性）或思维定式决定了理论在产生科学知识方面的作用。科学从来不是从中立的观察开始的，而是源于某些理论观点的启发和指导，并从理论中得到解释。意味着任何观察都受到科学家的理论的影响 | 出现科学家们不同观点看法，包括影响他们工作的信念期望，及研究观察受到理论观点影响的表述，或前人的思想影响了自己研究工作的方向或方法 | 长期以来，在研究物体运动原因的过程中，人们的经验是：要使一个物体运动，必须推它或拉它。因此，人们直觉地认为，物体的运动是与推、拉等行为相联系的，如果不再推、拉，原来运动的物体便会停止下来 |
| N5 暂定性 | 科学知识可靠而持久，但不是绝对或确定的。一切知识（事实、理论、定律等）都可能发生变化。随着概念和技术进步带来的新证据出现，科学主张会发生变化；随着新改进的理论对当前证据的新解释，文化社会领域或既定研究项目方向的转变，科学主张也会发生变化 | 体现科学知识可变的表述，既指基于新证据的可用性而发生的科学知识变化，也指对现有证据的重新解释 | 地心说认为地球是宇宙的中心，是静止不动的，太阳月球以及其他星体都绕地球运动。日心说则认为太阳是静止不动的，地球和其他行星都绕太阳运动，似乎与人们生活经验不相符合 |
| N6 科学研究途径的多样性 | 人们通常会有认为所有科学实践都有一个像菜谱一样固定的程式能够表征科学实践。这种观念是错误的，不存在单一的科学方法可以确保绝对正确的知识。科学家观察、比较、测量、测试、推测、假设、辩论、创造想法和概念工具，并构建理论和解释。然而，没有唯一的活动程序，可以准确无误地引导科学家得到有效的解决方案、答案，或者确切的、真实的知识 | 出现同一研究问题的不同方案表述，或研究问题有用两种及以上的方法 | 分析物体的受力，有两条思路。一是根据物体运动状态的变化来分析和判断其受力情况，这是下一章学习的内容；二是根据各种力的特点，从相互作用的角度来分析物体的受力 |

续表

| NOS | 各维度内涵 | 操作性定义 | 示例 |
|---|---|---|---|
| N7 科学理论的本质 | 科学理论是完善、高度证实、内部一致的解释系统,通常是在无法直接测试的情况下,基于已有公理假定存在不可观测的实体。因此,理论无法直接进行验证,只有根据间接的证据支持和验证理论:科学家从理论中得出具体的可测试的预测,并将其与观察结果进行对照 | 出现不可观察现象的推论解释;或者不能直接验证的结论,但可通过间接证据来支持理论并确定其有效性 | 一个成功的理论不仅能够解释已知的事实,更重要的是能够预言未知的现象 |
| N8 科学定律的本质 | 一般来说,定律是可观察现象之间关系的陈述性描述。相反,理论是对那些现象中可观察到的现象或规律的推断解释。与普遍的看法相反,理论和定律是没有等级关系的(不正当表述会认为理论是定律建立的证据,或认为定律地位高于理论)。理论和定律是两种不同的知识,一种不能成为另一种。理论和定律一样,都是科学的产物 | 出现各种定律内容的表述,或概括性描述各种现象之间的关系 | 大量的实验和观察到的事实都可以得出与上节课实验同样的结论,由此可以总结出一般性的规律:物体加速度的大小跟它受到的作用力成正比,跟它的质量成反比,加速度的方向跟作用力的方向相同。这就是牛顿第二定律 |
| N9 科学知识建构的社群性 | 科学知识是社会协商得来的,不应与科学的相对性相混淆。这一维度特别涉及已建立的沟通平台的价值,这个平台是科学事业内部用来交流和评论科学事业的,通过减少科学家个人特质和主观因素的影响来提高集体审查科学知识的客观性。科学期刊使用的双盲同行评审过程就是根据这一维度制定的 | 出现科学家同行之间的交流合作和共同研究,或表述在前人基础上对自己工作的影响 | 在电磁学研究中,法拉第在 10 年中坚持实验,为电磁感应定律的建立打下了基础。麦克斯韦在此基础上,对这个规律和其他电磁学实验成果进行分析,加上自己的假设,为其谱上了数学的"乐曲"于 1864 年建立完整的电磁场理论,并预言了电磁波。赫兹用实验证明了电磁波的存在 |

续表

| NOS | 各维度内涵 | 操作性定义 | 示例 |
|---|---|---|---|
| N10 科学中社会与文化的嵌入性 | 科学作为一项人类事业,它在更大的文化背景下进行实践,它的实践者也是这个文化的产物。科学嵌入文化中,它遵循并影响各种文化和领域,包括社会结构、世界观、权力结构、哲学、宗教以及政治和经济因素 | 出现科学、技术和社会之间相互作用的内容。如出现"利用""可用于"等词语 | 从某种意义上说,在人类发明的各种机械中,交通工具最深刻地改变了我们的生活……这些不仅妨碍了人们的工作和生活,而且制约着社会经济的进一步发展 |

Abd-El-Khalick 等人的分析框架已被广泛应用于分析各国教科书和课堂研究观察中,且成功分析了跨度40年的科学教材,具有良好的结构一致性[32]。并且该框架考虑到国际改革文件中强调的科学本质的各方面,使研究人员能够检查学校科学教科书中科学本质表示的方式和范围,更重要的是可在不同的教育背景和国界进行有意义的比较[79]。在研究教材科学本质表征的领域中,已有大量研究使用了该框架[27,38,40,80-82],它有大量的经验支持,且提供了一个系统的、高度可靠的方法来评估科学本质表征的质量。

在对该框架的理解上,参考张雪等[40]对其的研究,给出了分析科学本质各维度的操作性定义和示例说明,如表3-1所示。其中,表内操作性定义提到的"证实""创造"等关键词,在实际分析中需要辨别文本语境表述的真正含义。同时,有一点需要强调,在研究中 Abd-El-Khalick 等人认为虽然科学本质和科学过程必然是相关的,但它们不是相同的,因此,教科书提到或需要参与基本或综合科学过程技能的活动,除非文本表述中有相关维度性质的呈现,否则不被视为某些科学本质内涵的表述。并且他们认为在进行科学调查的背景下制定的这种过程并不一定需要有对潜在的认识论问题的理解[25],因此,在该分析框架中采用的对科学本质的定义,虽然侧重于广泛构思的认识论维度,但排除了对科学过程技能的关注。Lederman 等也指出通过科学实践并不能帮助学生真正理解科学本质[83]。

**2. 赋值规则**

为评估教科书中科学本质表征的质量,Abd-El-Khalick 在提出科学本质十个内涵的基础上,进一步制定了科学本质表征的明确性和准确性水平评估框架[32],采用赋值方式来评判各维度表征水平,分为7个等级,具体赋值规则如表3-2所示。

表 3-2　Abd-El-Khalick 等人科学本质水平评估框架[32]

| 水平 | 赋值 | 赋值规则 |
| --- | --- | --- |
| 显性理性 | +3 | 使用显性、理性并确切的方式表述科学本质内涵,且所在章节对科学本质的有关表述具有内部统一性 |
| 部分显性理性 | +2 | 对科学本质的有关表述具有内部统一性,但表述不完善,部分表述虽显性但是不理性 |
| 隐性理性 | +1 | 能够从教材中推断出科学本质的理性、内部一致的相关表述(如活动、案例、科学史等) |
| 无科学本质 | 0 | 没有关于科学本质有关方面的表述 |
| 隐性质朴 | -1 | 隐性的不当表述,即能够从教材中推断出科学本质内涵的质朴表述 |
| 显性隐性混合 | -2 | 材料中能推断出科学本质内涵的相关表述,但在其他材料中又以显性、质朴的方式表述该科学本质内涵,相互矛盾、内部表述不一致 |
| 显性质朴 | -3 | 以显性、确切的方式不恰当地方式进行科学本质内涵的质朴表述 |

文本材料在处理科学本质明确性时可以是显性或隐性的方式。显性和隐性的核心区别方法是显式文本直接促使读者通过认识论信息来思考有针对性的科学本质方面,而隐式文本则是在处理有针对性的科学本质方面,只能推断对认识论思想的理解。大量的实证研究表明,显性的科学本质教学方法比隐性的教学方法更能有效地影响学习者的理解[78,79]。因此,必须确定教材中是否明确表述科学本质的内涵。若表述材料直接呈现了科学本质的某个维度,出现分析框架中的操作性词语,例如"实证性"在文本中有"实验表明""证实"等词语出现,或者通过阅读相关文本时不需要加以推理判断即可得出该内容有"实证性"的表征,则这些材料所呈现的"实证性"是以直接明确的方式进行表征的;相反,若材料的表述需要通过一定的推理判断,才能得出科学是基于实证研究以及大量实证数据的支持等实证性性质,则把这些文本对明确性的处理称为隐性表征。

关于科学本质表征的准确性,理性处理代表教材材料正确地传达了科学的相关性质;而质朴处理方式则相反,可能以不恰当的表述导致教材使用者对科学本质的错误理解。以"理论负载性"准确性表征为例,若分析材料直接或间接正确地传达了科学是建立在不同观点和立场基础之上发展而来的,以及科学研究会受到科学家们主观因素的影响,则称其以理性方式处理了该维度的准确性;若材料对某些科学事实和成果的得出没有恰当地强调科学研究会受主观性的影响,则容易使学生错误认为科学研究中科学家们的认识和思想观点是一致的,不能认识到科学的发展是多角度的、充满观点争辩的,则将这样处理准确性的方式称为质朴表征。

按照该赋值规则对中美教材的科学本质表征进行判断赋值,旨在分析教科书涉及科学本质的各维度的均衡性、表征方式和水平。Abd-El-Khalick 等人在对教科书中科学本质某一维度进行评分时,是基于所有相关材料的判定给出总结性评分[25],而与其判定表征水平的方式不同,在我们的研究中对某一维度表征水平的赋值采用平均评分来代替总结性评分。对每一处表现了科学本质相关性质的材料都进行判定和赋值,然后计算所有频次评分的平均值来代表该维度的表征水平评分。较高的正分数表示该模块某方面的科学本质得到更好的表征,而负分数表示该模块的科学本质表征的明确性和准确性较差。因为采取了平均评分来代表某一维度的表征水平,则最终的水平评分是位于一个连续的评分区间内,因此,在 Abd-El-Khalick 等赋值规则的基础上,重新制定了科学本质表征水平的等级划分,最终关于科学本质表征的明确性和准确性的评分水平如表3-3所示。

表3-3 科学本质表征水平评分等级划分

| 水平等级 | 单个科学本质维度平均评分 | 整体单个维度平均评分 | 单个模块科学本质合计评分 | 教材科学本质合计评分 |
|---|---|---|---|---|
| 显性理性 | [+2, +3] | [+10, +15] | [+20, +30] | [+100, +150] |
| 隐性理性 | [+1, +2) | [+5, +10) | [+10, +20) | [+50, +100) |
| 隐性质朴 | [-1, +1) | [-5, +5) | [-10, +10) | [-50, +50) |
| 显性隐性混合 | [-2, -1) | [-10, -5) | [-20, -10) | [-100, -50) |
| 显性质朴 | [-3, -2) | [-15, -10) | [-30, -20) | [-150, -100) |

由于科学本质分析框架包含十个维度,因此,在单个维度评分的基础上乘以10得到单个模块科学本质的评分;同时,研究是按照五个物理学知识模块来进行中美教材科学本质表征的比较分析,因此,整体单个维度科学本质的评分是在单个科学本质维度的评分基础上乘以5得到,整个教材的科学本质的评分是在单个模块的评分基础上乘以5得到。以"显性理性"水平为例,单个科学本质维度的评分位于[+2, +3]内,则在此基础上乘以5得到整体单个维度表征的"显性理性"水平位于[+10, +15]内,乘以10得到单个模块"显性理性"水平位于[+20, +30]内,单个模块评分乘以5得到整套教材表征的"显性理性"水平位于[+100, +150]内。

## 二、分析方法

研究采用内容分析法,首先根据文本内容中涉及对科学本质相关维度表述的语句进行判断、提取和评分,之后将这些与科学本质有关的语句依照科学本质分析框架进行归类。在研究分析过程中,主要对文本材料进行"科学本质表征维度"以及"各维度的表征水平如何"的提取,从知识模块角度研究教材对科学本质的呈现。在此基础上,结合教材中的内容对科学本质各维度进行微观分析,从而进一步揭示教材对科学本质的表征。

为了全面客观地评价教材科学本质的表征状况,研究选取两套教材的全部章节进行分析。按照力学、电磁学、热学、光学、近代物理五个物理知识模块来研究,相应的模块内容分布情况见本书第二章表2-1。中国教材内容统计选取正文部分(除序言、例题、习题、课后或章末复习、课例研究外)、章首语(每章节开始时的文字段落)以及"问题""思考与讨论""STS""STSE""科学漫步"等栏目。美国教材的统计内容为正文(除例题、课后复习、章末实验、第一章物理工具箱外)以及"生活中的物理学""物理工作者""物理学前沿"等栏目。中美教材正文部分皆按照教材中黑色小标题为一个分析单元,其余一个栏目计为一个分析单元。在对每一分析单元进行分析时,每个维度只统计一次,例如,材料多次出现"实证性"的表征,则选取评分最高的材料进行统计和赋值。

## 第二节 中美高中物理教材科学本质表征比较

### 一、中美教材科学本质表征的整体比较

#### 1. 科学本质的呈现情况

按照分析框架和统计规则,得到中美教材科学本质的整体呈现频次和占比,如表3-4所示。

表3-4 中美教材科学本质整体呈现频次/占比

| NOS 维度 | 中国教材 | | 美国教材 | |
| --- | --- | --- | --- | --- |
| | 频次 | 占比(%) | 频次 | 占比(%) |
| N1 实证性 | 87 | 18.20 | 38 | 10.61 |
| N2 观察与推论的区别 | 32 | 6.69 | 11 | 3.07 |
| N3 创造性 | 43 | 9.00 | 47 | 13.13 |

续表

| NOS 维度 | 中国教材 | | 美国教材 | |
|---|---|---|---|---|
| | 频次 | 占比(%) | 频次 | 占比(%) |
| N4 理论负载性 | 16 | 3.35 | 9 | 2.51 |
| N5 暂定性 | 37 | 7.74 | 14 | 3.91 |
| N6 科学研究途径的多样性 | 31 | 6.49 | 26 | 7.26 |
| N7 科学理论的本质 | 31 | 6.49 | 25 | 6.98 |
| N8 科学定律的本质 | 29 | 6.07 | 26 | 7.26 |
| N9 科学知识建构的社群性 | 30 | 6.28 | 14 | 3.91 |
| N10 科学中社会与文化的嵌入性 | 142 | 29.71 | 148 | 41.34 |
| 总计 | 478 | 100.00 | 358 | 100.00 |

两国教材各维度呈现占比如图 3-1 所示。

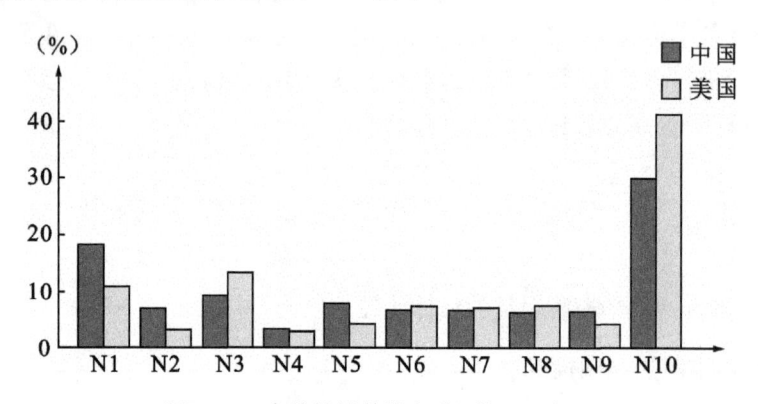

图 3-1 中美教材科学本质整体呈现占比

在科学本质呈现频次方面,中国教材呈现总频次高于美国教材。中国教材中除"创造性"和"科学中社会与文化的嵌入性"分别低于美国教材外,其余八个维度的呈现频次都高于美国教材,特别是"实证性"高出美国教材 49 频次;"暂定性""观察与推论的区别"分别高于美国教材 23、21 频次,是造成中美教材数量差距的主要原因。两国教材对"科学中社会与文化的嵌入性"的呈现都是最多的;位于第二或第三位是"实证性"和"创造性";对"理论负载性"的呈现都是最低的。

在科学本质内涵表征的完整性和均衡性方面,中美教材表征全面但都不均衡,相比之下中国教材各维度分布较均衡一些。两国教材对"科学中社会与文化的嵌入性"的呈现频次都最高,中国教材的呈现频次占总频次的29.71%,而美国教材占比则高达41.34%;两国教材对"理论负载性"表征仅有3.35%和2.51%。中国教材中最高和最低频次所占总频次的比值之差为26.36%,美国教材为38.83%。足以说明科学本质表征是不均衡的。

**2. 科学本质表征水平的分析**

为研究中美教材整体科学本质表征的处理方式,即明确性和准确性(显性与隐性、理性与质朴),在对教材材料分析提取的基础上,依照赋值规则进行赋值并划分,得到各维度表征水平评分如表3-5所示。

表3-5 中美教材科学本质整体表征水平评价

| NOS 维度 | 中国教材 | | 美国教材 | |
|---|---|---|---|---|
| | 评分 | 表征水平 | 评分 | 表征水平 |
| N1 实证性 | 11.03 | 显性理性 | 11.30 | 显性理性 |
| N2 观察与推论的区别 | 6.31 | 隐性理性 | 5.00 | 隐性理性 |
| N3 创造性 | 8.76 | 隐性理性 | 8.12 | 隐性理性 |
| N4 理论负载性 | 7.02 | 隐性理性 | 5.50 | 隐性理性 |
| N5 暂定性 | 10.09 | 显性理性 | 6.00 | 隐性理性 |
| N6 科学研究途径的多样性 | 8.30 | 隐性理性 | 10.07 | 显性理性 |
| N7 科学理论的本质 | 7.30 | 隐性理性 | 6.13 | 隐性理性 |
| N8 科学定律的本质 | 9.35 | 隐性理性 | 10.09 | 显性理性 |
| N9 科学知识建构的社群性 | 9.24 | 隐性理性 | 7.64 | 隐性理性 |
| N10 科学中社会与文化的嵌入性 | 9.14 | 隐性理性 | 9.32 | 隐性理性 |
| 整体 | 86.54 | 隐性理性 | 79.17 | 隐性理性 |

中美教材整体评分都在[+50,+100)区间,表征水平都为隐性理性。在科学本质表征的准确性方面,中美教材的处理都较好,对十个维度的表征都为理性。在科学本质表征的明确性方面,中美教材对十维度的处理多为隐性表征。中美教材都以显性方式呈现了"实证性"。中国教材还显性表征了"暂定性";美国教材则还以显性处理了"科学研究途径的多样性"和"科学定律的本质"。两国教材在其中六个维度的明确性都以隐性方式表征,说明在处理科学本质明确性的方面存在一定的共性。

## 二、知识模块科学本质表征的比较

为更细致地呈现科学本质的表征状况,下面将从知识模块的角度进行比较。将两国教材在五个模块上科学本质的表征频次和占比进行对比,具体数据如表3-6所示。

表3-6 中美教材各模块科学本质呈现频次/占比

| 模块 | 中国教材 | | 美国教材 | |
| --- | --- | --- | --- | --- |
| | 频次 | 占比(%) | 频次 | 占比(%) |
| 力学 | 159 | 33.26 | 99 | 27.65 |
| 电磁学 | 160 | 33.47 | 87 | 24.30 |
| 热学 | 52 | 10.88 | 39 | 10.89 |
| 光学 | 24 | 5.02 | 48 | 13.41 |
| 近代物理 | 83 | 17.36 | 85 | 23.74 |
| 总计 | 478 | 100.00 | 358 | 100.00 |

为直观对比中美教材各模块科学本质呈现频次的分布,做出相对应的柱形分布图,如图3-2所示。

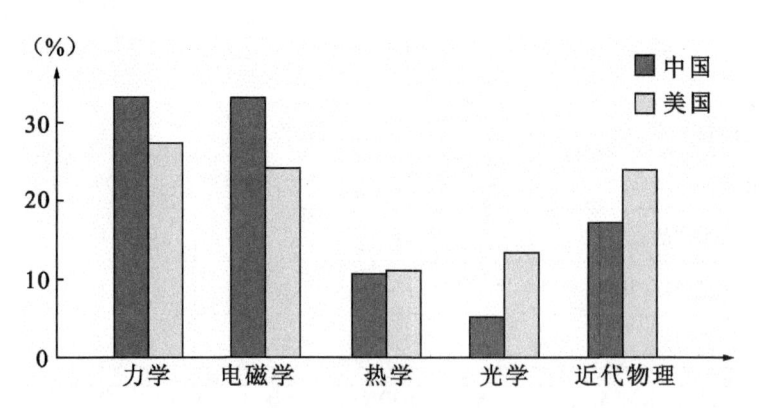

图3-2 中美教材各模块科学本质呈现占比

中美教材对科学本质的表征主要集中在力学和电磁学模块,两国教材中各模块间表征频次的占比相差较大。在中国教材的五个模块中最高和最低频次呈现占比相差28.45%,美国教材中相差16.76%,相较而言,美国教材对各模块的科学本质呈现频次分布稍均衡一些。

## 1. 力学模块科学本质表征的比较

### (1) 科学本质的呈现情况

按照分析框架和统计规则,得到中美教材力学模块科学本质呈现频次和占比,如表3-7所示。

表3-7 中美教材力学模块科学本质表征呈现频次/占比

| NOS 维度 | 中国教材 | | 美国教材 | |
| --- | --- | --- | --- | --- |
| | 频次 | 占比(%) | 频次 | 占比(%) |
| N1 实证性 | 28 | 17.61 | 12 | 12.12 |
| N2 观察与推论的区别 | 13 | 8.18 | 6 | 6.06 |
| N3 创造性 | 10 | 6.29 | 5 | 5.05 |
| N4 理论负载性 | 5 | 3.14 | 2 | 2.02 |
| N5 暂定性 | 12 | 7.55 | 4 | 4.04 |
| N6 科学研究途径的多样性 | 19 | 11.95 | 14 | 14.14 |
| N7 科学理论的本质 | 6 | 3.77 | 6 | 6.06 |
| N8 科学定律的本质 | 10 | 6.29 | 12 | 12.12 |
| N9 科学知识建构的社群性 | 8 | 5.03 | 4 | 4.04 |
| N10 科学中社会与文化的嵌入性 | 48 | 30.19 | 34 | 34.34 |
| 总计 | 159 | 100.00 | 99 | 100.00 |

在力学模块科学本质呈现频次方面,中国教材呈现的科学本质频次高于美国教材。除"科学理论的本质"在两国教材中表征频次相同,"科学定律的本质"中国教材低于美国教材外,其余八个维度中国教材表征频次高于美国教材。尤其"实证性"高出美国教材16频次。教材对"实证性"的呈现多体现在实验结论部分,在力学模块,由于中国教材相对美国教材多实验探究设计,使得"实证性"的呈现频次远多于美国教材。

在科学本质内涵表征的完整性和均衡性方面,中美教材都全面呈现十个内涵,但不均衡。各维度的分布虽然各有侧重但也有一定的相似性。首先,中美教材的呈现表现出"集中"的特点,对"科学中社会与文化的嵌入性"和"实证性"关注较多,中国教材中这两维度的呈现占总频次的47.80%,美国教材占46.46%,表明中美教材对这两个维度的关注和呈现都较多。中美教材对"理论负载性"关注都最少,中国教材只占总频次的3.14%,美国教材仅占到2.02%。结合内容分析,中国教材描述了科学家对物体运动原因、行星运动、量度运动的"强弱"的认识或观点在科学研究中起到的积极或消极作用,还呈现了在牛顿力学理论与电磁波理论的矛盾与冲突面前,科学家持有的观点对后续研究的影响;而美国教材中主观性对研究影响表征只出现在研究行星运动的部分。科学家的理论和学科承诺、信念、原有知识、经验和期望影响着他们的研究问题、研究方法的选择。这种个体性(有时集体性)或思维定式决定了理论在产生科学知识方面的作用,是学生正确理解科学本质的重要方面。

(2)科学本质表征水平分析

对中美教材力学模块的科学本质材料分析评价,得到各维度表征水平如表3-8所示。

表3-8 中美教材力学模块科学本质表征水平评价

| NOS 维度 | 中国教材 | | 美国教材 | |
| --- | --- | --- | --- | --- |
| | 评分 | 表征水平 | 评分 | 表征水平 |
| N1 实证性 | 2.29 | 显性理性 | 1.67 | 隐性理性 |
| N2 观察与推论的区别 | 1.31 | 隐性理性 | 1.00 | 隐性理性 |
| N3 创造性 | 1.60 | 隐性理性 | 1.80 | 隐性理性 |
| N4 理论负载性 | 0.60 | 隐性质朴 | 1.50 | 隐性理性 |
| N5 暂定性 | 1.75 | 隐性理性 | 2.25 | 显性理性 |
| N6 科学研究途径的多样性 | 2.00 | 显性理性 | 0.07 | 隐性质朴 |
| N7 科学理论的本质 | 1.33 | 隐性理性 | 2.33 | 显性理性 |
| N8 科学定律的本质 | 2.80 | 显性理性 | 2.83 | 显性理性 |
| N9 科学知识建构的社群性 | 2.00 | 显性理性 | 1.50 | 隐性理性 |
| N10 科学中社会与文化的嵌入性 | 1.88 | 隐性理性 | 1.62 | 隐性理性 |
| 整体 | 17.56 | 隐性理性 | 16.57 | 隐性理性 |

中美教材力学模块整体评分都在[+10,+20)区间内,都为隐性理性水平,但中国教材评分高于美国教材。

在力学模块,中美教材对科学本质明确性的表征总体都为隐性方式,但中国教材显性处理的维度多于美国教材。中国教材中显性表征的维度占总维度的40%,美国教材占30%。其中,中美教材均以显性方式处理了"科学定律的本质",说明两国教科书对定律的表述都较明确且易于教材使用者理解和认识定律。

在科学本质表征的准确性方面，虽然整体看中美教材处理方式都为理性，但两国教材各有一个维度的表征为质朴水平。在中国教材中"理论负载性"的表征是质朴水平，而美国教材中是理性水平。中国教材在陈述科学家对天体运动的"地心宇宙"和"行星运动圆轨道"观点时，没有强调其错误性，易造成学生对科学研究主观性的错误理解，且"理论负载性"在教材中呈现频次最少，进行平均评分后表征水平仍然较低。在美国教材中"科学研究途径的多样性"表征是质朴方式，对多处材料的研究步骤和研究方法未阐明研究是没有固定步骤的，以及科学研究的方法是多样的，因此使得该维度为质朴表征。

**2. 电磁学模块科学本质表征的比较**

(1) 科学本质的呈现情况

按照分析框架和统计规则，得到中美教材电磁学模块科学本质呈现频次和占比如表3-9所示。

表3-9 中美教材电磁学模块科学本质呈现频次/占比

| NOS 维度 | 中国教材 | | 美国教材 | |
|---|---|---|---|---|
| | 频次 | 占比(%) | 频次 | 占比(%) |
| N1 实证性 | 31 | 19.38 | 10 | 11.49 |
| N2 观察与推论的区别 | 8 | 5.00 | 1 | 1.15 |
| N3 创造性 | 14 | 8.75 | 11 | 12.64 |
| N4 理论负载性 | 3 | 1.88 | 0 | 0.00 |
| N5 暂定性 | 9 | 5.63 | 2 | 2.30 |
| N6 科学研究途径的多样性 | 10 | 6.25 | 6 | 6.90 |
| N7 科学理论的本质 | 11 | 6.88 | 0 | 0.00 |
| N8 科学定律的本质 | 11 | 6.88 | 6 | 6.90 |
| N9 科学知识建构的社群性 | 6 | 3.75 | 2 | 2.30 |
| N10 科学中社会与文化的嵌入性 | 57 | 35.63 | 49 | 56.32 |
| 总计 | 160 | 100.00 | 87 | 100.00 |

在电磁学模块科学本质呈现频次方面，中国教材总频次高于美国教材，接近于美国教材的两倍，且每个维度的呈现频次均高于美国教材。其中频次相差最大的

是"实证性"维度,比美国教材高出 21 次。

在科学本质内涵表征的完整性和均衡性方面,中国教材完整性优于美国教材,全面呈现十个内涵,美国教材缺少了"理论负载性"和"科学理论的本质";总体分布都不均衡,但相对而言,中国教材的呈现比美国教材更均匀一些。中美教材对"科学中社会与文化的嵌入性"的呈现都最高,分别占到总频次的 35.63% 和 56.32%。位于前三位的占比之和在中国教材达 63.58%,美国教材则高达 80.45%。其次,中美教材呈现较少的是"观察与推论的区别""暂定性"和"科学知识建构的社群性",总计占比在中国教材只有 14.11%,美国教材更低,只有 5.75%。两国教材中呈现最高和呈现最低的频次占比相差较大,中国教材中相差 33.75%,美国教材中相差 56.32%。差异较大的还有"实证性":依据教科书编写的特点,通常在实验结论部分和科学史部分会出现对科学本质"实证性"的表征,对比进行提取的分析单元,中国教材电磁学模块涉及的实验数量是多于美国教材的,该模块中国教材总计有 43 个实验,而美国教材只有 24 个实验,实验数量与"实证性"表征的频次特点一致。

(2)科学本质表征水平分析

对电磁学模块科学本质材料分析评价,得到表征水平如表 3-10 所示。

表 3-10　中美教材电磁学模块科学本质表征水平评价

| NOS 维度 | 中国教材 | | 美国教材 | |
| --- | --- | --- | --- | --- |
| | 评分 | 表征水平 | 评分 | 表征水平 |
| N1 实证性 | 2.23 | 显性理性 | 2.60 | 显性理性 |
| N2 观察与推论的区别 | 1.00 | 隐性理性 | 1.00 | 隐性理性 |
| N3 创造性 | 1.93 | 隐性理性 | 1.36 | 隐性理性 |
| N4 理论负载性 | 1.67 | 隐性理性 | 0.00 | 无科学本质 |
| N5 暂定性 | 1.67 | 隐性理性 | 2.00 | 显性理性 |
| N6 科学研究途径的多样性 | 2.30 | 显性理性 | 2.67 | 显性理性 |
| N7 科学理论的本质 | 1.36 | 隐性理性 | 0.00 | 无科学本质 |
| N8 科学定律的本质 | 2.55 | 显性理性 | 2.33 | 显性理性 |
| N9 科学知识建构的社群性 | 1.67 | 隐性理性 | 3.00 | 显性理性 |
| N10 科学中社会与文化的嵌入性 | 2.00 | 显性理性 | 1.63 | 隐性理性 |
| 整体 | 18.38 | 隐性理性 | 16.59 | 隐性理性 |

中美教材电磁学模块整体评分都在[+10,+20)区间内,表征水平都为隐性理性,但中国教材的评分高于美国教材,水平更接近显性理性。

在科学本质表征的准确性方面,整体上中美教材都以理性方式表征。在科学本质明确性表征方面,中美教材表征都为隐性水平,但美国教材显性表征的维度数多于中国教材。两国教材对"实证性""科学研究途径的多样性""科学定律的本质"三个维度的表征都是显性,对"观察与推理的区别"和"创造性"两维度的表征都为隐性。其次,中国教材"科学中社会与文化的嵌入性"的显性表征水平优于美国教材的隐性表征,但美国教材"暂定性"和"科学知识建构的社群性"显性的表征水平优于中国教材的隐性处理。中国教材以显性处理的维度占总维度的40%,美国教材占50%,但两国教材仍然有较多的维度处于隐性水平,因此对于电磁学内容,科学本质表征的水平都还有提升的空间。

**3. 热学模块科学本质表征的比较**

(1)科学本质的呈现情况

按照分析框架和统计规则,得到中美教材热学模块科学本质呈现频次和占比如表3-11所示。

表3-11 中美教材热学模块科学本质呈现频次/占比

| NOS 维度 | 中国教材 | | 美国教材 | |
|---|---|---|---|---|
|  | 频次 | 占比(%) | 频次 | 占比(%) |
| N1 实证性 | 10 | 19.23 | 3 | 7.69 |
| N2 观察与推论的区别 | 8 | 15.38 | 2 | 5.13 |
| N3 创造性 | 5 | 9.62 | 7 | 17.95 |
| N4 理论负载性 | 4 | 7.69 | 1 | 2.56 |
| N5 暂定性 | 3 | 5.77 | 0 | 0.00 |
| N6 科学研究途径的多样性 | 1 | 1.92 | 1 | 2.56 |
| N7 科学理论的本质 | 4 | 7.69 | 4 | 10.26 |
| N8 科学定律的本质 | 7 | 13.46 | 5 | 12.82 |
| N9 科学知识建构的社群性 | 1 | 1.92 | 0 | 0.00 |
| N10 科学中社会与文化的嵌入性 | 9 | 17.31 | 16 | 41.03 |
| 总计 | 52 | 100.00 | 39 | 100.00 |

在热学模块科学本质呈现频次方面,中国教材频次高于美国教材。中美教材对"科学中社会与文化的嵌入性"的关注都较多,对"科学研究途径的多样性"和"科学知识建构的社群性"的关注都很少。中国教材中除"科学中社会与文化的嵌入性""创造性"频次低于美国教材,"科学研究途径的多样性"和"科学理论的本质"频次与美国教材相同外,其余六个维度呈现频次都高于美国教材。特别是"实证性"和"观察与推论的区别"差别较大,结合文本分析,主要是由于实验数量差异引起的,中国教材热学实验约是美国教材的两倍。

在科学本质内涵表征的完整性和均衡性方面,中国教材完整呈现十个内涵,美国教材只呈现了八个;总体上都不均衡,相比之下,中国教材分布得更均匀一些。两国教材在各维度呈现上有集中分布的特点,中国教材中"实证性""科学中社会与文化的嵌入性"两维度占有较高的比例,总计占36.54%;且最高和最低频次间占比相差17.31%。美国教材十维度的分布更不均匀,对"科学中社会与文化的嵌入性"的占比高达41.03%,对"暂定性"和"科学知识建构的社群性"却没有呈现,最高和最低占比相差很大。

(2)科学本质表征水平的分析

对热学模块科学本质材料分析评价,得到各维度表征水平如表3-12所示。

表3-12 中美教材热学模块科学本质表征水平评价

| NOS 维度 | 中国教材 | | 美国教材 | |
| --- | --- | --- | --- | --- |
| | 评分 | 表征水平 | 评分 | 表征水平 |
| N1 实证性 | 2.40 | 显性理性 | 2.33 | 显性理性 |
| N2 观察与推论的区别 | 1.00 | 隐性理性 | 1.00 | 隐性理性 |
| N3 创造性 | 1.40 | 隐性理性 | 1.43 | 隐性理性 |
| N4 理论负载性 | 1.75 | 隐性理性 | 1.00 | 隐性理性 |
| N5 暂定性 | 1.67 | 隐性理性 | 0.00 | 无科学本质 |
| N6 科学研究途径的多样性 | 1.00 | 隐性理性 | 3.00 | 显性理性 |
| N7 科学理论的本质 | 1.50 | 隐性理性 | 1.25 | 隐性理性 |
| N8 科学定律的本质 | 3.00 | 显性理性 | 2.60 | 显性理性 |
| N9 科学知识建构的社群性 | 3.00 | 显性理性 | 0.00 | 无科学本质 |
| N10 科学中社会与文化的嵌入性 | 1.44 | 隐性理性 | 2.00 | 隐性理性 |
| 整体 | 18.16 | 隐性理性 | 14.61 | 隐性理性 |

中美教材热学模块整体评分都在[+10,+20)区间内,表征水平都为隐性理性,但中国教材评分高于美国教材,水平更接近显性理性。

在科学本质表征的准确性方面,中美教材的表征都较好,都以理性方式表征。在科学本质表征的明确性方面,中美教材对科学本质明确性的处理都以隐性方式表征为主。以显性呈现的科学本质的维度都有三个,其中两国教材对"实证性"和"科学定律的本质"都是显性表征,相对于其他维度较好;中国教材另一显性处理的是"科学知识建构的社群性",教材中明确表述了科学家们关于能量转换的共同研究。美国教材的另一显性表征的是"科学研究途径的多样性",仅有1频次,该维度在中国教材中表述较隐,而在美国教材中则是明确表述了热能传导的三种方式并进行举例。中国教材以隐性处理的维度占总维度的70%,美国教材占50%,因此,两国教材明确性的表征水平都是需要提高的。

**4. 光学模块科学本质表征的比较**

(1)科学本质表征的呈现情况

按照分析框架和统计规则,得到中美教材光学模块科学本质呈现频次和占比如表3-13所示。

表3-13 中美教材光学模块科学本质呈现频次/占比

| NOS 维度 | 中国教材 | | 美国教材 | |
| --- | --- | --- | --- | --- |
| | 频次 | 占比(%) | 频次 | 占比(%) |
| N1 实证性 | 4 | 16.67 | 5 | 10.42 |
| N2 观察与推论的区别 | 2 | 8.33 | 1 | 2.08 |
| N3 创造性 | 2 | 8.33 | 10 | 20.83 |
| N4 理论负载性 | 2 | 8.33 | 2 | 4.17 |
| N5 暂定性 | 1 | 4.17 | 0 | 0.00 |
| N6 科学研究途径的多样性 | 0 | 0.00 | 2 | 4.17 |
| N7 科学理论的本质 | 1 | 4.17 | 4 | 8.33 |
| N8 科学定律的本质 | 1 | 4.17 | 3 | 6.25 |
| N9 科学知识建构的社群性 | 1 | 4.17 | 1 | 2.08 |
| N10 科学中社会与文化的嵌入性 | 10 | 41.67 | 20 | 41.67 |
| 总计 | 24 | 100.00 | 48 | 100.00 |

在光学模块科学本质呈现频次方面,美国教材总频次是中国教材的两倍。美国教材涉及"光学基础""反射和面镜""折射和透镜""干涉和衍射"四个章的内容,而中国教材中只涉及"光"一章节,包含"折射""干涉""衍射""偏振"等知识内容,内容量以及知识点广度均低于美国教材,是造成表征频次低的主要原因。

在科学本质内涵表征的完整性和均衡性方面,中美教材都不全面不均衡,都只呈现了科学本质的九个内涵。中美教材关注最多的都是"科学中社会与文化的嵌入性",对"暂定性"和"科学研究途径的多样性"关注都较少。中美教材最高和最低频次占比相差都高达41.67%。其中,中国教材对"创造性"的表征低于美国教材12.50%,差异较大。在中国教材中通过DNA的双螺旋结构模型对生物学发展、和激光制造对光学研究的影响来呈现科学的创造性,而在美国教材中"创造性"主要体现在物理学家在光学方面提出的模型理论和创新对光学研究的作用,如光的波动模型、光速测量技术等。此外,中国教材中没有呈现"科学研究途径的多样性",但美国教材中呈现了解释光的特征的两种模型,以及测量波长的两种方法;在"暂定性"维度,美国教材没有呈现,但中国教材通过表述科学家们对光的波动性和粒子性的不断认识发展来说明知识的暂定性。

(2)科学本质表征水平的分析

在对教材科学本质材料分析提取的基础上,得到中美教材光学模块科学本质表征水平如表3-14所示。

表3-14 中美教材光学模块科学本质表征水平评价

| NOS 维度 | 中国教材 | | 美国教材 | |
| --- | --- | --- | --- | --- |
| | 评分 | 表征水平 | 评分 | 表征水平 |
| N1 实证性 | 2.25 | 显性理性 | 2.20 | 显性理性 |
| N2 观察与推论的区别 | 2.00 | 显性理性 | 1.00 | 隐性理性 |
| N3 创造性 | 2.00 | 显性理性 | 2.10 | 显性理性 |
| N4 理论负载性 | 2.00 | 显性理性 | 2.00 | 显性理性 |
| N5 暂定性 | 3.00 | 显性理性 | 0.00 | 无科学本质 |
| N6 科学研究途径的多样性 | 0.00 | 无科学本质 | 2.00 | 显性理性 |
| N7 科学理论的本质 | 1.00 | 隐性理性 | 1.00 | 隐性理性 |
| N8 科学定律的本质 | 1.00 | 隐性理性 | 2.33 | 显性理性 |

续表

| NOS 维度 | 中国教材 | | 美国教材 | |
| --- | --- | --- | --- | --- |
| | 评分 | 表征水平 | 评分 | 表征水平 |
| N9 科学知识建构的社群性 | 1.00 | 隐性理性 | 1.00 | 隐性理性 |
| N10 科学中社会与文化的嵌入性 | 1.60 | 隐性理性 | 1.90 | 隐性理性 |
| 整体 | 15.85 | 隐性理性 | 15.53 | 隐性理性 |

中美教材光学模块科学本质整体评分都在[+10,+20)区间内,都为隐性理性水平,但中国教材评分略高于美国教材。

在光学模块科学本质表征的准确性方面,中美教材的处理都以理性方式表征。在科学本质的明确性处理方面,整体上中美教材的处理都是隐性,对"实证性""创造性""理论负载性"的处理都是显性理性;中国教材还显性表征了"观察与推论的区别"和"暂定性",美国教材则还对"科学研究途径的多样性"和"科学定律的本质"进行了显性表征。此外两国教材对"科学理论的本质""科学知识建构的社群性""科学中社会与文化的嵌入性"都是隐性处理。

在"观察与推论的区别"维度,中美教材都涉及了杨氏双缝实验的内容,但在中国教材的表征更加明确,而美国教材的文本更为隐性地表述了根据实验现象推理得出结论。关于"暂定性"的呈现,中国教材中通过明确地呈现人们对光的性质的逐步认识,以表明科学知识的可变性,而在美国教材中没有出现任何关于科学知识是暂时可变的性质的描述。除此之外,两国教材在"科学研究途径的多样性"和"科学定律的本质"的表征水平,皆是美国教材处理较好。中国教材没有涉及"科学研究方法多样性",美国教材中有且明确地陈述了科学研究途径多样性的性质。两国教材对科学定律的表述都是直接明确的,美国教材涉及马吕斯定律、反射定律、斯涅尔折射定律,但由于知识内容量的不同,中国教材中只隐性的表述了折射定律。

**5. 近代物理模块科学本质表征的比较**

(1)科学本质的呈现情况

按照分析框架和统计规则,得到中美教材近代物理模块科学本质呈现频次和占比如表3-15所示。

表 3-15  中美教材近代物理模块科学本质呈现频次/占比

| NOS 维度 | 中国教材 频次 | 中国教材 占比(%) | 美国教材 频次 | 美国教材 占比(%) |
| --- | --- | --- | --- | --- |
| N1 实证性 | 14 | 16.87 | 8 | 9.41 |
| N2 观察与推论的区别 | 1 | 1.20 | 1 | 1.18 |
| N3 创造性 | 12 | 14.46 | 14 | 16.47 |
| N4 理论负载性 | 2 | 2.41 | 4 | 4.71 |
| N5 暂定性 | 12 | 14.46 | 8 | 9.41 |
| N6 科学研究途径的多样性 | 1 | 1.20 | 3 | 3.53 |
| N7 科学理论的本质 | 9 | 10.84 | 11 | 12.94 |
| N8 科学定律的本质 | 0 | 0.00 | 0 | 0.00 |
| N9 科学知识建构的社群性 | 14 | 16.87 | 7 | 8.24 |
| N10 科学中社会与文化的嵌入性 | 18 | 21.69 | 29 | 34.12 |
| 总计 | 83 | 100.00 | 85 | 100.00 |

在近代物理模块科学本质的呈现频次方面,中美教材呈现频次相近。与其他模块相比,两国教材在该模块表征频次相差最小。在知识内容上,美国教材对近代物理的内容量呈现要多于中国教材,对学生的详细要求更高,中国教材只有"原子结构和波粒二象性"和"原子核"两个章,而美国教材包括"量子理论""原子""固态电子学"和"核物理和粒子物理"四个章,涉及的知识点更多,但总频次与中国教材相差却很小。其中,"科学中社会与文化的嵌入性"维度中国教材低于美国教材 11 频次,但表述了更多的科学研究工作的合作,以及更多呈现科学本质的实证性,如卢瑟福对原子结构的研究,在中国教材呈现 2 频次实证性表征,而在美国教材只有 1 频次。

在科学本质内涵表征的完整性和均衡性方面,两国教材对科学本质内涵呈现都不全面不均衡,都缺少"科学定律的本质"的呈现,但相比之下中国教材较均衡一些。中美教材中"科学中社会与文化的嵌入性"都占有较大比例,中国教材中占 21.69%,美国教材中占 34.12%。两国教材都较少注重对"科学定律的本质"和"观察与推理的区别"的呈现。中国教材还更关注近代物理知识的"实证性"和"社会科学研究的社群性",两维度都占到呈现总频次的 16.87%;而美国教材更关注近代物理知识的"创造性"和"科学理论的本质"的呈现,两个维度分别占到 16.47%、12.94%。中国教材中最高和最低频次占比相差 21.69%，美国教材相差 34.12%。因此，教材应加强各内涵的均衡呈现，以使学生能够全面理解科学的性质。

（2）科学本质表征水平的分析

依照评价规则对中美教材近代物理模块科学本质材料进行分析赋值，得到表征水平如表 3-16 所示。

表 3-16　中美教材近代物理模块科学本质表征水平评价

| NOS 维度 | 中国教材 | | 美国教材 | |
|---|---|---|---|---|
| | 评分 | 表征水平 | 评分 | 表征水平 |
| N1 实证性 | 1.86 | 隐性理性 | 2.50 | 显性理性 |
| N2 观察与推论的区别 | 1.00 | 隐性理性 | 1.00 | 隐性理性 |
| N3 创造性 | 1.83 | 隐性理性 | 1.43 | 隐性理性 |
| N4 理论负载性 | 1.00 | 隐性理性 | 1.00 | 隐性理性 |
| N5 暂定性 | 2.00 | 显性理性 | 1.75 | 隐性理性 |
| N6 科学研究途径的多样性 | 3.00 | 显性理性 | 2.33 | 显性理性 |
| N7 科学理论的本质 | 2.11 | 显性理性 | 1.55 | 隐性理性 |
| N8 科学定律的本质 | 0.00 | 无科学本质 | 0.00 | 无科学本质 |
| N9 科学知识建构的社群性 | 1.57 | 隐性理性 | 2.14 | 显性理性 |
| N10 科学中社会与文化的嵌入性 | 2.22 | 显性理性 | 2.17 | 显性理性 |
| 整体 | 16.59 | 隐性理性 | 15.87 | 隐性理性 |

中美教材近代物理模块整体评分都在 [+10, +20) 区间内，都是隐性理性表征水平，但中国教材表征水平评分高于美国教材。

在科学本质表征的准确性方面，中美教材都以理性方式表征。中美教材整体对科学本质明确性处理都为隐性，以显性处理的维度都占总维度的 40%。以显性方式表征的相同维度有"科学研究途径的多样性"和"科学中社会与文化的嵌入性"。中国教材还以显性方式表征了"暂定性"和"科学理论的本质"，美国教材还显性表征了"实证性"和"科学知识建构的社群性"。结果还显示，虽然"实证性"和"科学知识建构的社群性"在中国教材中的呈现频次较多，但其表征水平低于美国教材，在这两个维度的提取材料中，美国教材对文本材料的表述大多数是显性的。尽管两国教材在某些维度以显性的方式进行处理，但是有较多维度的表征皆处于隐性水平,表征的明确性都需要加强。

## 第三节 研究结论

**一、中国教材科学本质内涵表征频次、完整性较好,美国教材在模块上分布较均衡**

中国教材科学本质呈现的总频次高于美国教材,两国教材在力学和电磁学部分内容占比最大,因此这两个模块科学本质表征较多。

各模块对科学本质内涵表征的完整性方面,中国教材在力学、电磁学和热学三个模块中,都全面涉及了科学本质的十个内涵,光学和近代物理各缺失一个内涵的呈现;而美国教材涉及全部内涵的模块只有力学模块,在电磁学和热学模块各有两个内涵未呈现,光学和近代物理模块都缺失一个内涵,因此,中国教材表征的完整性优于美国教材。

从科学本质在模块中的分布比例来看,美国教材在各模块的呈现相对均衡些。

**二、中美教材科学本质表征水平都为隐性理性,但中国教材表征水平评分略高**

中美教材各模块对科学本质表征的准确性都是理性的,不会造成学生或教师对科学本质的误解。但在表征的明确性上都为隐性,多数表述需要使用者进行推理才能明确对科学本质的认识。五个知识模块的评分都是中国教材高于美国教材,一定程度上说明中国教材对科学本质的显性处理是优于美国教材的。而各模块评价水平均为隐性理性,其中中国教材的电磁学、热学模块的科学本质表征水平更接近显性理性,整体看中国教材表征水平略高于美国教材。

**三、以显性方式表征的相同科学本质内涵较少**

中国教材整体上以显性方式处理的有"实证性"和"暂定性",美国教材以显性处理的有"实证性""科学研究途径的多样性""科学定律的本质"。因此,两国教材都以显性方式表征的仅有"实证性",反映了中美教材对明确性的表征是存在差异的。

**四、侧重从社会与文化的嵌入性、创造性、实证性来呈现科学本质,较少关注"理论负载性""观察与推论的区别"**

中美教材中呈现频次的前三位都是"科学中社会与文化的嵌入性""实证性""创造性"。三者占比之和在两国教材中都超过56%。可见,中美教材都侧重从这三个方面来呈现科学本质。另外两国教材对"理论负载性"和"观察与推论的区别"两维度的表征都较少。

# 第四章　中美高中物理教材难度比较

难度表现为具体的人在完成某项工作或达到某个标准的过程中需要克服的困难。知识内容作为教材中占比最大的部分，包含物理学大量知识点的阐述和解释，由于不同的呈现方式（知识点相关的描述、举例、实验、应用），导致在教材中对这些知识点的理解水平和掌握要求各不相同。这一章假设在学习过程中，不考虑教师教学、学生学习等主观因素，并且知识内容的难度不受课时影响，仅研究中美教材内容的静态难度，并进行比较。

## 第一节　广度难度模型及方法

教材难度主要体现在两个方面：内在难度和外在难度[46]。内在难度由教材本身决定，主要是由教材知识、知识具体呈现形式所决定，而外在难度则表现为学生在学习过程中因个体差异等导致对教材内容所理解的程度不同。国内外对于教材知识内容难度研究的模型大多以研究内在难度为主。

### 一、对教材广度、知识点难度、教材难度的界定

教材广度是教材知识内容中涉及的所有知识点的总和。先对教材的栏目进行分析，确定与知识内容相关的栏目，再确定从中美教材不同栏目中提取知识点的方法，运用该方法对选取的中美教材进行知识点提取，其和便是教材广度。

知识点难度是指教材中所提取的知识点难易水平。将知识点按认知水平分为五个层次：记忆、理解、运用、分析和应用，每个水平的难度不同，通过细化各个认知水平层次的含义从而建立难度判断和赋值标准，依据标准对知识点进行难度研判和量化。

教材总难度是指所有知识点难度之和。教材的平均难度是指教材总难度与知识点广度的比值，也就是知识点平均难度。因此从两个方面去分析比较不同教材

的难度,更加科学、完整。

## 二、研究思路

根据上述对广度、知识点难度和教材难度的界定,研究模型主要分为两个部分:知识点提取标准和认知水平层次确定。

由于中美教材设计版面的不同,两国教材对于知识点的提取方式也存在差异。本章通过对中美教材结构进行分析,确定其分析的栏目以及各个栏目下知识点的提取方法。其次要确定知识点难度划分工具,并一一对应于教材中不同的表征方式,以便在进行知识点认知水平判断时定位更加准确。

通过对知识点广度和知识点难度的判断,再将两者进行结合即可得到教材难度。整个研究的思路如图4-1所示。

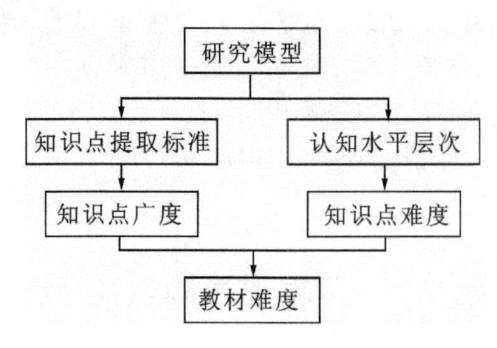

图4-1 研究思路图

## 三、研究方法

### 1. 广度分析方法

中美教材中的知识内容以册的形式呈现,但内容结构不完全一致,为了方便比较,将教材内容按知识内容归属划分为力学、电磁学、光学、热学和近代物理五个模块。具体模块划分及对应章节见表2-1。

由于知识广度表明了该套教材知识数量的多少,某一模块广度越大,则教材中该模块涉及知识面越广、知识内容越丰富。根据一定的规则进行知识点提取后,计算出力学、电磁学、光学、热学和近代物理五个模块的知识点广度,进而得到教材广度。因此,在进行统计后,不仅可以从教材广度层面、也可从模块广度层面对比中美教材的不同。

### 2. 难度研究工具

难度分析是在广度分析的基础上,根据其教材文本内容的展示,对所提取的知识点进行认知水平的判断。参考已有的研究,将认知水平分为五个层次,其含义界定如表4-1所示。

表4-1 认知水平及含义

| 认知水平 | 水平的含义 |
| --- | --- |
| 记忆 | 通过阅读,能够从教材所呈现文字、图片中了解一定的物理定义或物理知识;能够回忆物理公式、简述物理原理、认识常见物理仪器;描述物理对象的基本特征 |
| 理解 | 通过阅读,能够自主总结概念、得出规律、使用仪器;进行简单的实验并记录数据,根据实验数据画图;理解物理模型的条件,辨析相似概念 |
| 运用 | 通过阅读,能够使用公式推导并得出结论;运用数形结合的方法解决问题;运用公式计算简单的物理问题;对物理现象进行分析、解释;具备独立设计实验的能力 |
| 分析 | 通过阅读,能够运用多种物理知识对复杂过程、复杂概念进行分析;通过探究实验对概念或规律进行总结;灵活运用知识,并对生活中的现象进行分析、解释 |
| 应用 | 通过阅读,综合、系统地运用知识解决生活中多因素影响的问题;对实验进行评估;具备抽象、简化实际问题的能力 |

根据表4-1中对知识点认知水平及含义的界定,可以发现每一认知水平下对应的教材内容界定较为广泛,为了在进行知识点水平判断时对每一认知水平下的知识点和知识点之间的难度差异进行区分,研究将认知水平再次进行二次层级划分,每一认知水平下可分为三个层级,分别是:简单、中等和困难,对确定的某一层次知识点,按照从易到难的顺序进行三个层级的划分。同一层级之内知识点与知识点的认知水平差异较小,不同层级之间知识点与知识点的认知水平逐级递增。

对难度进行不同认知水平、不同层级的划分后,再进行赋值。赋值过程参考李春密[84]等人的知识点深度赋值连续变化的方法,在此基础上进行细化和再分。形成知识点难度五级认知水平、三层次难度赋值划分依据。其具体内容见表4-2所示。

表4-2 不同水平对应教材表征界定方式及赋值

| 认知水平 | 层级 | 教材的表征方式 | 赋值 |
| --- | --- | --- | --- |
| 记忆 | 简单 | 定义、物理意义、单位、符号、基础性的材料、图片例子 | [0.5,0.8) |
| | 中等 | 单位换算、描述性例子、拓展资料、基本概念 | [0.8,1.2) |
| | 困难 | 公式、原理、规律、结论、分析性例子、仪器的介绍 | [1.2,1.5) |

续表

| 认知水平 | 层级 | 教材的表征方式 | 赋值 |
|---|---|---|---|
| 理解 | 简单 | 例题、概念的总结、仪器使用、数据记录、演示实验 | [1.5,1.8) |
| 理解 | 中等 | 随堂体验实验、规律的得出、画图 | [1.8,2.2) |
| 理解 | 困难 | 相似概念的辨析、模型理解 | [2.2,2.5) |
| 运用 | 简单 | 公式推导、数据处理、数形结合 | [2.5,2.8) |
| 运用 | 中等 | 模型运用、涉及物理过程计算、对物理现象的解释 | [2.8,3.2) |
| 运用 | 困难 | 分析性问题、探究实验、课外制作 | [3.2,3.5) |
| 分析 | 简单 | 对复杂过程的理解、对复杂概念的理解 | [3.5,3.8) |
| 分析 | 中等 | 通过探究实验总结出概念和规律 | [3.8,4.2) |
| 分析 | 困难 | 用概念规律解释生活中的现象、综合多个知识点进行分析 | [4.2,4.5) |
| 应用 | 简单 | 应用系统知识，解决生活中的问题 | [4.5,4.8) |
| 应用 | 中等 | 设计制作、实验优化 | [4.8,5.2) |
| 应用 | 困难 | 通过建模，应用知识解决综合性实际的问题 | [5.2,5.5) |

将所提取的知识点按照上述方式进行赋值，就可得到每个知识点的难度，各个模块的知识点难度之和与模块知识点广度之比即为模块平均难度，教材所有知识点难度之和就是教材总难度，其与教材广度之比即为教材平均难度。

## 第二节 教材知识广度

### 一、知识点提取

依据中美教材内容设置的不同，分别对其教材知识点提取标准进行细致界定，然后依据规则进行中美教材知识点提取。

#### 1. 中国教材知识点提取

中国教材中每一节内容都包含以下栏目：正文、问题、实验、演示、思考与讨论、做一做、科学方法、拓展学习、STSE、科学漫步、练习与应用、复习与提高。本章选用正文、实验、做一做、科学方法、科学漫步、拓展学习和 STSE 这六个部分用于对知识点的提取，提取原则如下：

① 将章节首页部分的加粗黑体字提取并归于该章节的知识点。

② 每一小节下的黑体字小标题中,出现加粗黑体字,将其提取为一个独立的知识点。若在小节中一个黑体标题下没有蓝色加粗的文字或公式,则将黑体标题、或对其主要内容进行凝练,最后提取为一个知识点。

③ 做一做、科学方法、科学漫步、拓展学习和 STSE 这五个部分进行简化浓缩后提取为一个知识点。若栏目内容属于体验性,更强调教师演示,而对学生能力没有明确要求的内容,不进行知识点的提取。

④ 当不同栏目的内容重合度极高,比如在一个标题下仅有与知识点相关、或几乎 90% 以上文本内容与其他栏目重合,且表意一致,则将内容主要相关知识点进行提取。

⑤ 当一个小标题中的包含多个内容部分时,综合考虑可将其归纳为多个知识点。

**2. 美国教材知识点提取**

美国物理教材文本内容主要由三十个章节构成,每章由 2～4 个小节、起步实验、迷你实验、物理实验、拓展内容、复习指南、测评、标准化测试组成,其中拓展内容包括:生活中的物理学、深入思考、工作原理、物理学前言、物理工作者。美国教材选择小节内容、拓展内容等栏目,结合复习指南部分内容进行知识点的提取,提取原则如下:

① 在小节内容中,以每一小节中较大的黑体加粗标题为一部分,在该部分下:若存在黄底黑色加粗字样,则将其作为一个知识点,若存在淡黄底公式描述,则将公式所代表的含义作为一个知识点。

② 在小节内容中,若该标题下没有黄底字符,则将该标题作为一个知识点。

③ 每一章节结束后,所提取的知识点需包含章节最后"复习指南"中的关键术语,对知识点认知水平难度的判断也可参考"复习指南"中的"本节主旨"。

④ 在拓展内容中,对拓展内容中加粗的字体结合其内容进行总结概括,得到拓展知识点。

**二、教材广度对比分析**

结合中国教材、美国教材的文本分析,对知识点数量进行统计,得到中美教材在不同模块下的广度以及教材广度。结果如表 4-3 所示。

表4-3 中美教材知识点广度值

| 版本 | 力学 | 电磁学 | 热学 | 光学 | 近代物理 | 共计 |
|---|---|---|---|---|---|---|
| 中国教材 | 241 | 218 | 62 | 27 | 77 | 625 |
| 美国教材 | 253 | 154 | 60 | 96 | 110 | 673 |

根据表4-3中所示数据可知:在电磁学、热学模块下,中国物理教材知识点数量高于美国物理教材知识点数量,即中国教材在这两个模块下,广度值大于美国教材。在力学、光学、近代物理模块下,中国物理教材知识点数量低于美国物理教材知识点数量,即在这三个模块的广度值小于美国教材。

从表中数据可得,中国物理教材广度值为625,美国物理教材广度值为673。在教材广度方面,中国教材的广度低于美国教材。

对比各个模块下中美教材知识点,将其分为相似知识内容与完全不同知识内容两个部分,将完全不同的知识点进行统计,可以对比中美教材知识点差异情况。中美教材中知识点差异的部分进行统计后如表4-4所示。

表4-4 中美教材知识点差异情况对比

| 版本 | 力学 | 电磁学 | 热学 | 光学 | 近代物理 |
|---|---|---|---|---|---|
| 中国教材独有 | 43 | 34 | 24 | 6 | 31 |
| 美国教材独有 | 40 | 9 | 29 | 55 | 56 |

数据表明虽然中美教材的知识点广度差异不是很大,但具体知识点内容还是有不小的区别,正是这种差异的存在彰显了中国和美国教材的各自特色。对表4-4中两国教材独有知识点按照模块进行对比分析如下:

**1. 力学模块知识点广度分析**

在力学模块下,中国教材知识点共计241个,美国教材知识点共计253个,其广度差异很小,但两国教材各自独有知识点40个左右,具体对比如下:

中国教材中在天体运动部分的知识点设置更加详细,其中包括"称量地球的质量""计算天体的质量""发现未知天体""宇宙速度""简谐运动的能量""单摆的回复力""探究单摆周期与摆长之间的关系""阻尼振动""受迫振动"等43个知识点,在美国教材中没有出现。

美国教材相比于中国教材,添加例如"角位移""角加速度""力臂""净力矩""转动惯量""科里奥利力""角动量""角动量定理""孤立系统"等知识点,内容涉猎较广,刚体转动方面的内容,通常出现在中国的大学物理教材中。

虽然两国教材力学部分知识点广度差异不大，但其知识点在重合度上仍有不同的侧重点。中国教材各个部分知识都涉及较广，但美国教材相对而言侧重某一部分的知识难度，更加注重高中物理教材与大学物理教材的衔接。

### 2. 电磁学模块知识点广度分析

在该模块下，中国教材知识点共计218个，美国教材知识点共计154个，其广度差异很大，中国教材中知识点广度远超美国教材。且有34个知识点在美国教材中没有呈现。具体对比如下：

中美教材在知识内容设置方面，都从"静电场""电路及其应用""电磁场与电磁波初步"等内容进行展开，但中国教材知识内容更加全面和深入。例如涉及"电容"部分的知识点，美国教材中只出现"电容""法拉""可变电容器"三个知识点，但在中国教材中，有"电容器""电容""常用电容器""用传感器观察电容器的放电过程""平行板电容器的电容"等一系列知识。同时，中国教材在该模块下，与美国教材相比，更加注重知识的拓展和应用，其中增加的知识点有："示波器的原理""范德格拉夫静电加速器""能量转移或转化的方向性""不可再生能源""太阳能、水力、风力、核能发电""能源与社会发展""汽车和能源""电和磁的联系"等。比较可以发现，中国教材在电磁学模块下不仅关注知识的应用层面，而且关注学科与社会、自然的关系。

### 3. 热学模块知识点广度分析

在该模块下，中美教材知识点各为62个和60个，知识点广度差最小。但中国教材独有的知识点24个，美国教材独有29个。通过对知识内容的分析可以发现：

两国教材都对"热力学定律""晶体"等内容进行呈现。但不同的地方在于，中国教材对"温度温标"等内容进行详细致地展开，其中知识点包括："等温变化""探究气体等温变化的规律""波意耳定律""用传感器探究气体等温变化的规律""等压等容变化""盖—吕萨克定律""查理定律""理想气体的状态方程""气体实验定律的微观解释"等。美国教材则对"液体"相关知识点进行详细讲解，例如："等离子体""内聚力""黏滞性""附着力""蒸发冷却""凝结""帕斯卡原理""液压升降机的作用力""作用在物体上的水的压强""伯努利原理"等。两国教材虽然知识点数量差异较小，但在内容方面还是存在较大差异。

### 4. 光学模块知识点广度分析

在光学模块下，中国教材知识点共计27个，美国教材知识点共计96个，中国教材知识点广度远小于美国教材，同时美国教材还呈现了55个独有的知识点。在光学部分，除了"反射""折射""衍射""偏振""干涉"等共同基础知识外，美国教材中加入了"凸透镜""凹透镜""平面镜所成的像的高度""放大率""面镜的比较"等知识内容,中国教材这部分知识内容缺失的主要原因是:凹、凸透镜内容在初中物理教材中已经出现,因此在高中教材中不再重复出现。

**5. 近代物理模块下知识点广度分析**

在近代物理模块,中国教材知识点共计77个,美国教材知识点共计110个,其中有56个知识点中国教材中没有出现,广度差异较大。在近代物理模块下,中美教材讲解的内容基本相同,但美国教材对于半导体物理部分的知识进行了拓展,例如:"能级""能带理论""本征半导体""掺杂剂"等,其整体内容比中国教材要更为丰富一些。中国教材中更加突出科学的态度与责任这一层面的内容,教材中引入大量的应用、名人事例等,例如:"普朗克""光谱分析""量子力学的创立和索尔维会议""天然放射现象的发现""碳14测年技术""夸克与粒子物理的标准模型""华人科学家在粒子物理学领域的杰出贡献"等,激发学生的兴趣,增强学生的社会责任感。

# 第三节 教材难度比较

## 一、模块知识点难度比较

知识点难度赋值需要对教材中知识内容进行文本分析,通常情况下一个知识点在文本中会有多方面(概念、例题、应用等)的阐述,综合考虑知识点在教材内所表现出的认知水平的最高等级进行赋值。根据表4-1、表4-2的界定,对教材中的知识点逐一判断并赋值,得到各个模块难度值,如表4-5所示。

表4-5 中美教材模块知识难度

| 版本 | 力学 | 电磁学 | 热学 | 光学 | 近代物理 | 总难度 |
| --- | --- | --- | --- | --- | --- | --- |
| 中国教材 | 507.30 | 442.10 | 116.00 | 58.50 | 119.80 | 1234.70 |
| 美国教材 | 597.90 | 330.00 | 143.70 | 202.10 | 210.70 | 1484.40 |

从总体看,美国教材知识点总难度大于中国教材。除电磁学模块外,其余四个模块下,美国教材总难度高于中国教材。中国和美国教材各模块难度排在前三位的都是力学、电磁学和近代物理,中国教材难度最小的是光学,而美国教材是热学。中美教材各模块知识难度排序与各自的知识点广度排序完全相同,表明知识点总难度与知识点广度存在一定的一致性。

## 二、教材平均难度对比

教材平均难度是知识点总难度与知识点广度之比,是对教材中知识点广度和知识点难度综合考虑的结果。根据知识点广度与总难度数据,对中美教材中每个模块下知识点平均难度进行计算,得到中美教材各模块平均难度值和教材平均难度。对中美教材平均难度值进行相减,若差值为负值,则中国教材难度低于美国教材难度;若差值为正值,则中国教材平均难度高于美国教材难度。将数据进行整理后,结果如表 4-6 所示。

表 4-6 中美教材平均难度值及差值

| 版本 | 力学 | 电磁学 | 热学 | 光学 | 近代物理 | 整体 |
|---|---|---|---|---|---|---|
| 中国教材 | 2.10 | 2.03 | 1.87 | 2.17 | 1.56 | 1.95 |
| 美国教材 | 2.36 | 2.18 | 2.40 | 2.11 | 1.92 | 2.19 |
| 差值 | -0.26 | -0.15 | -0.53 | 0.06 | -0.36 | -0.24 |

再绘制相应的柱形图,如图 4-2 所示。

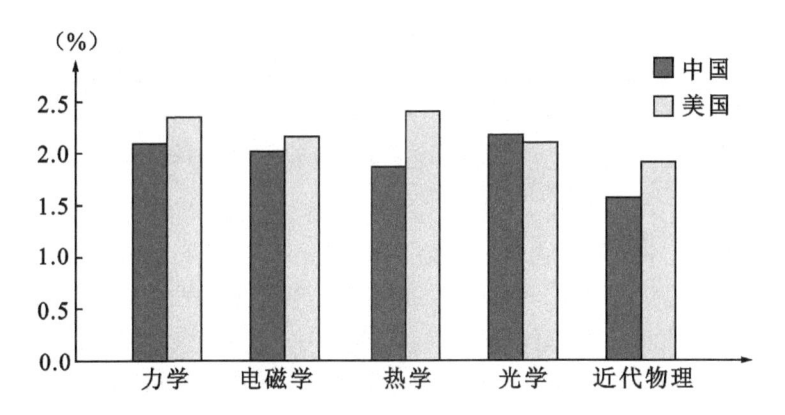

图 4-2 不同模块知识平均难度对比

根据图表可以得出,中国教材各模块平均难度由大到小依次是光学、力学、电磁学、热学、近代物理,其中光学、力学、电磁学三个模块平均难度值相差较小。美国教材平均难度由大到小依次是热学、力学、电磁学、光学、近代物理,其中热学、力学难度值很接近。除光学模块外,其他模块下中国物理教材平均难度低于美国物理教材平均难度,从整体来看,中国教材平均难度低于美国教材平均难度。

结合表 4-1 认知水平及含义可得:两国教材的平均难度值区间都处于"理解"的中等认知水平;从模块角度分析,仅有美国教材的力学、热学模块的认知水平为"理解"的困难层次,但在该认知水平下仍存在一定差异。

### 三、不同认知水平下教材知识点难度分析

从整套教材的角度出发,对中美教材在不同认知水平下知识点数量及其占比进行统计,数据如表4-7所示。

表4-7 中美教材不同认知水平的知识点数量及占比

| 版本 | 记忆 | 理解 | 运用 | 分析 | 应用 | 共计 |
|---|---|---|---|---|---|---|
| 中国教材 | 222,35% | 214,34% | 149,24% | 36,6% | 4,1% | 625,100% |
| 美国教材 | 155,23% | 278,41% | 141,21% | 61,9% | 38,6% | 673,100% |

再绘制相应的柱形图,如图4-3所示。

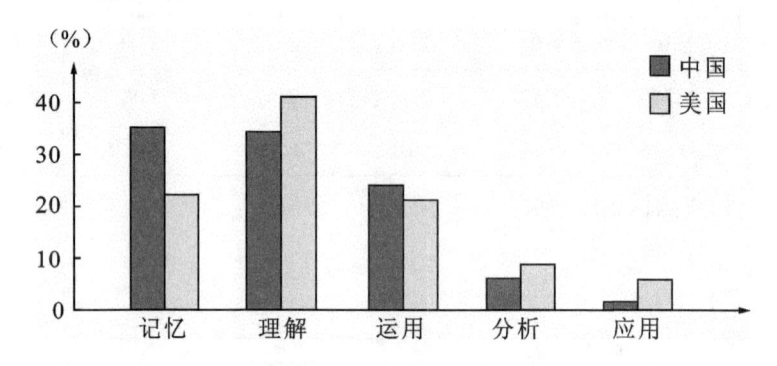

图4-3 中美教材不同认识水平的知识点数量及占比

从图表数据中可以得出,中美教材大部分知识点都分布在记忆和理解层次,美国教材占比64%,中国教材为69%。在分析、应用层次分布的较少。中国教材记忆、理解层次分布基本相同。美国教材的理解水平的知识分布高于记忆层次,在分析和应用高层次水平下,美国教材知识点数量占比约是中国教材的2倍。

结合不同模块下教材知识点难度对比分析的结论,对不同认知水平下教材知识点难度呈现趋势进行分析。首先,中国教材出现知识点是认知水平较低记忆层次的占比较大,主要原因在于力学、电磁学、近代物理主题下有大量补充、拓展知识,目的是开阔视野,但要求不高。其次,中国教材中知识点认知水平更多集中理解层次,在分析、应用层次占比最少,说明中国教材难度主要集中在中等偏低水平上。美国教材在理解层次出现峰值,同时又由于在分析和应用层次仍有15%的分布,所以从总体上来看,美国教材难度处于中等水平,同时也对某些知识内容提出较高的要求。

### 四、不同知识模块下教材知识点难度对比分析

教材难度值可以直观地比较中美教材的难度,但要找寻造成两国教材难度差

异的原因,需要从不同的模块出发,对比中美教材在各个认知水平下知识点难度差异情况。

**1. 力学模块知识点难度分析**

在力学模块中,中国物理教材共计241个知识点,美国高中物理教材共计253个知识点,这些知识点在认知水平难度中的分布如表4-8所示。

表4-8　力学模块知识点按认知水平分布数量及占比

| 版本 | 记忆 | 理解 | 运用 | 分析 | 应用 | 共计 |
| --- | --- | --- | --- | --- | --- | --- |
| 中国教材 | 73,30% | 82,34% | 68,28% | 14,6% | 4,2% | 241,100% |
| 美国教材 | 54,21% | 89,35% | 60,24% | 29,11% | 21,9% | 253,100% |

根据表4-6可知,在力学模块,中国教材平均难度低于美国教材,难度存在0.26的差异。中美教材的共同特点是在理解层次的分布的知识点最多,应用层次最少。中美教材分布在分析和应用层次的知识占比之和分别为8%和20%,因此美国教材在较高难度层次的分布明显高于中国教材,在记忆层次又明显低于中国教材,因此力学模块总难度美国教材大于中国教材。结合前面的知识点分析,力学模块下中国教材更加注重对知识进行基础性的学习,美国教材在力学部分注意和大学物理的衔接,出现"转动惯量与转轴""科里奥利力""角动量定理"等内容,无疑会增加知识的难度。

**2. 电磁学模块知识点难度分析**

在电磁学模块中,中国物理教材共计218个知识点,美国物理教材共计154个知识点,这些知识点在认知水平难度中的分布如表4-9所示。

表4-9　电磁学模块知识点按认知水平分布数量及占比

| 版本 | 记忆 | 理解 | 运用 | 分析 | 应用 | 共计 |
| --- | --- | --- | --- | --- | --- | --- |
| 中国教材 | 81,37% | 62,28% | 55,25% | 20,10% | 0,0% | 218,100% |
| 美国教材 | 48,31% | 52,34% | 32,21% | 15,10% | 7,4% | 154,100% |

数据显示在电磁学模块中,中国教材平均难度低于美国教材,差值为-0.15,但总难度高于美国教材。中美教材共同特点是大部分知识点分布在记忆和理解层水平上,比例都为65%,应用水平的分布比例最低。但细节上有所不同,美国教材排在第一位的依然是理解层次,中国教材则是记忆层次。中国教材在应用水平无知识点分布,总体看来,电磁学模块知识点水平存在一定差异。

结合具体内容,电磁学模块中国教材中呈现了许多拓展内容,比如"雷火炼殿""范德格拉夫静电加速器""指南针与郑和下西洋""正电子的发现"等,对学生的要求层次较低,其认知水平集中在记忆层次上。

在"应用"层次上,美国教材知识点广度占比高于中国教材,主要原因在于:美国教材中将电磁学知识点应用于日常生活中的常见问题,例如"发电机""家庭电路"等内容,且进行详细阐述,需要学生将教材中所学知识与生活实际紧密结合,因此要求较高。

综上所述,中国教材在电磁学模块下知识点涉及面更广,对学生在科学态度与责任方面进行较多培养,而美国教材相对来说知识内容略显不足,但对知识的应用能力要求较高。

### 3. 热学模块下知识点难度分析

在热学模块下,中国物理教材共计62个知识点,美国物理教材共计60个知识点,这些知识点按认知水平难度的分布如表4-10所示。

表4-10 热学模块知识点按认知水平的分布数量及占比

| 版本 | 记忆 | 理解 | 运用 | 分析 | 应用 | 共计 |
| --- | --- | --- | --- | --- | --- | --- |
| 中国教材 | 20,32% | 29,47% | 12,19% | 1,2% | 0,0% | 62,100% |
| 美国教材 | 9,15% | 24,40% | 15,25% | 8,13% | 4,7% | 60,100% |

数据显示,热学模块的平均难度中国教材低于美国教材,难度存在-0.53的差异,是五个模块中平均难度差别最大的。中美教材知识点分布的共同之处是在理解层次上的知识点最多,均超过40%,应用层次最少。中国教材在理解层次的占比高于美国教材7%。差异比较大的是分析和应用两个层次,中国教材比美国教材低18%。其次还有记忆层次,中国教材高出美国教材17%,这是平均难度差异较大的主要原因。

在记忆、理解水平下,中国教材中出现区别于美国教材的知识点有"观察玻璃和云母片上石蜡融化区域的形状""晶体的微观结构""石墨烯实验研究背后的故事"等内容。在运用、分析水平下,美国教材中相比中国教材增加了"帕斯卡原理""液压升降机的作用力""体胀系数"等需要计算或进行分析的内容。在最高的应用层次上,美国教材呈现"能量与物态变化""伯努利原理"等四个知识内容。

综上所述,中美教材虽然在热学模块下知识点广度相近,但内容差异较大,各自独有的知识点接近总数的一半,美国教材在运用、分析应用方面要求较高,这也与其增加的内容本身有关,固体物理部分知识点对学生空间几何能力要求较高,在中国大多是大学物理的内容。

### 4. 光学模块知识点难度分析

在光学模块中,中国物理教材共计 27 个知识点,美国物理教材共计 96 个知识点,这些知识点在认知水平难度中的分布如表 4-11 所示。

表 4-11 光学模块知识点按认知水平的分布数量及占比

| 版本 | 记忆 | 理解 | 运用 | 分析 | 应用 | 共计 |
|---|---|---|---|---|---|---|
| 中国教材 | 5,19% | 13,48% | 8,30% | 1,3% | 0,0% | 27,100% |
| 美国教材 | 15,16% | 51,53% | 23,24% | 3,3% | 4,4% | 96,100% |

在光学模块中,美国教材知识广度约是中国教材的 3.5 倍,是五个模块中差别最大的。但中国教材平均难度大于美国教材,差值为 0.06,是唯一一个平均难度大于美国教材的模块。中美教材的共性是在理解层次上分布的知识点最多,均超过 48%,排在第二位都是运用水平。两国教材各层次占比差别均小于 6%。

在运用层次上中国教材知识点广度占比高于美国教材 7%。但中国教材没有呈现应用层次,美国教材则有"点光源的照度""眼睛中的衍射"等 4 个。综合表现为知识水平差异较小。

### 5. 近代物理模块知识点难度分析

在近代物理模块中,中国物理教材共计 77 个知识点,美国物理教材共计 110 个知识点,这些知识点按认知水平难度的分布如表 4-12 所示。

表 4-12 近代物理模块知识点按认知水平的分布数量及占比

| 版本 | 记忆 | 理解 | 运用 | 分析 | 应用 | 共计 |
|---|---|---|---|---|---|---|
| 中国教材 | 43,56% | 28,36% | 6,8% | 0,0% | 0,0% | 77,100% |
| 美国教材 | 29,26% | 62,56% | 11,10% | 6,5% | 2,3% | 110,100% |

在近代物体模块下,中国教材难度平均小于美国教材,差值 -0.36。中美教材共同特点是大部分知识点分布在记忆和理解层水平上,中国教材高达 92%,美国教材达到 80%,导致近代物体模块是所有模块中平均难度最小的。但在细节上有所不同,美国教材知识点分布在理解层次最多,后三个水平的知识点数量占比较低且差异不大;中国教材则知识点主要分布在记忆层次,在分析和应用水平,无知识点分布,美国教材则有 10% 的分布。

结合内容,美国教材对于半导体物理部分的知识进行了拓展,中国教材中更加突出科学的态度与责任这一层次的内容,这些内容的要求一般都较低。

## 第四节 研究结论

研究表明,中国教材知识点广度、总难度、平均难度均小于美国教材。各模块平均难度除光学外,其余均低于美国教材,各模块难易程度也存在明显的差异。

中美教材都侧重于力学与电磁学的知识呈现,热学、光学和近代物理部分内容占比相对较少。知识点主要分布于记忆、理解层次上,相对而言中国教材更加注重知识的基础性和发散性,而美国教材更加注重知识的多样性和实际应用。

### 一、中国教材难度

中国教材模块知识总难度和广度由高到低排序为力学、电磁学、近代物理、热学、光学;平均难度排序有所不同,依次为光学、力学、电磁学、热学、近代物理。

光学模块平均难度值最高,但与力学、电磁学差别很小。这是由于光学模块"记忆"低层次水平上分布的知识比例是最少的,但在理解水平上又是最多的,而在高认知水平运用、分析和应用上比例总和处于中位。从具体内容分析,光学部分知识点集中,拓展内容较少,而力学与电磁学部分增加了大量的认知水平要求较低的拓展内容,综合起来使得光学模块虽然在知识点广度上低于力学和电磁学,但其知识点平均难度最大。虽然力学、电磁学、光学三个模块的平均难度区别不大,但均高于热学与近代物理模块。

中国教材难度整体处于理解层次。但教材对核心概念有较高的认知水平要求。

### 二、美国教材难度

美国教材模块知识难度与知识广度由高到低排序为力学、电磁学、近代物理、光学、热学,平均难度值大小按热学、力学、电磁学、光学、近代物理依次递减。

热学模块平均难度最大,但与力学差别较小。是因为记忆层次分布的知识比例最低,而高认知水平上分布的知识又最多,导致热学模块平均难度最大;近代物理模块下,知识认知水平在理解层次分布高于其他模块,较为突出,但在运用、分析和应用三个水平上总和还达不到力学、热学模块的一半,因此近代物理模块平均难度值最低。

美国教材难度整体处于理解层次,知识点认知主要集中于理解、记忆层次,少部分知识点处于分析、应用层次,表明在美国教材知识内容的难度要求跨度较大,既有基础内容,也有一定的提高内容,学生可以根据自身的理解水平进行适当的拔高。

# 第五章　中美高中物理教材实验比较

物理学是一门实验学科,物理实验是依据一定研究目的,运用科学的仪器和设备,人为地控制、创造或纯化某些物理过程,进行定性或定量的观察和研究,以探求物理现象、过程变化规律的一种科学活动。物理教学的目标之一是使学生较系统学习物理基础知识及其实际应用,而物理实验是物理学习的重要载体。首先,实验能揭示新实验事实与学生原有认知上的矛盾,有效激发学生的认知冲突,从而调动学生的积极性。其次,通过实验使自然过程简化、纯化、反复再现,从而使学生获得具体明确的感性认识,利于学生形成鲜明的表象,为物理概念、规律的建构以及应用奠定必要的基础[85]。实验作为师生进行教学活动的主要教学资料,其质量直接影响着教学活动的效果。因此,深入分析比较中美教材实验特色,以便更好地了解国际教材、明确目标,同时为开展物理教学、优化教材质量提供借鉴。这一章将从物理教材实验内容、类型、实验仪器、实验难度、实验探究水平及探究技能等方面详细分析比较中美教材实验状况。

## 第一节　分析方法

### 一、教材实验难度分析方法

关于教材实验内容的难度分析采用廖伯琴课题组的研究思路,即基于实验广度来对教材实验内容难度进行静态文本分析[86]。

广度(G)是指教材实验所涉及的范围,用相关内容的总数量来衡量,即教材实验的总个数。提取教材中的实验并统计求和,得到教材实验总广度 $G$,即

$$G = \sum_i G_i$$

同时为了了解中美教材处理科学探究与科学内容地位的不同态度,分析平均实验个数,平均实验个数反映的是每个知识点的平均实验个数,即

$$\overline{N} = \frac{G}{N}$$

难度（$D$）是指实验内容的难易程度。影响实验难度的四个因素为实验原理、实验仪器、实验操作量、实验探究。其中，实验原理是指实验设计的依据和思路；实验仪器指向实验所选用仪器的设计原理、结构、调整、数量；实验操作量指向实验的操作步骤；实验探究指向实验过程中所涉及的探究要素以及探究性质。为了准确客观评价实验难度，进一步将每个因素划分为 3 个水平，进行赋值，从简单到偏难依次赋值为 1、2、3。如表 5-1 所示。

表 5-1 实验难度分析模型

| 影响因素 | 等级 | 因素水平 |
| --- | --- | --- |
| 实验原理 | 简单 | 知识点难度为"记忆""理解"，学生熟悉的、容易辨认的 |
| | 中等 | 知识点难度为"运用""分析"，为学生刚刚学习过的 |
| | 偏难 | 知识点难度为"应用"，运用所学知识通过设计制定从而探究得出物理规律 |
| 仪器 | 简单 | 仪器所涉及的原理是学生所熟悉的，实验仪器结构简单、容易使用 |
| | 中等 | 仪器所涉及的原理是学生刚刚学习过的，仪器结构较为复杂、易于调整，实验组合简单 |
| | 偏难 | 仪器本身涉及的原理学生未学习过，是新接触的。实验仪器结构复杂、难于调整，实验涉及的仪器数量较多，装置组合复杂 |
| 操作量 | 偏少 | 2 步及以下、操作简单 |
| | 中等 | 3~4 步、操作需要准确、规范 |
| | 偏多 | 5 步及以上、操作需要快速、精确 |
| 探究 | 简单 | 定性探究、简单定量探究、影响因素 1 个 |
| | 中等 | 定性探究、中等定量探究、影响因素 2 个或 3 个 |
| | 偏难 | 复杂定量探究、影响因素 4 个以上 |

上述四个因素对实验难度的影响程度并不相同。为了确定实验难度中各要素的影响程度，选取课程教学论专家及中学一线专家型教师，对各因素影响权重进行调查，通过对偶分析法确定各因素影响权重，调查结果如表 5-2 所示。

表 5-2　实验难度各因素权重调查结果

| | 实验原理 | 仪器 | 操作量 | 探究 | 总和 |
|---|---|---|---|---|---|
| 权重 | 0.28 | 0.2 | 0.23 | 0.29 | 1 |

将实验原理、仪器、操作量、探究四个因素的赋值记为 $d_1$、$d_2$、$d_3$、$d_4$，将四个因素的赋值进行四倍扩大，并求和得到该实验的难度

$$D_i = 4 \times (0.28 \times d_1 + 0.2 \times d_2 + 0.23 \times d_3 + 0.29 \times d_4)$$

按照上述操作对每个实验进行编码，就得到每个实验的深度，将 $D_i$ 求和得到教材的实验总难度，即

$$D = \sum_i D_i$$

由于实验总难度与实验广度有关，为了更加全面分析比较不同教材的实验难度，计算平均实验难度 $\overline{D}$，即用实验总难度值除以实验广度值，即

$$\overline{D} = \frac{D}{G}$$

## 二、物理教材实验内容探究水平及探究技能模型

### 1. 探究水平分析框架

探究水平是指探究活动的探究环节表现出的水平高低程度，与学生的参与程度有关。研究采用张新宇[87]所建构实验类探究水平的分析框架进行统计分析，如表 5-3 所示。

表 5-3　实验探究水平分析框架

| 环节 | 缺失 | 控制性水平 | 引导性水平 | 自主性水平 |
|---|---|---|---|---|
| 目的确定 | | 直接提供探究目的 | 提供情境素材，借助问题引导学生形成探究目的 | 提供情境素材，学生自主形成探究目的 |
| 方案设计 | | 直接提供完整的探究方案 | 提供设计思路，引导学生设计探究方案 | 不提供设计思路，学生自主设计探究方案 |
| 方案实施 | | 直接提供实验现象或者实验数据 | 提供获取实验现象和数据的外部支持等，引导学生形成结论 | 不提供外部支持，学生自主观察，记录现象和数据 |
| 结论形成 | | 直接提供探究结论 | 提供分析现象和数据的思路，引导学生形成结论 | 学生自主分析处理实验现象和数据等，形成结论 |

续表

| 环节 | 缺失 | 控制性水平 | 引导性水平 | 自主性水平 |
|---|---|---|---|---|
| 反思交流 | | 直接提供探究活动的反思 | 提供进行反思或者总结交流的角度,引导学生进行反思交流 | 学生自主进行探究活动的反思与交流 |

考察的环节包括五个:目的确定、方案设计、方案实施、结论形成、反思交流。每一个环节又分为4个等级水平。其中,"缺失"是指实验活动中并没有出现该活动环节;"控制性水平"是指教材或教师提供翔实的活动细节,学生处于完全被动地位;"引导性水平"是指教材或教师提供一定的活动指导,学生具有一定的自主性;"自主性水平"是指由学生完全自主开展探究活动。从缺失到自主性水平,学生的参与度不断提高,探究水平逐渐提高[87]。因此,缺失、控制性水平属于低探究水平,引导性、自主性水平属于高探究水平。

### 2. 探究技能分析框架

探究技能是指学生在实验过程中具备的思维方式和操作技能[88]。课程标准中对科学探究技能要素进行了明确呈现,认为科学探究是基于观察实验提出问题、形成猜想假设、设计实验制定方案、获取处理信息、基于证据得出结论并做出解释,以及对过程与结果进行交流、评估、反思的能力[3]。根据物理学科素养确定探究技能分析框架,由8种技能构成。并将这些探究技能按其技能复杂程度划分为"基础技能"和"综合技能"。"基础技能"包括观察、测量、推断与预测、处理数据;"综合技能"包括识别与控制变量、制定实验、分析解释、交流质疑。如表5-4所示。

表5-4 实验探究技能分析框架

| 基础技能 | 观察、测量、推断与预测、处理数据 |
|---|---|
| 综合技能 | 识别与控制变量、制定实验、分析解释、交流质疑 |

## 第二节 实验内容、类型及仪器比较

在进行细致性分析之前,首先对中美教材所呈现的实验内容进行整体分析,以了解教材实验的编排和内容特征。

### 一、中美教材实验内容比较

中国教材设计的实验栏目包括"实验""演示""做一做""拓展学习",从动手操作、演示观看、思考体验、拓展延伸等不同层面进行设计,同时在"课例研究""问题"中也有着实验的设计。中国教材中呈现实验的栏目类型多,其实验内容呈现没有较为具体的位置特征。美国教材实验只呈现在三个栏目中,分别为"起步实验""迷你实验""物理实验",且这三类栏目中具体实验内容会在章末集中呈现。接下来从实验内容角度对中美实验进行分析比较。

提取教材中的实验,并按照力学、电磁学、光学、热学、近代物理这五个模块(各模块具体对应内容如表2-1)分类统计,结果如表5-5所示。

表5-5 中美教材实验广度统计

| 版本 | 力学 | 电磁学 | 光学 | 热学 | 近代物理 | 总计 |
|---|---|---|---|---|---|---|
| 中国教材 | 53,44.54% | 42,35.29% | 10,8.40% | 13,10.93% | 1,0.84% | 119,100% |
| 美国教材 | 36,41.38% | 24,27.59% | 12,13.79% | 6,6.90% | 9,10.34% | 87,100% |

中国教材实验总广度(数量)为119个,美国教材实验总广度数为87个。中美教材中力学、电磁学实验均占据主要地位,中国教材约占80%,美国教材约占69%,其中占比差异最大的是近代物理模块,中国教材中近代物理实验数量为1个,美国教材中为9个,该模块中中美教材数量占比之差为-9.5%。

**1. 中美教材实验内容比较**

由第四章分析可知,中美教材内容上存在许多差异,因而实验内容必定也有不同。以实验目的为依据,除去实验目的相同的实验,统计中美教材中各自独有的实验内容,并计算其占模块实验总量的百分比,结果如表5-6所示。

表5-6 中美教材独有实验统计

| 版本 | 力学 | 电磁学 | 热学 | 光学 | 近代物理 |
|---|---|---|---|---|---|
| 中国教材 | 39,73.58% | 34,80.95% | 13,100% | 5,50% | 1,100% |
| 美国教材 | 21,58.33% | 16,66.67% | 6,100% | 9,75% | 9,100% |

表中5-6数据显示,实验内容的差别非常大,中国教材独有实验占比最小的光学模块已经达50%,美国教材力学模块比例为58.33%。特别是热学、近代物理模块,中美教材呈现的实验没有相同的。具体分析如下:

力学模块中,中国教材呈现了关于圆周运动、波的干涉与衍射等39个独有实验。美国教材则呈现了关于力矩、转动、功率、声音特性等21个独有实验。

电磁学模块中,中国教材呈现了电阻、电动势与内阻、安培力、自感互感等34个独有实验,美国教材则呈现了关于串并联电路、电磁波的屏蔽、二极管的发光特征等16个独有实验。

光学模块中,中国教材呈现了光的折射相关内容等5个独有实验,美国教材则呈现了光的传播路径、物体成像等9个独有实验。

对于中美实验内容设计差别最大的热学、近代物理模块,中美教材呈现的实验完全不同。结合实验内容,中国教材呈现了观察毛细现象、探究气体等温变化的规律等实验,美国教材呈现了探究熔化现象、不同物体蒸发特征等实验。近代物理模块中,中国教材只有一个实验,是从宏观角度探究光电效应现象,美国教材则呈现了模拟量子模型、建构原子模型等实验,是从微观角度入手,运用模拟思想去帮助学生建构相关模型。

**2. 中美教材实验内容呈现比较**

分析中美教材实验内容,虽然在实验数量、内容等方面有着差别,但都对物理实验设计了专门的实验类栏目,各栏目功能明确。中美教材均将实验作为物理学习的重要途径,重点知识都会借助实验帮助学生理解掌握概念和规律,同时重视实验结论与生活的联系。

(1)中国教材实验内容特色

1)中国教材实验设计更具选择性

中国教材对于同一实验内容的方案设计,会呈现两个或三个参考案例,提供给师生进行选用。比如在实验《验证机械能守恒定律》中,中国教材呈现两个参考案例,同时特别说明师生可以设计其他实验来验证,给予师生一定的自主权。与中国教材相反,美国教材在"实验步骤"环节往往提供具体且唯一的实验方案设计,缺乏一定的弹性。因此,中国教材实验设计更具选择性。

2)中国教材实验彰显现代技术优势

与美国教材实验内容相比,中国教材在"拓展学习"栏目中能看到利用计算机、传感器等现代技术进行的实验内容。比如"用数码相机和计算机绘制弹簧振子的 $x-t$ 图像""用力传感器探究作用力和反作用力的关系"等。美国教材实验均采用传统实验器材,相比之下,中国教材实验在与现代技术结合方面表现更出色。

(2)美国教材实验内容特色

1)美国教材实验名称更具趣味性

纵观美国教材的实验名称,很多都是能让学生眼前一亮,能激发学生强烈的求知欲望。比如"钢球赛跑""射中目标"等。这些实验名称贴近生活、内容有趣,符合学生心理特征。相比于美国教材,中国教材的实验名称专业性较强,实验目的一目了然,比如"探究平抛运动的特点"等。

2) 模拟实验设计更巧妙

在一些特殊实验内容上,美国教材设计的实验既简单,又更能让学生理解实验探究内容。比如对于光电效应知识的学习,美国教材舍去对实验现象的呈现,运用模拟思想,用从滑槽中滚下来的小球模拟入射光子,学生通过观察滑槽上滚动小球的碰撞情况去判断光电效应是否发生,这种巧妙地设计,将学生不易理解的抽象概念转化为易于观察的实验现象,强化学生对于微观模型的理解。而中国教材以探究实验形式,在"问题"栏目呈现光电效应现象,引出该知识点的学习。

3) 重视实验操作安全

在物理实验操作过程,实验现象对学生来讲是未知的,因此常常会存在安全隐患,尤其是在电磁学实验。美国教材对于存在安全隐患的实验,都会在实验步骤前用黑色字体呈现注意事项,起到警示作用。比如实验探究二极管的电流和电压,教材提醒学生"请谨慎处理电的连接,将电源插入保护插座,以防触电"。又如激光衍射实验中,要求学生"注意:请勿直视激光束或明亮的反射光束"。

**3. 实验环节设计比较**

(1) 中国教材实验环节设计分析

一般情况,中国教材实验并无明确的环节设计。在实验内容中一般不会以标题形式明确呈现实验环节,而是直接以整段文字形式进行叙述。但是在个别实验内容中,中国教材会以标题形式呈现实验环节。比如,在《探究加速度与力、质量的关系》中,设计了"实验思路""物理量的测量""进行实验"和"数据分析"四个环节呈现实验内容。

(2) 美国教材实验环节设计分析

美国教材中有一些固定的环节设计,包括"步骤""分析"。除此之外,不同栏目中的实验环节设计各有不同。在"起步实验"栏目中,会设计"批判性思维"环节,让学生将实验获得的结果进行反思扩展。

"物理实验"栏目中,环节设计最多,该栏目实验环节设计类似于传统的实验报告,但又高于实验报告。具体包括:呈现研究内容的"问题"环节、"目标"环节、"实验步骤"环节、"分析"和"形成结论与应用"的环节、"进一步探索"和"生活中的物理学"环节。

值得一提的是"进一步探索"环节,对学生提出了更高的要求,要求学生在掌握理解实验的基础上进一步深入思考,或者运用该实验方法解决新问题,是对实验的拓展,比如"设计一个实验证明开普勒第三定律的正确性"。还有"生活中的物理学"环节,以问题形式把实验探究内容与生活密切关联。既有对于生活现象中物理规律的分析解释,又有课余调查调研。比如,"为什么自由落体运动游乐车的设计者,要把出口轨道设计成向地面逐渐弯曲的形状?""调查你所在地区对于脚手架的安装、使用以及拆除的安全要求"。这一环节体现了美国教材的生活型取向,能很好地调动学生兴趣,同时做到让物理走出书本、走向生活。

## 二、中美物理教材实验类型比较

根据实验设置目的将实验划分为探究类、验证类、应用类实验。不同的实验类型所侧重训练的能力不同,以模块为单位,按照实验分类标准,对中美教材实验逐一判定,分类统计实验类型,比较中美实验内容关注的实验能力特征。统计结果如表 5-7 所示。

表 5-7 中美教材各模块实验类型分布统计

| 版本 | 类型 | 力学 | 电磁学 | 热学 | 光学 | 近代物理 | 总计 |
| --- | --- | --- | --- | --- | --- | --- | --- |
| 中国教材 | 探究类 | 35,66.04% | 25,59.52% | 11,84.62% | 7,70% | 1,100% | 79,66.39% |
| | 验证类 | 6,11.32% | 7,16.67% | 1,7.69% | 0,0.00% | 0,0.00% | 14,11.76% |
| | 应用类 | 12,22.64% | 10,23.81% | 1,7.69% | 3,30% | 0,0.00% | 26,21.85% |
| 美国教材 | 探究类 | 20,55.56% | 19,79.17% | 4,66.67% | 8,66.66% | 4,44.44% | 55,63.22% |
| | 验证类 | 4,11.11% | 3,12.5% | 0,0.00% | 2,16.67% | 4,44.44% | 13,14.94% |
| | 应用类 | 12,33.33% | 2,8.33% | 2,33.33% | 2,16.67% | 1,11.12% | 19,21.84% |

从整体角度分析,中美教材三类实验所占比例从高到低排序依次都是探究类、应用类和验证类,中美教材各类实验所占比例较接近。其中,探究类实验占比均超过 60%。表明在实验类型设置上中美教材都注重训练学生应用知识、设计实验、解决实际问题的能力,符合新时代对人才的培养要求。

从模块角度分析,中美教材各模块实验数量和分布均不同。其中力学占实验总量的比例都是最高的,超过了 40%,这与该模块知识广度较大有关。其次是电磁学模块排在第二位。结合实验内容,横向对比中国教材其他模块,发现电磁学模块验证类实验占比是该类实验里占比最高的。对于较难理解的电磁学知识,中国教材往往采用先理论讲述,再结合演示实验验证物理概念、规律,加强学生对于抽象知识的学习。在热学模块中,中国教材更偏向于学生新规律的发现,而美国教材在新规律的获取和应用上较为均衡。光学模块中,中美教材实验数量与力学、电磁学相比数量都较少。其中中国教材实验类型不全面,实验都是探究光学规律或测量某一光学物理量,没有验证类实验。在近代物理模块中,中国教材仅有一个实验,美国教材在数量、类型、内容呈现上更符合学生学习情况,能有效借助实验帮助学生掌握抽象模型。

### 三、中美物理教材实验仪器比较

物理实验是增强学生物理学习体验的重要手段,合理选择实验器材可以强化学生的实践体验,从而促成学生实验技能的培养。实验课程资源不仅限于实验室中的仪器和设备,日常用品、废旧材料也是重要的实验仪器来源。将实验涉及的仪器分为实验室类仪器和生活类仪器。实验室类仪器指在实验室中专门进行实验的器材,生活类仪器是指在生活中可以接触到的物品。统计中美教材实验仪器种类,分析比较两国教材实验仪器特征。

**1. 中美教材生活类实验仪器种类比较**

以模块为单位,依照实验仪器划分标准,对实验中的仪器及生活类仪器种类进行统计,并在此基础上计算各模块生活类仪器在总生活类仪器中的比例,结果如表5-8所示。

表5-8 中美实验仪器类别数量及比例

| 版本 | 仪器类别 | 力学 | 电磁学 | 热学 | 光学 | 近代物理 | 总计 |
|---|---|---|---|---|---|---|---|
| 中国教材 | 实验室类 | 66,31.13% | 80,37.73% | 34,16.04% | 29,13.68% | 3,1.42% | 212,100% |
| | 生活类 | 27,47.37% | 10,17.54% | 11,19.30% | 9,15.79% | 0,0.00% | 57,100% |
| 美国教材 | 实验室类 | 75,31.38% | 63,26.36% | 20,8.37% | 53,22.18% | 28,11.71% | 239,100% |
| | 生活类 | 30,34.88% | 17,19.77% | 7,8.14% | 22,25.58% | 10,11.63% | 86,100% |

表5-8数据表明,美国教材实验中涉及的生活类仪器有86种,比如胶带、高脚玻璃杯、白色修正液等。中国教材选用的有57种,比如手机电池、肥皂水、痱子粉等。总体比较,美国教材生活类仪器种类多于中国教材。除了在热学模块低于中国教材外,其余四模块涉及的种类均高于中国教材。两国教材在力学模块,生活类仪器占比都最高,近代物理中最少,这和模块知识内容密切相关,近代物理内容抽象,与力学相比在生活中较难找到实验器材。

总体来看,美国教材生活类器材的选用多于中国教材,善于从生活中取材,降低实验成本的同时,又能降低学生的认知负荷。特别是在微观、抽象内容较多的近代物理模块。美国教材设计呈现了9个实验,其生活类仪器占比为11.63%。比如"模拟放射性衰变"实验,选用生活中常见硬币、杯子,加强学生对于物质初始质量与半衰期关系的理解。运用日常生活用品,转换角度,帮助学生理解抽象的模型内容,这种处理方法是值得我国教材借鉴的。

**2. 中美教材数字化实验比较**

数字化实验是指利用传感器、数据采集器等收集实验数据,用计算机软件分析实验数据、得出实验结论的现代化实验。随着教育信息化的发展,数字化实验仪器也越来越得到重视。统计教材数字化实验个数,中国教材中呈现的数字化为 8 个,其中力学 4 个、电磁学 2 个、热学和光学各 1 个。

中国教材数字化实验被呈现在"拓展学习"栏目中,而"拓展学习"属于选做的内容,提供给有条件的学校选用,体现中国教材实验设计的选择性。美国教材没有数字化实验,因此教材在现代化实验设计上逊色一些。基于两国课程标准,中国教材新课标对于数字化仪器的呈现有明确要求,而美国课程标准仅对教学方式做宏观要求,并没有对实验仪器的选用进行细致性描述。

## 第三节 中美教材实验难度比较

物理实验是物理教材的重要内容之一,其难度会直接影响学生的学习体验和学习效果。本节运用实验难度模型,从总体难度、平均实验难度、各模块难度三个方面分析中美教材实验难度。

**一、中美教材实验总体难度比较**

教材实验广度即实验数量,如表 5-5 所示。知识点广度即为知识点的数量(见表 4-3)。在实验广度的统计基础上计算平均实验个数;根据实验难度模型,对中美教材实验因素进行分析提取并赋值,统计实验总难度,并计算平均难度。结果如表 5-9 所示。

表 5-9 中美教材实验难度统计

| 版本 | 知识点广度 | 实验广度 | 平均实验个数 | 总难度 | 平均难度 |
| --- | --- | --- | --- | --- | --- |
| 中国教材 | 627 | 119 | 0.19 | 794.92 | 6.68 |
| 美国教材 | 697 | 87 | 0.12 | 689.04 | 7.92 |

数据表明中国教材平均实验个数大于美国教材,说明与美国教材相比,中国教材善于利用实验呈现物理知识,或通过实验帮助学生探究规律,理解内容。实验难度上,美国教材的实验总难度小于中国教材,但是平均实验难度高于中国教材。

从影响实验难度的四个因素实验原理、仪器、操作量和探究角度分析,得到四个因素上的难度值,结果如表5-10所示。

表5-10 中美教材实验难度四个影响因素对应难度统计

| 版本 | 实验原理 | 仪器 | 操作量 | 探究 |
|---|---|---|---|---|
| 中国教材 | 248.64 | 144.8 | 226.32 | 175.16 |
| 美国教材 | 234.08 | 100 | 213.44 | 141.52 |

数据显示,中美教材实验难度四个因素对实验总难度贡献最大的均为实验原理,其次为操作量、探究、仪器。结合难度模型里的水平划分,中国教材中实验原理平均位于中等水平,说明实验所涉及的知识点是学生刚学习过,知识点水平为"运用""分析";仪器平均为中等水平;操作量平均为中等水平;探究难度平均为简单水平,表明中国教材实验的探究多为定性或简单定量探究。美国教材中除了仪器平均位于简单水平、操作量平均位于偏多水平外,其他因素表现水平与中国教材相同。

**二、中美教材各模块实验难度比较**

以模块为单位,分析中美教材各模块的实验总难度、平均实验难度,结果如表5-11所示。

表5-11 中美教材各模块实验总难度、平均难度

| 版本 | 难度 | 力学 | 电磁学 | 热学 | 光学 | 近代物理 |
|---|---|---|---|---|---|---|
| 中国教材 | 总难度 | 347.36 | 279.8 | 94.24 | 66.68 | 6.84 |
| | 平均难度 | 6.55 | 6.66 | 7.25 | 6.67 | 6.84 |
| 美国教材 | 总难度 | 284.4 | 193.44 | 43.2 | 102.24 | 65.76 |
| | 平均难度 | 7.90 | 8.06 | 7.20 | 8.52 | 7.31 |

实验总难度方面,除光学、近代物理模块外,其余三个模块实验难度美国教材均低于中国教材,实验难度从高到低依次为力学、电磁学、光学、近代物理、热学,相应的中国教材为力学、电磁学、热学、光学、近代物理。在近代物理模块中,由于美国教材的实验个数是中国教材的9倍,总难度是中国教材的10倍左右。

平均实验难度方面,美国教材除了热学模块的平均实验难度稍低于中国教材,其余四个模块均高于中国教材。美国教材平均实验难度最高的是光学、最低的是热学,中国教材平均实验难度最高的是热学、最低的是力学。其中,中美教材平均难度差异最大的为光学模块,分析该模块下各难度影响因素的平均水平,中国教材与美国教材实验在仪器、操作量上平均水平相同,仪器处于中等水平,操作量处于偏多水平;但在实验原理方面,美国教材实验处于偏难水平,而中国教材处于中等水平;在探究因素

上,美国教材实验处于中等探究水平,而中国教材实验处于简单探究水平。

中国教材中热学模块平均实验难度最高,分析其各因素的平均难度值,得出该模块中实验原理、仪器、操作量、探究平均值分别为2.41、1.11、2.12、1.61。横向比较,实验原理、探究在各模块中均为最高。与中国教材相反,美国教材中热学平均实验难度值最低。相应的四因素平均值分别为2.61、0.93、2.30、1.35。横向比较,发现探究在各模块中最低,实验原理仅高于近代物理模块。

### 三、各类型实验难度比较

依据实验类型划分,统计各类型实验难度、平均难度,结果如表5-12所示。

表5-12 中美教材各类型实验总难度、平均难度统计

| 版本 | 难度 | 探究类 | 验证类 | 应用类 |
| --- | --- | --- | --- | --- |
| 中国教材 | 总难度 | 535.60 | 79.96 | 179.36 |
| | 平均难度 | 6.78 | 5.71 | 6.90 |
| 美国教材 | 总难度 | 445.76 | 95.2 | 148.08 |
| | 平均难度 | 8.10 | 7.32 | 7.79 |

实验总难度方面,中美教材探究类、验证类和应用类三类实验难度值不同,但是难度高低排序相同,即探究类最高,其次为应用类,验证类最低。中国教材探究类、应用类总难度高于美国教材,验证类低于美国教材。

平均难度方面,美国教材各类型实验平均难度均高于中国教材。中美教材排序并不相同,中国教材平均实验难度最高的是应用类,美国教材平均实验难度最高的则是探究类。对于探究类,中国教材在"实验原理、仪器、操作量、探究"四因素上的平均水平为中等、简单、中等、简单。美国教材相应为偏难、简单、偏多、简单。

对于验证类,中国教材在"实验原理、仪器、操作量、探究"四因素上的平均水平为简单、中等、中等、简单。美国教材相应为中等、中等、偏多、简单。

对于应用类,中国教材在"实验原理、仪器、操作量、探究"四因素上的平均水平为中等、中等、中等、简单。美国教材相应为中等、简单、偏多、简单。

## 第四节 中美教材实验探究水平及探究技能比较

探究式教学是国际科学教育大力提倡的一种教学方式。是指学生进行实验时,教师或教材最多给予学生问题、器材,不提供实验步骤和答案,学生在教师或教材的启发下,运用已有知识、技能,通过自己设计方案,进行操作实验,充当新知识

的探索者和发现者,去探究问题和解决问题[89]。在探究过程中,学生会积极主动的获取科学知识、发展探究能力。因而探究式实验对学生的发展具有重大作用。下面分析中美教材实验探究水平和探究技能的表征。

**一、中美教材实验探究水平比较**

**1. 中国教材实验探究水平分析**

(1)中国教材总体探究水平分析

依据探究水平划分标准,分析并统计中国教材每个实验各环节探究水平,并计算各环节不同探究水平在总实验中的占比,结果如表5-13所示。

表5-13 中国教材实验探究水平表征频次及占比

| 环节 | 缺失 | 控制性水平 | 引导性水平 | 自主性水平 |
| --- | --- | --- | --- | --- |
| 目的确定 | 9,7.56% | 107,89.92% | 3,2.52% | 0,0.00% |
| 方案设计 | 0,0.00% | 103,86.55% | 13,10.93% | 3,2.52% |
| 方案实施 | 4,3.36% | 54,45.38% | 24,20.17% | 37,31.09% |
| 结论形成 | 21,17.65% | 65,54.62% | 14,11.76% | 19,15.97% |
| 反思交流 | 108,90.76% | 5,4.20% | 5,4.20% | 1,0.84% |

总体来看,中国教材除反思交流环节集中于缺失水平外,其余的环节多集中于控制性水平。说明学生的主体性在实验设计中体现还不够充分,给予学生基于问题的自主探究机会较少。

从实验环节分析,方案实施环节探究水平最高,31.09%实验处于自主性水平,其次是结论形成。反思交流环节探究水平最低,90.76%的实验没有呈现。各环节探究水平表明,中国教材注重发展学生的实验操作和形成科学结论的能力,但对于实验的反思交流关注度较低。

(2)中国教材各栏目探究水平分析

中国教材实验涉及的栏目共有6个,以栏目为对象统计实验不同环节的探究水平,分析各栏目实验探究水平情况特征。"实验"栏目具体数据如表5-14所示。

表5-14 "实验"栏目探究水平表征频次及占比

| 环节 | 缺失 | 控制性水平 | 引导性水平 | 自主性水平 |
| --- | --- | --- | --- | --- |
| 目的确定 | 0,0.00% | 35,100% | 0,0.00% | 0,0.00% |
| 方案设计 | 0,0.00% | 25,71.43% | 10,28.57% | 0,0.00% |

续表

| 环节 | 缺失 | 控制性水平 | 引导性水平 | 自主性水平 |
|---|---|---|---|---|
| 方案实施 | 0,0.00% | 4,11.43% | 20,57.14% | 11,31.43% |
| 结论形成 | 4,11.43% | 19,54.29% | 10,28.57% | 2,5.71% |
| 反思交流 | 30,85.72% | 2,5.71% | 2,5.71% | 1,2.86% |

"实验"栏目中方案实施环节探究水平最高,多集中于引导性水平和自主性水平;反思交流环节呈现最少,集中于缺失水平,其余三个环节集中于控制性水平。"实验"栏目侧重于目的确定、方案设计、方案实施,这三个环节均无缺失。该栏目要求学生依据呈现的实验目的和方案,亲自动手进行操作获得实验数据,从而体验科学探究过程、提高实验操作技能。因此,方案实施环节探究水平较高,而实验目的、设计、结论和反思环节水平较低。

"演示"栏目中,具体数据如表5-15所示。

表5-15 "演示"栏目探究水平表征频次及占比

| 环节 | 缺失 | 控制性水平 | 引导性水平 | 自主性水平 |
|---|---|---|---|---|
| 目的确定 | 0,0.00% | 34,94.44% | 2,5.56% | 0,0.00% |
| 方案设计 | 0,0.00% | 35,97.22% | 1,2.78% | 0,0.00% |
| 方案实施 | 0,0.00% | 35,97.22% | 0,0.00% | 1,2.78% |
| 结论形成 | 3,8.33% | 30,83.33% | 1,2.78% | 2,5.56% |
| 反思交流 | 32,88.88% | 2,5.56% | 2,5.56% | 0,0.00% |

"演示"栏目中,除了反思交流环节集中于缺失,其余四个环节多集中于控制性水平,探究水平较低。"演示"栏目侧重于目的确定、方案设计、方案实施环节呈现,这三个环节均无缺失水平。该栏目由于仪器、操作难度等原因,要求由教师展示,学生观察现象并进行思考,在实验活动中建构新知识。因此,依据栏目设置目的,实验操作学生无参与,其实验设计和操作环节探究水平低。

"课题研究"栏目具体数据如表5-16所示。

表5-16 "课题研究"栏目探究水平表征频次及占比

| 环节 | 缺失 | 控制性水平 | 引导性水平 | 自主性水平 |
|---|---|---|---|---|
| 目的确定 | 0,0.00% | 6,100% | 0,0.00% | 0,0.00% |
| 方案设计 | 0,0.00% | 1,16.67% | 2,33.33% | 3,50.00% |

续表

| 环节 | 缺失 | 控制性水平 | 引导性水平 | 自主性水平 |
|---|---|---|---|---|
| 方案实施 | 0,0.00% | 0,0.00% | 0,0.00% | 6,100% |
| 结论形成 | 0,0.00% | 0,0.00% | 0,0.00% | 6,100% |
| 反思交流 | 5,83.33% | 0,0.00% | 1,16.67% | 0,0.00% |

"课题研究"栏目探究环节呈现最完整,只有反思交流环节存在缺失。该栏目侧重于方案设计、实施、结论形成环节的呈现,集中于自主性水平。该栏目目的是在学生经过系统知识学习和能力训练后,模仿给出的样例,开展综合性科学实践活动,进一步培养学生的研究素养和创造能力。"课题研究"栏目中所有实验在方案实施、形成结论环节探究水平为自主水平。50%的实验在方案设计环节为自主性水平,栏目探究水平整体是最高的。

"做一做"栏目具体数据如表5–17所示。

表5–17 "做一做"栏目探究水平表征频次及占比

| 环节 | 缺失 | 控制性水平 | 引导性水平 | 自主性水平 |
|---|---|---|---|---|
| 目的确定 | 6,21.43% | 21,75% | 1,3.57% | 0,0.00% |
| 方案设计 | 0,0.00% | 28,100% | 0,0.00% | 0,0.00% |
| 方案实施 | 1,3.57% | 5,17.86% | 4,14.29% | 18,64.28% |
| 结论形成 | 10,35.71% | 8,28.58% | 2,7.14% | 8,28.57% |
| 反思交流 | 28,100% | 0,0.00% | 0,0.00% | 0,0.00% |

"做一做"栏目中,方案实施环节多集中于自主性水平。该栏目内容都为趣味小实验,侧重于让学生根据给出的实验步骤动手操作,获得实验数据,得出结论。因此,总体呈现出方案设计环节探究水平低,反思交流环节缺失,方案实施、结论形成环节探究水平较高。

"拓展学习"栏目中,方案实施、结论形成环节集中于控制性水平,总体探究水平较低。该栏目侧重于运用传感器优化探究,即突出方案实施环节,目的在于拓宽学生视野。

"问题"栏目呈现的实验为新课内容的导入,是衔接现象到物理概念学习的桥梁,目的是引起学生学习新知的兴趣,环节呈现不全面,整体探究水平低。

综合以上分析,不同实验栏目各实验环节探究水平存在差异,这与栏目的功能设计有关。"课题研究"栏目在方案实施、结论形成环节所有实验均在自主水平。

除目的确定外,其余环节的探究水平均高于其他实验栏目,整体探究水平较高。探究水平最低的是"拓展学习",仅在反思交流环节有 14.29% 的实验为引导水平,其余环节处于低探究水平。

### 2. 美国教材实验探究水平分析

(1)美国教材总体探究水平分析

依据探究水平分析框架,分析美国教材实验探究水平,结果如表 5-18 所示。

表 5-18　美国教材实验探究水平表征频次及占比

| 环节 | 缺失 | 控制性水平 | 引导性水平 | 自主性水平 |
| --- | --- | --- | --- | --- |
| 目的确定 | 0,0.00% | 87,100% | 0,0.00% | 0,0.00% |
| 方案设计 | 0,0.00% | 81,93.10% | 6,6.90% | 0,0.00% |
| 方案实施 | 0,0.00% | 1,1.15% | 31,35.63% | 55,63.22% |
| 结论形成 | 5,5.75% | 0,0.00% | 67,77.01% | 15,17.24% |
| 反思交流 | 52,59.77% | 0,0.00% | 35,40.23% | 0,0.00% |

总体来看,美国教材整体探究环节呈现较好,只有两个环节存在部分缺失,主要集中在反思交流环节。从探究水平分布可以看出,方案实施、结论形成环节集中于高探究水平。表明美国教材实验设计侧重于学生对实验的操作以及实验现象的分析,注重学生的动手能力和物理分析思维。目的确定、方案设计集中于低探究水平。反思交流环节虽有 59.77% 的处于缺失水平,但在较高的引导性水平上分布也不低,比例为 40.23%,教材中以"进一步探索""生活中的物理"小标题呈现,以反思性问题引导学生深入反思交流,培养其批判性思维以及实际问题解决能力。

(2)美国教材各栏目探究水平分析

美国教材实验栏目包括"起步实验""迷你实验"和"物理实验"。以栏目为维度,分析并统计各栏目实验不同环节的探究水平,计算在该栏目探究水平表征频次在总实验中的占比。结果如表 5-19 所示。

表 5-19　美国教材各栏目探究水平表征频次占比(%)

| 环节 | 起步实验 | | | | 迷你实验 | | | | 物理实验 | | | |
| --- | --- | --- | --- | --- | --- | --- | --- | --- | --- | --- | --- | --- |
| | 缺失 | 控制水平 | 引导水平 | 自主水平 | 缺失 | 控制水平 | 引导水平 | 自主水平 | 缺失 | 控制水平 | 引导水平 | 自主水平 |
| 目的确定 | 0 | 100 | 0 | 0 | 0 | 100 | 0 | 0 | 0 | 100 | 0 | 0 |

续表

| 环节 | 起步实验 | | | | 迷你实验 | | | | 物理实验 | | | |
|---|---|---|---|---|---|---|---|---|---|---|---|---|
| | 缺失 | 控制水平 | 引导水平 | 自主水平 | 缺失 | 控制水平 | 引导水平 | 自主水平 | 缺失 | 控制水平 | 引导水平 | 自主水平 |
| 方案设计 | 0 | 93.10 | 6.90 | 0 | 0 | 93.10 | 6.90 | 0 | 0 | 93.10 | 6.90 | 0 |
| 方案实施 | 0 | 3.45 | 3.45 | 93.10 | 0 | 0 | 3.45 | 96.55 | 0 | 0 | 100 | 0 |
| 结论形成 | 3.45 | 0 | 68.96 | 27.59 | 13.79 | 0 | 62.07 | 24.14 | 0 | 0 | 100 | 0 |
| 反思交流 | 72.41 | 0 | 27.59 | 0 | 96.55 | 0 | 3.45 | 0 | 10.35 | 0 | 89.65 | 0 |

分析美国教材三个实验栏目的探究环节,各栏目对于实验环节的呈现情况差异较小。具体分析如下:

① "起步实验"栏目,方案实施环节探究水平最高,93.10%的实验为引导水平;在结论形成环节大多数处于较高的引导性水平,其他三个环节探究水平较低。反思交流环节"缺失"水平比例最多。该栏目设置在每章前,通过呈现趣味性强的实验,开展新授课。教材在实现该栏目目的时,侧重于方案实施和结论形成环节。

② "迷你实验"栏目,方案实施、结论形成探究水平较高,尤其是方案实施环节,其探究水平主要为自主性水平,在所有栏目中最高。该栏目在反思交流环节"缺失"相对最多。栏目目的在于通过学生积极参与探索,获得数据,并在引导性语句的帮助下运用新知识解释现象,形成结论。所以该栏目侧重于方案实施、结论形成环节。

③ "物理实验"栏目,在实验方案实施、结论形成、反思交流环节集中于引导性水平,其他两个环节多数实验处于控制性水平。该栏目探究环节的完整程度最高,仅在反思交流1个环节有"缺失"。栏目重视对真实实验过程的设计、操作、总结结论,并对实验过程进行反思交流。

综合以上分析表明,各栏目探究水平特征与栏目教学目的相一致,即不同的栏目探究水平,指向学生不同的探究能力。综合来看,"物理实验"栏目在反思交流环节探究水平是最高的,"起步实验"在结论形成环节探究水平最高,"迷你实验"在方案实施环节水平最高。

### 3. 中美教材实验探究水平比较

依据表5-13,表5-18统计数据,将中美教材实验各环节探究水平占比进行相减,从而确定两国教材实验探究水平差异,结果如表5-20所示。

表5-20 中美教材实验各环节探究水平占比差异分析(%)

| 环节 | 缺失 | 控制性水平 | 引导性水平 | 自主性水平 |
| --- | --- | --- | --- | --- |
| 目的确定 | 7.56 | -10.08 | 2.52 | 0.00 |
| 方案设计 | 0.00 | -6.55 | 4.03 | 2.52 |
| 方案实施 | 3.36 | 44.23 | -15.46 | -32.13 |
| 结论形成 | 11.90 | 54.62 | -65.25 | -1.27 |
| 反思交流 | 30.99 | 4.20 | -36.03 | 0.84 |

从整体角度分析探究水平,美国教材实验探究水平高于中国教材。表5-20数据表明,在高水平探究层次(引导性、自主性水平),中国教材占比低于美国教材的环节较多,且差异较大。另外结合前面的各实验栏目对应实验环节的探究水平,美国教材实验栏目较少,但整体主要表现为高探究水平的有7个环节,低探究水平的有8个环节。中国教材主要表现为高探究水平的有5个环节,低探究水平的有25个环节。因此,综合表现为美国教材实验的探究水平较高。

(1)中美教材实验各环节探究水平差异存在不均衡性

依据表5-20,显示两国教材各环节间实验探究水平存在差异。具体而言,中国教材实验在目的确定、方案设计环节中高探究水平占比要高于美国教材,在方案实施、结论形成、反思交流环节中低探究水平的比例要高于美国教材。

(2)中美教材探究水平差异主要体现在方案实施、结论形成、反思交流、目的确定环节

首先,在目的确定环节两国教材探究水平层次存在明显差异($P<0.05$),即中国教材在目的确定环节探究水平明显高于美国教材。其次,在方案实施、结论形成、反思交流环节两国教材存在显著差异($P<0.05$),即美国教材在这三环节探究水平要明显高于中国教材。在方案设计环节,两国教材在该环节存在较小差异($P>0.05$),探究水平不相上下。

### 二、中美教材实验探究技能比较

#### 1. 中国教材实验探究技能分析

根据探究技能分析框架,对中国教材实验中所呈现的探究技能进行分析统计,

并计算占总实验个数的比例,结果如表 5-21 所示。

表 5-21　中国教材实验探究技能表征频次及占比

| 基础技能 | 频次,占比 | 综合技能 | 频次,占比 |
| --- | --- | --- | --- |
| 测量 | 44,36.97% | 识别与控制变量 | 9,7.56% |
| 观察 | 79,66.39% | 制定实验 | 12,10.08% |
| 推断与预测 | 8,6.72% | 分析解释 | 65,54.62% |
| 处理数据 | 31,26.05% | 交流质疑 | 5,4.20% |

基础技能表征上,中国教材实验技能表征不均衡。实验观察、测量所占比例最大,而推断与预测、处理数据比例较低。观察技能多呈现在"演示""做一做"栏目中,对于测量技能,多呈现在"实验"栏目中。总体来看,基础探究技能呈现以测量和观察为主,数据处理、推断与预测技能呈现较少。

综合技能表征上,中国教材实验技能表征不均衡。分析解释技能在四个综合技能中占比最多,为 54.62%。这说明中国教材重视学生对于实验现象的思考,关注学生对于现象背后物理知识的理解,从而形成较强的逻辑推理能力。其次为制定实验技能,教材对于实验步骤大多为直接呈现,对于学生自行设计方案的要求很少。表征最少的为交流质疑技能,仅为 4.20%。总之,中国教材对于分析解释技能的表征较多,而对于识别与控制变量、制定实验、交流质疑技能表征偏少。

**2. 美国教材实验探究技能分析**

根据探究技能分析框架,对美国教材实验中所呈现的探究技能进行分析,结果如表 5-22 所示。

表 5-22　美国教材实验探究技能表征频次及占比

| 基础技能 | 频次,占比 | 综合技能 | 频次,占比 |
| --- | --- | --- | --- |
| 测量 | 44,50.57% | 识别与控制变量 | 10,11.49% |
| 观察 | 45,51.72% | 制定实验 | 6,6.90% |
| 推断与预测 | 19,21.84% | 分析解释 | 79,90.80% |
| 处理数据 | 23,26.44% | 交流质疑 | 21,24.14% |

基础技能方面,美国教材实验对基础技能表征同样具有不均衡性。以测量、观察为主,相对较少关注数据处理、推断与预测技能。美国教材中测量、观察占比最大,涉及的实验超过一半。美国教材大部分实验中要求学生通过操作实验观察实验现象,从而加强理解所包含的物理概念、原理。对于测量这一技能,教材实验多

需要学生测量所涉及物理量从而获得实验数据。

综合技能方面,美国教材表征有明显侧重,高达90.80%的实验都有分析解释技能的表征。对于制定实验、识别与控制变量表征较少。对于分析解释技能,教材大多数实验都会单独呈现"分析"这一小标题,帮助学生获得实验结论,这说明教材高度重视学生应用知识分析问题的逻辑推理能力。比如在物理实验"怎样检测某种物体获取正负电荷的能力?"中在"分析"小标题中呈现"根据你的数据表,列出一张表格,反映物体获得电子的能力"。交流质疑技能占比为24.14%,美国教材实验内容会跟生活实践进行联系,引导学生做进一步的探索。对于制定实验表征,美国教材实验大多数会呈现步骤,学生自主制定实验的偏少。

**3. 中美教材实验探究技能比较**

根据中美教材的实验探究技能分析,基于表5-21和表5-22的数据,进一步比较两国教材呈现的探究技能比例,结果如图5-1所示。

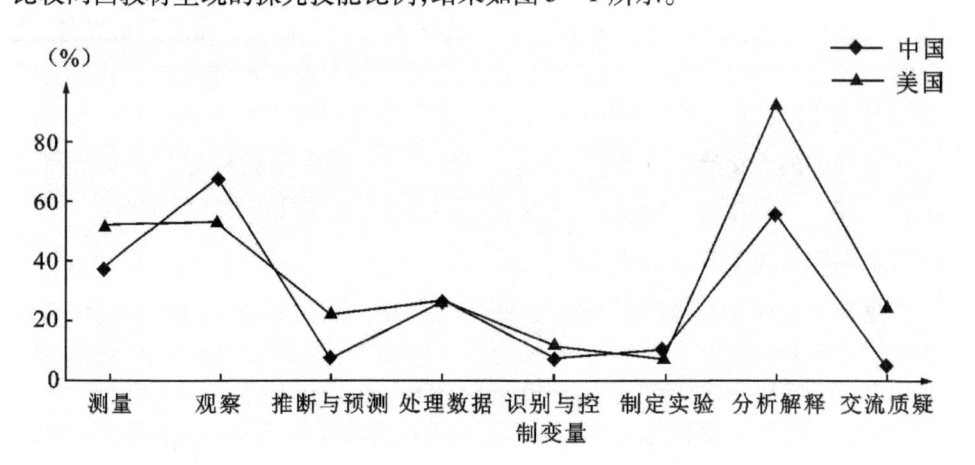

图5-1 中美教材实验探究技能占比统计

基础技能表征方面,虽然两国教材在基础技能表征上都存在不均衡性,但是美国教材相较于中国教材,其均衡性相对稍好一些。在观察技能表征上,中国教材表征优于美国教材,而在测量、推断与预测技能美国教材则优于中国教材。结合教材实验内容,中国教材中有演示栏目,只需学生观察现象即可,美国教材呈现的实验都需要学生测量操作。对于验证类实验,美国教材需要学生依据所学物理原理推断预测实验现象,而中国教材中常直接呈现所涉及的物理原理,不需要学生推断预测;最后,两国教材对于处理数据技能表征基本相同。

综合技能表征方面,中国教材的均衡性相对于美国教材稍好一些。中国教材在制定实验技能表征上略高于美国教材,其余三个技能表征上均低于美国教材。其中分析解释、交流质疑技能表征差异较大,美国教材的表征高出中国教材36.18%、19.94%,说明美国教材对于学生逻辑分析和交流表达、批判思维能力的培养关注度高于中国教材。

## 第五节　研究结论

### 一、实验特色

#### 1. 中美教材实验内容各具特色

中美实验内容上既有共性又有不同。共性体现在两国教材都注重物理实验内容的设计以及物理实验与生活的联系。不同之处在于,中国教材实验设计更具选择性、实验内容与现代技术结合更好;美国教材实验名称更具趣味性、实验设计更为巧妙、更重视实验的安全性;实验内容上,中美教材既有相同内容的实验,也有与自身知识点配套的独有实验内容,彰显各自特色;在实验环节呈现上,中国教材实验环节随内容进行了不同的设计,而美国教材各栏目实验环节较为固定。

#### 2. 中美教材实验类型分布不同,但都注重探究类实验

中美教材三个类型的实验中,探究类最多,两国教材占比均超过60%,其次是应用类,验证类最少。说明中美教材都非常注重通过实验探究来促进学生的发展,体现学生主体的理念。

#### 3. 中国教材实验仪器彰显现代化,美国教材则注重生活化

数字化实验方面,美国教材实验中没有呈现数字化实验。中国教材呈现了8个,其中有一半分布在力学模块,近代物理中没有编排。

中美教材实验均能充分利用生活物品开展实验。在美国教材实验中,生活类仪器呈现种类多于中国教材。从模块角度,中国教材除了在热学中生活类仪器使用种类高于美国教材外,其余模块均低于美国教材。

总体来看,在实验仪器生活化上美国教材做得更好,但在器材信息化方面中国教材则更胜一筹。

### 二、中美教材实验难度

#### 1. 中国教材实验总难度高于美国教材,但平均实验难度低于美国教材

中国教材实验总难度、平均实验个数明显高于美国教材,但平均实验难度低于美国教材。影响实验难度的四个因素对应难度值高低排序中美教材是相同的,都

为实验原理、操作量、探究、仪器。造成美国教材平均实验难度高的主要原因在于美国教材实验操作量平均偏多,中国教材操作量为中等。

**2. 中美教材各模块实验难度存在差异**

两国教材每个模块总实验难度、平均实验难度上均存在差异。分析平均实验难度,中国教材只在热学模块高于美国教材,在力学、电磁学、光学、近代物理模块均低于美国教材。

结合实验广度和实验难度,可以看出美国教材实验设计取向为"窄而深",中国教材为"广而浅"。

**3. 中美教材各类型实验难度存在差异**

两国教材各类型实验总难度从高到低依次均为探究类、应用类、验证类。平均难度中国教材从高到低为应用类、探究类、验证类,美国教材则为探究类、应用类、验证类,且美国教材各类实验平均难度均高于中国教材。

### 三、中美教材实验探究水平以及探究技能

**1. 中美教材实验探究水平表征较低,但美国教材实验表现略好**

中美教材探究水平表征差异主要体现在目的确定、方案实施、结论形成、反思交流环节上。在目的确定环节中国教材探究水平明显高于美国教材,而在方案实施、结论形成、反思交流环节美国教材显著高于中国教材,在方案设计环节两国教材探究水平基本相同。总体探究水平美国教材高于中国教材。中美教材各栏目侧重的环节不同,各栏目探究水平与栏目设置的目的有关。

**2. 中美教材实验探究技能表征存在差异,美国教材表征略好**

中美教材探究技能表征上均存在不均衡性。基础技能方面,教材都偏重于"观察""测量"技能,而对"推断与预测""处理数据"表征相对于"观察""测量"技能表征较少。综合技能方面,中美教材都比较关注"分析解释",中美教材分别有 54.62%、90.8% 的实验表征了此技能。除此之外,美国教材还较关注"交流质疑"技能。在"分析解释"技能表征方面,中国教材与美国教材的差距较大,说明美国教材实验设计特别注重学生逻辑分析解释能力,同时对学生交流表达、批判思维能力的关注度高于中国教材。对"制定实验""识别与控制变量"技能两国教材表征均很少。综合来看,美国教材在实验技能表征上要略好于中国教材。

# 第六章　中美高中物理教材习题不良结构和难度比较

习题是知识的一种复杂呈现,是对知识的一种组织。习题的解决过程也就是问题的解决过程。问题在教学情境中具象化的内容便是习题,在构建问题过程中会有不同的要素,要素呈现情况反映问题的具体特征。教材习题也是如此,不同习题构成要素存在差异,因而对知识点以及能力的要求也就不同。其中构成要素缺失的称为结构不良问题,结构完整的称为结构良好问题。根据结构不良问题缺失的要素可进一步进行分析,挖掘其特点。目的在于发现两国教材设置的习题在对学生能力培养上存在的差异及其产生原因,是否有值得借鉴与参考的地方。习题难度研究也是教材习题研究的重要方面,习题的难易程度对学生学习物理的兴趣、学生的自信心和学生自身学习目标的达成有着重要的影响。比较分析中美高中物理教材习题的难易程度及特点,对于提升我国的教材质量和教材编写有重要意义。本章从习题的不良结构和难度两个方面研究中美物理教材中的习题,分析其特征和难易程度并进行比较。

## 第一节　研究方法

### 一、结构不良问题界定及分类标准

问题在构成要素上主要包含三个方面:初始状态、目标状态、运算规则(算子)。结构良好问题是指有明确的已知条件(初始状态)和要求达到的目标(目标状态)以及确定的运算规则(算子),应用有限数量的规则和原理就会得到确定的答案。而结构不良问题在上述三个方面中至少有一个是不明确的,这类问题通常有多种解决途径和解决标准,对于一个特定的解决方案是否适当,领域专家之间意见也不一致,因为它有不同的解决方案和解决途径。因此参考侯新杰等[90]的研究,本文结构不良的划分依据和代码如表 6-1 所示。

表 6-1 结构不良问题特征及界定标准

| 分类 | 结构不良问题特征 | 代码 |
|---|---|---|
| 初始状态 | 问题条件/数据部分呈现或冗余 | A |
| 目标状态 | 目标界定模糊、不清晰 | B |
| 算子（中间状态） | 所涉及的概念、规则和原理及其组织不确定,或不知道如何用其解决问题 | C |
| | 拥有多种解决途径、方法或者根本没有解决方案,即没有公认的解决方案 | D |
| | 涉及真实的生活情景,并需要借助生活常识 | E |
| | 涉及跨学科的知识或者解决方法 | F |
| 评价 | 答案是多样的、开放的或无答案;评价标准多样化或无确定的最佳方案 | G |

依据表 6-1 的界定标准,逐个分析中美教材中习题,对不良结构的数量、分布及类型进行统计分析。

## 二、习题难度模型及赋值

### 1. 习题难度模型

通过对中国教材习题和美国教材习题的研究发现,习题的种类很多,包括问答题、计算题、实验题、作图题等。参考李春密等人主编的《中小学理科教材难度国际比较研究》中对于物理习题难度水平的界定,确定影响习题难度的六个主要因素:物理情境、知识点、运算难度、推理难度、实验难度和物理过程,每个影响因素分为 5 个水平,如表 6-2 所示。

表 6-2 物理习题难度水平的界定

| 水平 | 物理情境 | 知识点 | 运算难度 | 推理难度 | 实验难度 | 物理过程 |
|---|---|---|---|---|---|---|
| 1 | 情境简单常见;研究对象单一 | 1个知识点 | 无运算 | 无推理 | 无实验 | 物理过程包括一个阶段;研究对象单一 |

续表

| 水平 | 物理情境 | 知识点 | 运算难度 | 推理难度 | 实验难度 | 物理过程 |
|---|---|---|---|---|---|---|
| 2 | 不需要从题目中提取模型;情境源自生活;研究对象多 | 2个知识点 | ① 运算简单且数学方法简单;② 能简单识图 | 只涉及一步推理 | ① 原理非常容易理解;② 操作非常简单;③ 方法学生非常熟悉 | 物理过程包括一个阶段;研究对象多 |
| 3 | 情境具体,多出现在教材中,学生比较熟悉;研究对象多 | 3个知识点 | ① 运算较难且涉及幂函数、指数函数等比较复杂的数学方法;② 能对图形进行简单处理 | 涉及两步推理 | ① 原理容易理解;② 操作简单;③ 方法学生熟悉 | 物理过程包括两个阶段 |
| 4 | 情境抽象,学生需自行提取模型;研究对象多 | 4个知识点 | ① 运算难且涉及复杂数学方法和符号运算;② 能对比较复杂的图形进行处理 | 涉及三步推理 | ① 原理较难理解;② 操作较复杂;③ 方法学生较熟悉 | 物理过程包括三个阶段 |
| 5 | 情境复杂且抽象,设计新领域;研究对象多 | 5个及以上知识点 | ① 运算难且复杂,涉及复杂公式的推导;② 能对复杂图形进行处理 | 涉及三步以上推理 | ① 原理难理解;② 操作复杂;③ 方法学生不熟悉 | 物理过程包括三个以上阶段 |

"物理情境"指习题问题情境创设的难易程度,包括学生对情境的熟悉程度和对物理模型的认识两个方面。

"知识点"指习题中所包含的三级知识点个数。

"运算难度"指求解物理习题过程中所需要用到的数学方法的难易和复杂程度以及对图形的处理。

"推理难度"指在分析具体物理习题时,解题过程需要借助几个知识点的相互关系进行叠加处理,从已知求未知的过程中所需要的推理步数。

"实验难度"指在涉及实验的习题中,根据实验原理、实验操作过程和实验方法三个方面划分水平层次。

"物理过程"指在具体的物理习题中,一个较为复杂的物理过程可能是由多个物理阶段构成的。

### 2. 习题难度的赋值方法

根据表6-2中对物理习题难度水平的界定,对习题的难度进行赋值,每个影响因素的赋值按照对应的水平层次由低到高分别为1、2、3、4、5。影响习题难度的六个因素并不是平权的,为了确定各因素的权重,向中学专家型教师和大学课程教学论专家发放问卷,对"习题难度影响因素的重要程度"进行调查,通过对偶分析法确定六个影响因素的权重,如表6-3所示。

表6-3 物理习题难度各影响因素权重值

|    | 物理情境 | 知识点 | 运算难度 | 推理难度 | 实验难度 | 物理过程 |
|----|------|-----|------|------|------|------|
| 权重 | 0.16 | 0.16 | 0.13 | 0.19 | 0.17 | 0.19 |

因此,对于一道具体的习题而言,其难度($D_i$)的最终赋值为

$$D_i = (\alpha_1 \times D_{i1} + \alpha_2 \times D_{i2} + \alpha_3 \times D_{i3} + \alpha_4 \times D_{i4} + \alpha_5 \times D_{i5} + \alpha_6 \times D_{i6}) \times 6$$

其中,$D_{i1} \sim D_{i6}$分别代表习题难度六个影响因素物理情境、知识点、运算难度、推理难度、实验难度、物理过程的赋值;$\alpha_1 \sim \alpha_6$分别代表相应的权重系数。

对教材所有习题难度求和就得到了教材的习题总难度($D$)

$$D = \sum_{i=1}^{G} D_i$$

再用总难度除以整套数教材的习题广度($G$),就得到了整套教材每道习题的平均难度($\overline{D}$)

$$\overline{D} = \frac{D}{G}$$

平均难度$\overline{D}$即为整套教材习题的难度。

## 第二节 结构不良问题的分析比较

中国教材必修和选择性必修习题共885道,来自节后的"练习与应用"和章后章小结中的"复习与提高"(A组和B组)。美国教材三册习题共3051道,来自每

个小节的"练一练""物理挑战题""复习"以及每章复习指南中的"测评"和"标准化测试"。

## 一、中国教材结构不良问题特征分析

### 1. 结构不良问题特征总体分布情况分析

中国教材共有264道结构不良题目,占题目总量的29.86%;美国教材554题,占题目总量的18.14%。中国教材结构不良问题占比高于美国教材,但在数量上,美国教材远高于中国教材。

在结构不良问题的特征上,两国教材也存在一定的差异,为了直观反应这一差异,绘制如图6-1所示的统计图。

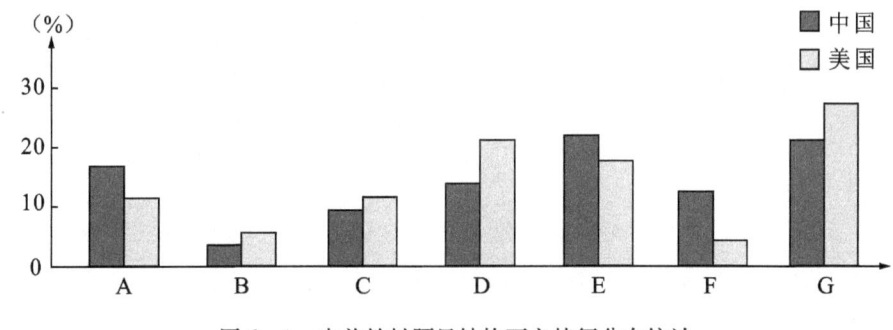

图6-1 中美教材题目结构不良特征分布统计

借助图像可知,中国教材结构不良特征占比从高到低排序为:E、G、A、D、F、C、B;美国教材为:G、D、E、C、A、B、F。中国习题结构不良特征占比最大值与最小值之差为18.02%,美国教材为22.88%,可知中国教材结构不良问题特征的分布情况较美国教材更均衡,有助于解决问题能力全面均衡地发展。

中国教材的结构不良问题以E(真实的生活情景,需借助常识解决)、G(答案多样开放、或无答案,评价方案不确定)两类为主要特征,比例较高,这使得其题目在具有一定开放性的同时具有较强生活气息,加强了物理同实际生活的联系,学以致用。题目的开放性主要来源于评价方案的不确定,侧重于培养全面思考问题的能力。

美国教材的结构不良问题以G和D(没有公认的解决方案)类为主,使得美国教材中结构不良问题也具有较强的开放性。题目的开放性主要来自两方面,一是解题方法的不唯一;二是评价方案不唯一。无确定的标准与步骤,促进学生发散思维的发展,引发对问题的深入思考,加深对知识点的理解。同时,思考解决问题的过程,有助于学生养成全局观念,综合分析问题,寻找最优解的习惯。

**2. 结构不良问题特征分布各模块情况分析**

为了把握教材中结构不良问题的特征,按模块对其进行统计,结果如表6-4所示。

表6-4 中美教材结构不良问题特征统计

| 版本及模块 | | A | B | C | D | E | F | G |
|---|---|---|---|---|---|---|---|---|
| 中国教材 | 力学 | 26.04% | 4.17% | 5.21% | 13.02% | 20.83% | 10.94% | 19.79% |
| | 电磁学 | 9.26% | 3.09% | 16.05% | 17.90% | 16.05% | 13.58% | 24.07% |
| | 热学 | 15.56% | 0.00% | 4.44% | 6.67% | 48.89% | 11.11% | 13.33% |
| | 光学 | 5.00% | 0.00% | 5.00% | 5.00% | 25.00% | 30.00% | 30.00% |
| | 近代物理 | 11.11% | 11.11% | 13.89% | 13.89% | 16.67% | 11.11% | 22.22% |
| 美国教材 | 力学 | 17.78% | 3.56% | 8.37% | 15.27% | 23.64% | 4.18% | 27.20% |
| | 电磁学 | 5.77% | 7.21% | 17.79% | 19.71% | 16.83% | 5.77% | 26.92% |
| | 热学 | 9.26% | 0.00% | 18.52% | 25.93% | 12.96% | 5.56% | 27.78% |
| | 光学 | 4.62% | 3.85% | 11.54% | 23.08% | 20.00% | 9.23% | 27.69% |
| | 近代物理 | 5.23% | 15.69% | 9.80% | 38.56% | 1.96% | 0.00% | 28.76% |

由表6-4的数据可知,中美教材在热学、光学以及近代物理模块结构不良问题特征的分布差异较显著,在力学和电磁学模块分布情况较为相似。在此将分析的重心放在差异较为显著的模块,对力学与电磁学模块简要说明,不细致展开。

(1)力学及电磁学模块

在力学模块,中国教材中占比最高的为A类(条件、数据呈现不足或冗余),第二位是E类,其次为G类;美国教材恰好相反。这表明两国教材在该模块设置结构不良问题时着眼于学生的能力不同。中国教材着眼于学生获取有效信息能力的培养;美国教材强调开放性思维的培养。此外,在F类(涉及跨学科的知识或者解决方法)的比例差异较为明显,占比差为6.76%,中国教材占比高于美国教材,表明在力学模块中国教材习题注重不同学科间的横向联系,借助题目打破学科间的壁垒。在同其他学科的联系上,中国教材较为多元化,联系的学科较多,包括数学、地理、体育等均有涉及;美国教材较为单一,多是同数学学科进行联系。

在电磁学模块,两国教材最高的均为G类,其次为D、C、E类。表明中美教材在设置结构不良问题的指向是一致的,指向训练学生寻找最优解和开放性思维的能力。在 F 类的差异较明显,中国教材高出美国教材 7.81%,原因同力学模块相同,题目对学科间的融合给予较多关注。

(2)热学模块

为了直观反映中美教材热学模块结构不良问题特征的差异,绘制如图 6-2 所示的统计图。

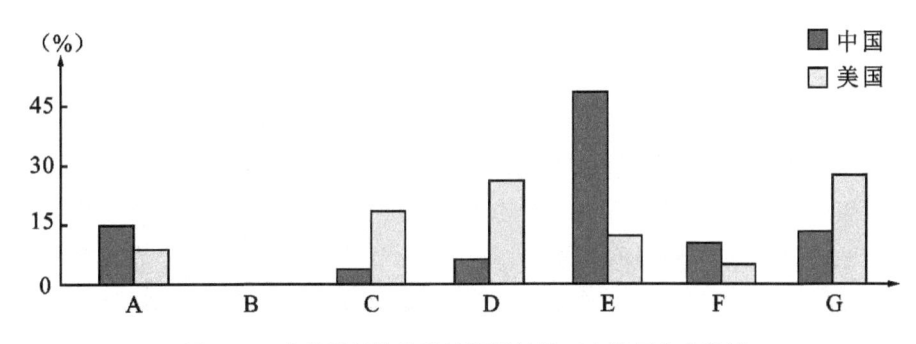

图 6-2 中美教材热学模块题目结构不良特征分布统计

在热学模块,两国教材分布情况差异较大,中国教材按占比从高到低排序为:E、A、G、F、D、C;美国教材则为:G、D、C、E、A、F。中美教材热学题目中均未出现 B(目标状态模糊)类特征,表明中美教材题目的目标状态都十分明确。结构不良特征的侧重点有明显的差异。中国教材注重与实际生活的联系以及信息的获取;美国教材强调开放性与解题方法的多样性。

该模块中,中国教材在需要借助生活常识解决的 E 类特征上高出美国教材 35.93%;在 D、G、C 类上分别低于美国教材 19.26%、16.67% 和 14.08%。中国教材抓住热学与生活的紧密联系设置结构不良问题,拉进题目与学生的距离,有利于题目的解决与能力的提升;美国教材结构不良问题的重心为解决问题方法开放、评价方案不唯一以及核心概念的区分与辨析上,题目只给出现象但不明确指出涉及的范畴,由学生分析并解释,这使得 D、G 和 C 类的占比在该模块中均较高。

(3)光学模块

为了直观反映两国教材光学模块结构不良问题特征的差异,绘制如图 6-3 所示的统计图。

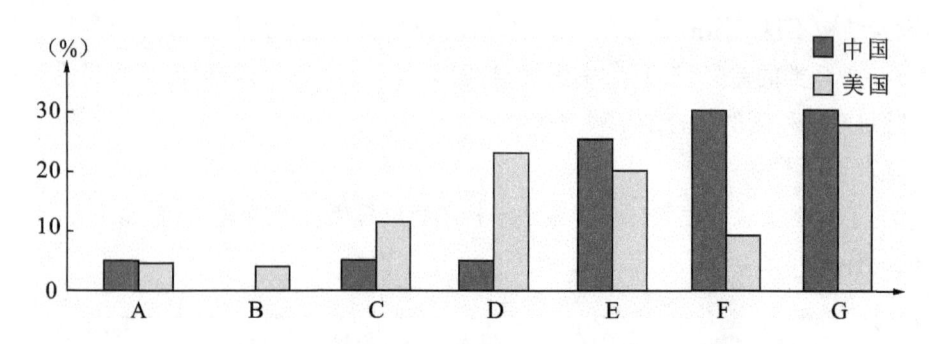

图 6-3　中美教材光学模块题目结构不良特征分布统计

光学模块中，两国教材结构不良特征最高的均为 G 类，最后两位均为 A 和 B。这表明两国教材在设置结构不良问题时，均倾向有较强开放性的题目。这同光学部分的知识特征有关，对生活中出现的光现象进行分析与解释是这部分结构不良问题常见的题目，具有较强的开放性。

在该模块中，差异较大的在 F 和 D 类。中国教材中 F 类占比排序第二，D 类占比排序第五；美国教材中刚好与之相反。中国教材在 F 类占比高于美国教材 20.77%，在 D 类上低于 18.08%。表明在光学模块中，中国教材较注重光学知识同其他学科知识的交叉融合，美国教材则关心学生分析问题角度的多样性与发散性思维的培养。

(4) 近代物理模块

两国教材近代物理模块结构不良问题特征的分布情况如图 6-4 所示。

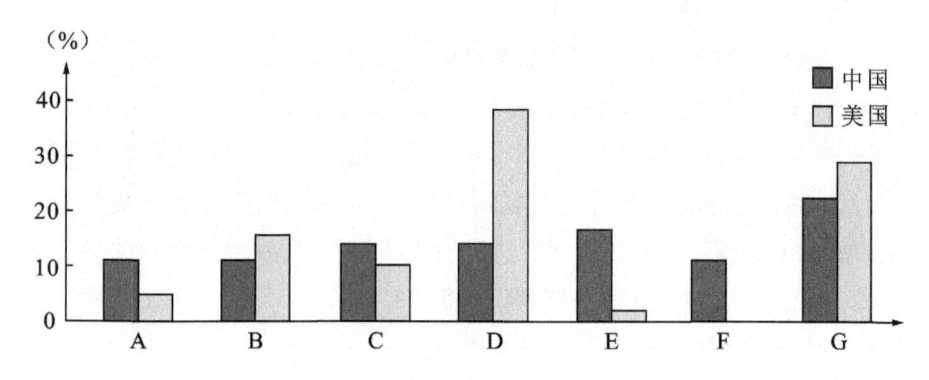

图 6-4　中美教材近代物理模块题目结构不良特征分布统计

在近代物理模块，两国教材有较大的差异，占比由高到低排列，中国教材依次为 G、E、D、C、A、F、B；美国教材为 D、G、B、C、A、E、F。表明两国教材在近代物理模块结构不良问题设置有较大的差异。

差异主要这几种在 D、E 和 F 类特征上，在没有公认的方案(D)类特征上，美国教材占比高出中国教材 24.67%；在 E 类上，中国教材高出美国教材 14.71%；美国教材无 F 类特征的题目，中国教材 F 类特征比例为 11.11%。D 和 F 类的差异，主要原因是由于两国教材在结构不良问题设置上的倾向所致。在该模块 E 类中国教材高于美国教材，是由于近代物理的知识点难度较大，借助生活情境设置结构不良问题，加强题目与生活的联系，降低认知的难度。美国教材 D 类高于中国教材很多，是由于这部分概念规律较多，且大多规律有明确的适用条件与范围，美国教材在题目设置上，目的在于帮助明确各规律的适用范围，因此 D 类的题目比例较大。

## 二、中美教材结构不良问题编制特点分析

### 1. 中美结构不良问题特征设置特点

对结构不良问题编制特点的分析，以问题的构成要素为纲展开，结合具有代表性的题目，分析在该维度下其结构不良特征是如何予以体现的，进而把握其编写的特点。

(1) 问题信息的设置

问题信息呈现的是初始条件，涉及 A、E 和 F 类特征的表达途径，通常有两种处理方式，一是过度呈现信息，形成信息冗余，培养筛选甄别信息的能力；二是隐藏信息，这里有两种不同的处理方式，借助题目的描述，刻意避开解题过程的中间量；另一种则是不在题目中呈现信息，这些信息具有共同特点，即均是学生的生活经验或者是其他学科的基础内容，这时便使得题目具有 E 或 F 的特征。

中国教材在问题信息的设置上，倾向于堆叠信息。例如：

"有一架照相机，其光圈(进光孔径)随被摄物体的亮度自动调节，而快门(曝光时间)是固定不变的。为估测这架相机的曝光时间，实验者从某砖墙前的高处使一个石子自由落下，拍摄石子在空间中的照片……请估算这张照片的曝光时间"(必修 1, 51 页)该题中"光圈""快门"的内容属于无关信息，需要学生进行甄别，获取解题的关键信息进行解题。

与中国教材相比，美国教材倾向隐藏信息，让学生结合生活以及其他学科对信息进行补充。

如"两个棒球均以 25 m/s 的速度被击出(水平位移相同)，分别画出每个棒球的 $y-t$ 和 $x-t$ 的关系曲线。"(《物理：原理与问题》上册, 195 页)该题目中便隐去了速度方向，即抛出时的倾角，结合数学的抛物线的知识，能分析出应该有两个符合条件的情况。

(2)问题解决途径的提示

问题解决过程主要有两个阶段,第一阶段:确定问题的范畴以及归属;第二阶段:构架可行的道路连接条件信息与目标结论。这个过程指向 C 和 D 类特征的设置。

在 C 类特征的设置上两国教材方式相似,均以在题目中呈现较多的相关知识点,且均能在一定程度上解释说明问题,因而不能简单地对问题涉及的范畴进行归类。

在美国教材中"地球上的几乎所有能量都来自太阳。那么,太阳能以什么形式来到我们中间,给予我们生活的能量并运转我们的世界呢?研究太阳能的转变方式,探究它是如何成为一种我们可以利用的形式的。太阳能被我们利用之后,它又跑到哪里去了呢?试解释。"(《物理:原理与问题》中册,360 页)该题目中相关的知识点较多,涉及能量转化、热机、耗散等等,且从任意角度出发均能对其进行说明,题目未对考查知识点进行较为明确的界定。

D 类特征在美国教材中通常以多种解题途径这一方式呈现,表现为题目具有多种不同的解题过程,题目未对解题方法进行限制,基于这一特点设置具有 D 类特征的结构不良问题。中国教材在 D 类特征的呈现上也是如此。

在中国教材中"一束粒子中有带正电的,有带负电的,还有不带电的。想要把他们分开,可以用哪些方法?"(选择性必修2,20 页)这道题目解题的思路不唯一,可以利用磁场或者电场完成题目要求,方法并不唯一。

(3)问题结论及评价的标准

问题的结论以及评价均是在问题解决后,其中 B 类特征在题目中的具表现为题目的条件明确,但目标指向不清晰,对问题的结论没有明确的收敛,存在多种结论或答案。G 类单独出现的情况较少,多和前面几类特征一同出现,构成一个特定的情景,该情景中问题的条件、解决策略以及最终的结论都是需要解题者根据情境来寻找、判断和设定,问题开放性和解题空间极大,因此评价标准也不唯一。

B 类特征,中国教材数量较少,且多和其他特征组合出现,无明显的编写特征。

在美国教材中,常以补充问题与编写问题的形式出现。例如:

"用生活中的物体编写一道物理题,在解答中会出现下列表达式:$\lambda = \dfrac{6.63 \times 10^{-34} J \cdot s}{1.19 \times 10^{-27} kg \cdot m}$"(《物理:原理与问题》下册,856 页)这道题目,对编制的题目没有准确的要求,仅有一定的限制,对目标状态的界定不明确。

对 G 类特征题目中国教材采用开放性的提问方式,进行编制。"图 12.4 – 6 是某工程师的轻轨车站设计方案,与站台前后连接的轨道都有一个小坡度,列车进站时要上坡,出站时要下坡。假设站台高度比途中轨道高出2 cm,列车在途中轨道进站前的速度为29.2 km/h。……(2)你认为工程师这样设计的意图是什么?"(必修3,99页)。题目要求对设计进行评价,可选的切入点较多,且评价标准不确定。中国教材在编制G类特征的题目时,常设计评价类的问题。

美国教材也是如此。"研究目前理解的宇宙中的暗物质。对于宇宙学家来说,为什么暗物质是必需的?暗物质可能是由什么组成的?"(《物理:原理与问题》上册,195页)该题目中"是否为必需"这一提问方式,使得回答言之有理即正确,答案无正确以及优劣的明确标准,表现为极强的开放性。

**2. 中美教材结构不良问题特征呈现的特点**

(1)中国教材与美国教材在结构不良问题特征的分布上,具有较高的一致性

对两国教材结构不良问题中仅具有单一特征的题目进行统计,并计算其在相应特征的百分比发现:两国教材中,A、E和F类特征的百分比较高,为42%左右,不同特征比重差异不大;B、D和G类的百分比较低,为13%左右,最低为6%;C类百分比介于两者之间为25%左右。

(2)结构不良问题特征,存在一定的特定组合

较为突出的特定组合有:D+G、E+G、A+E以及A+F这四种。结合结构不良特征的特点,这种特定组合的产生是有迹可循的,如D+G组合,D类特征是指解题方法不唯一或不确定,基于这一特征,通常会导致评价方式的不唯一,使题目具有G类特征,从而出现D+G类的组合。A+E、A+F的组合,A类是指初始条件的冗余与缺失,当条件缺失时,缺失的条件通常借助生活经验以及常识或者其他学科的知识内容进行不足,这就使题目具有E或F类特征。

(3)在利用结构不良问题培养学生能力方面,中美教材侧重不同

中国教材的结构不良问题(G、E类居多)更加注重不同学科之间的联系以及学生提取有效信息的能力和发散性思维的培养,美国教材(D、G类居多)强调问题解决的多样化及最优解的寻找。

借助数据以及图像,不难发现中国教材与美国教材在结构不良问题特征的分布上,存在不同的侧重点。中国教材在F、A和E类特征上,分别高出美国教材8.15%、5.58%和3.77%;在D、G、B和C类特征上,分别低于美国教材7.37%、6.15%、2.23%和1.77%。表明中国教材在结构不良问题的设置上,着重于学生跨学科解决问题和筛选获取信息能力的培养,同时注重物理与生活的联系,将生活常识等作为隐含信息编写题目,突出物理与生活的联系。美国教材则将重点放在了

培养学生的发散思维上,具有 D、B 和 C 类的结果不良问题,由于多解、问题界定不清晰或解题方法不明确,表现出具有极强的开放性,其评价往往是多元化的,即具有 G 类特征。

## 第三节 中美教材习题难度比较

### 一、习题难度整体比较

#### 1. 习题广度比较

按照研究界定的习题范围,对中美教材各知识模块的习题广度进行统计,计算各模块习题占总习题的百分比,结果如表 6-5 所示。

表 6-5 中美教材各模块习题广度与占比统计

| 版本 | 力学 | 电磁学 | 热学 | 光学 | 近代物理 | 整套教材 |
|---|---|---|---|---|---|---|
| 中国教材 | 380,42.94% | 311,35.14% | 84,9.50% | 36,4.07% | 74,8.35% | 885,100% |
| 美国教材 | 1316,43.13% | 744,24.38% | 217,7.11% | 415,13.61% | 359,11.77% | 3051,100% |

数据表明,中国教材习题的总广度低于美国教材,各模块也是如此。中美教材力学、电磁学习题所占比例较高。中美教材差别最大是电磁学模块,中国教材占比超出美国教材 10.76%。

为进一步剖析原因,结合第四章模块平均难度和广度数据,计算每个模块单个知识点的平均习题个数,做出折线图,如图 6-5 所示。

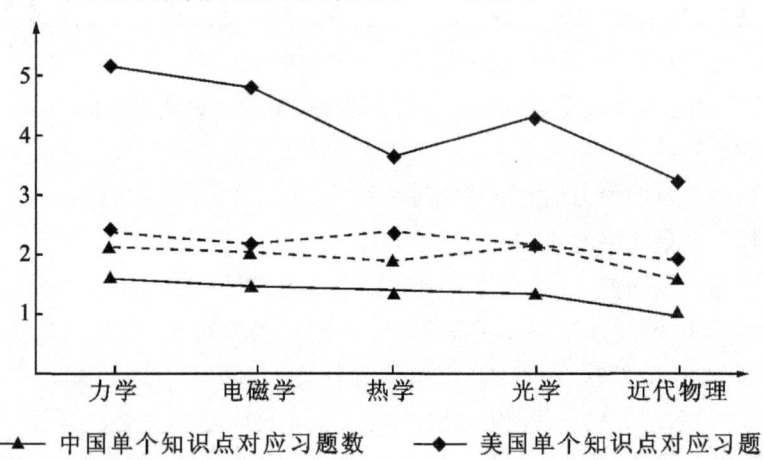

图 6-5 中美教材单个知识点平均习题数、平均难度

中美教材单个知识点上的平均习题数目差异较大,中国为 1.42 和美国为 4.53。从各模块看,中美教材的共性是电磁学和力学模块平均习题数目都最多,近代物理最少。中国教材知识点上分布的习题数目与平均难度比较一致,但也有侧重;美国教材知识点上分布的习题数目与知识难度一致性稍差,向力学、电磁学、光学模块倾斜更明显。

同时分析中美教材各模块知识广度占比、习题广度占比,发现教材各模块习题广度占比与知识广度占比是基本一致的,即各模块知识广度占比越大,对应的习题广度占比也越大,表明中美教材在配置习题时都充分考虑到了知识的广度,按合理的比例进行了配置。

### 2. 习题难度比较

根据习题难度模型及赋值规则,对中美教材习题进行逐一分析,评定难度等级,并赋值计算,结果如表 6 – 6 所示。

表 6 – 6　中美教材习题各个模块难度及占比

|  | 中国教材 | 美国教材 |
| --- | --- | --- |
| 力学 | 4748.88,45.10% | 13109.76,44.03% |
| 电磁学 | 3697.86,35.12% | 7364.34,24.74% |
| 热学 | 865.44,8.22% | 2035.98,6.84% |
| 光学 | 402.90,3.83% | 3643.38,12.24% |
| 近代物理 | 813.48,7.73% | 3618.96,12.15% |
| 整套教材 | 10528.56,100% | 29772.42,100% |

数据显示,总难度方面,美国教材明显大于中国教材。由于总难度是每个习题的难度之和,因而与习题的广度密切相关。在两国教材中,力学、电磁学模块难度占比都较大,这是由于两国教材中力学、电磁学知识容量最多,总难度自然偏高。

由中美教材各模块习题难度和广度得出每道习题的平均难度,如表 6 – 7 所示。

表 6 – 7　中美教材各模块每道习题的平均难度

| 版本 | 力学 | 电磁学 | 热学 | 光学 | 近代物理 | 整套教材 |
| --- | --- | --- | --- | --- | --- | --- |
| 中国教材 | 12.50 | 11.89 | 10.30 | 11.19 | 10.99 | 11.90 |
| 美国教材 | 9.96 | 9.90 | 9.38 | 8.78 | 10.08 | 9.76 |

由表 6 – 7 可以看出,不论从整体还是从知识模块,中国教材习题的平均难度

均高于美国教材。

中国教材习题平均难度最高的是力学模块,进一步分析力学模块,发现除物理情境外,其他五个影响因素上的难度均高于其他模块,物理情境因素也排在第3位,所以中国教材力学模块难度是最大的。美国教材习题平均难度最高的是近代物理模块(与力学、电磁学差异很小),该模块习题在物理情境和知识点两个影响因素上的难度高于其他模块,最显著的是物理情境因素,难度是2.00,而全套教材习题物理情境难度仅为1.57,因而美国教材近代物理模块习题难度最大。

另外可以发现,中美教材习题平均难度相差较大的是力学和光学模块,相差2.5左右。分析其原因,发现在这两个模块中,中国教材习题在物理情境、知识点和推理三个影响因素上的难度均比美国高很多,而在其他因素上两国教材相差不大。

### 3. 不同栏目习题平均难度对比分析

中国教材习题主要分为练习与应用、复习与提高A组和复习与提高B组三个栏目,美国主要分为练一练、物理挑战题、复习、测评和标准化测试五个栏目。各栏目的习题平均难度如表6-8所示。

表6-8 中美教材各栏目习题平均难度

| 中国教材 | | | 美国教材 | | | | |
| --- | --- | --- | --- | --- | --- | --- | --- |
| 练习与应用 | 复习提高A | 复习提高B | 练一练 | 挑战题 | 复习 | 测评 | 标准测试 |
| 11.15 | 12.24 | 14.16 | 10.44 | 13.80 | 8.85 | 9.78 | 9.44 |

数据表明,中国教材三个栏目习题平均难度由高到低顺序是:复习与提高B组、复习与提高A组、练习与应用,各模块难度也遵循此顺序。栏目的难度存在明显的梯度,栏目功能指向明确,层层递进,进一步印证了第二章的分析。

美国教材五个栏目习题整体平均难度由高到低顺序是:物理挑战题、练一练、测评、标准化测试、复习。从模块角度看,难度排在前两位的都是物理挑战题、练一练,其他三个栏目的排序没有呈现出规律,具体分析如下:

"练一练"和"物理挑战题"穿插于小节中,都出现在例题后。"练一练"是对例题的巩固与提高,"物理挑战题"又是在"练一练"的基础上进行变形和拓展,着重于对学生迁移能力的培养,所以"物理挑战题"难度高于"练一练"。

"复习"栏目位于节后,围绕本节的内容展开,注重考查基本知识和基本技能,难度较低。

"测评"是章后栏目,以复习巩固本章的知识内容为目的进行编写,形式多样,内部明显体现阶梯性,对知识内容、认知水平考查全面,既注重基础知识与基本技能,也强调学生的迁移与应用拓展能力,因此难度居中。而"标准化测试"题目的类型较为单一,以合格性测试的题目为蓝本进行编制,以选择题为主,辅以简单的计算题,难度低于"测评"栏目。

综上所述,中美教材习题难度是和各自栏目的设计功能相符合的。

### 二、习题各影响因素的难度对比分析

为了详细分析中美教材习题难度差异的内在原因,下面从"物理情境""知识点""运算难度""推理难度""实验难度"和"物理过程"六个影响因素进行分析,各要素难度平均值如表6-9所示。

表6-9 中美教材习题各影响因素的难度对比

| 版本 | 物理情境 | 知识点 | 运算难度 | 推理难度 | 实验难度 | 物理过程 |
| --- | --- | --- | --- | --- | --- | --- |
| 中国教材 | 2.15 | 2.46 | 1.90 | 2.82 | 1.07 | 1.47 |
| 美国教材 | 1.57 | 1.87 | 1.80 | 2.22 | 1.01 | 1.31 |

数据表明,中国教材习题平均难度在六个影响因素上均高于美国教材。中美教材影响因素难度水平排在前两位的都是推理难度和知识点,排在后两位的都是物理过程和实验难度。中美教材习题难度差别比较大的是物理情境、知识点和推理,中国教材习题情境更复杂一些,和第二章作业系统定性分析是一致的,涉及的知识点较多,推理难度也就自然上升,而在实验、物理过程上基本相同。

#### 1. 中美教材习题在"物理情境"因素上的差异

中美教材各模块习题在"物理情境"因素上的难度对比如表6-10所示。

表6-10 中美教材各模块习题在"物理情境"因素上的难度对比

| 版本 | 力学 | 电磁学 | 热学 | 光学 | 近代物理 | 整套教材 |
| --- | --- | --- | --- | --- | --- | --- |
| 中国教材 | 2.13 | 2.21 | 1.98 | 2.36 | 2.12 | 2.15 |
| 美国教材 | 1.37 | 1.83 | 1.39 | 1.45 | 2.00 | 1.57 |

中国教材习题物理情境整体难度水平高于美国教材,各模块也都高于美国教材。

中国教材光学模块习题情境难度最大,热学最低,原因是光学模块习题涉及干涉、衍射、偏振等内容,很多物理情境在生活中并不常见,而热学模块习题所涉及的温度、功、热、内能等内容,大多以生活实例为背景。美国教材近代物理模块习题情境难度最大,力学最低,原因是近代物理模块设置的习题虽然数量不多,但与科技

或物理前沿结合的比较多,情境较为抽象,力学模块习题情境大多源自生活,学生比较熟悉,所以情境难度较低。

中美教材习题在"物理情境"影响因素上各水平的习题广度和占比情况如表6-11所示。

表6-11 中美教材习题在"物理情境"影响因素上各水平的习题广度及占比

| 版本 | 水平1 | 水平2 | 水平3 | 水平4 | 水平5 |
| --- | --- | --- | --- | --- | --- |
| 中国教材 | 308,34.80% | 157,17.74% | 396,44.75% | 24,2.71% | 0,0.00% |
| 美国教材 | 1923,63.03% | 590,19.34% | 467,15.31% | 69,2.25% | 2,0.07% |

中美教材习题在"物理情境"因素上各水平的占比都是不均衡的,中国教材主要集中在水平3和1,而美国教材是水平1和2。在较低水平(水平1和水平2)上,美国教材习题广度占比82.37%,要高于中国约30%;在较高水平(水平3~5)上,美国占比自然低于中国教材。中美教材在"物理情境"因素上的差异主要表现在水平1和3。中国教材在水平3上的占比是最大的,物理情境具体,模型明确,学生通过教材了解,但在生活中不常见,涉及多个对象;美国教材在水平1上的占比是最大的,即物理情境简单且生活化,对象单一。从这里也可以看出中国教材习题的物理情境比美国教材要复杂抽象一些,更加注重培养学生对模型的处理与应用能力。

**2. 中美教材习题在"知识点"因素上的差异**

中美教材各模块习题在"知识点"因素上的难度对比如表6-12所示。

表6-12 中美教材各模块习题在"知识点"因素上的难度对比

| 版本 | 力学 | 电磁学 | 热学 | 光学 | 近代物理 | 整套教材 |
| --- | --- | --- | --- | --- | --- | --- |
| 中国教材 | 2.59 | 2.51 | 1.70 | 2.25 | 2.50 | 2.46 |
| 美国教材 | 1.97 | 1.87 | 1.65 | 1.55 | 1.99 | 1.87 |

中国教材习题在"知识点"因素上整体难度高于美国教材,各模块也是如此。

中国教材习题在"知识点"因素上难度最高的是力学模块,和排在第二、三位的电磁学、近代物理模块差别不大。由第四章可知,中国教材力学模块知识广度占比是五个模块中最大的,占比为38.56%,同时从课程标准中也可以发现,课程标准对于力学模块的要求是较高的,所以中国教材习题在"知识点"因素上的难度最高的是力学模块,习题中涉及知识点数量普遍较多。

美国教材习题"知识点"因素难度最高的是近代物理模块,和排在第二力学差别不大。近代物理模块知识广度虽然不是最高的,但是单个习题所涉及的平均知识广度却是最高的,习题综合程度很高;力学模块"知识点"因素难度较高的原因与中国教材相似。

中美教材习题在"知识点"影响因素上各水平的习题广度和占比情况如表6-13所示。

表6-13 中美教材习题在"知识点"影响因素上各水平的习题广度及占比

| 版本 | 水平1 | 水平2 | 水平3 | 水平4 | 水平5 |
| --- | --- | --- | --- | --- | --- |
| 中国教材 | 137,15.48% | 336,37.97% | 310,35.03% | 74,8.36% | 28,3.16% |
| 美国教材 | 1349,44.22% | 1031,33.79% | 448,14.68% | 165,5.41% | 58,1.90% |

中美教材习题在知识点因素上各水平的占比都是不均衡的,中国教材主要集中在水平2和3,而美国教材是水平1和2。中国教材在水平1上的占比远低于美国教材,在其他水平上的占比都高于美国教材,即美国教材中涉及1个知识点的习题广度占比大于中国教材,涉及两个及以上知识点的习题广度占比低于中国教材。

从具体涉及的知识点方面比较,中国教材习题涉及1个及4个及以上知识点的比例分别是15.48%、11.52%,美国教材为44.22%、7.31%。中美教材习题涉及知识点数大都在四个以下,综合程度都不算很高。中国教材习题的综合程度相对于美国教材较高一些,注重考察学生的知识整合和迁移能力,美国教材注重对基础知识的理解与巩固。

**3. 中美教材习题在"运算难度"因素上的差异**

中美教材各模块习题在"运算难度"因素上的难度对比如表6-14所示。

表6-14 中美教材各模块习题在"运算难度"因素上的难度对比

| 版本 | 力学 | 电磁学 | 热学 | 光学 | 近代物理 | 整套教材 |
| --- | --- | --- | --- | --- | --- | --- |
| 中国教材 | 2.12 | 1.82 | 1.50 | 1.89 | 1.57 | 1.90 |
| 美国教材 | 1.94 | 1.70 | 1.65 | 1.71 | 1.70 | 1.80 |

中国教材习题运算整体难度水平高于美国教材,中美教材习题运算难度由高到低排序均是:力学、光学、电磁学、近代物理、热学,两国教材习题运算难度在各模块上侧重点趋于一致。

从模块角度,两国教材中力学模块的运算难度都比其他模块要高,同时也比整套教材的习题平均难度要高,这是因为力学模块涉及三角函数、幂函数和矢量运算等较复杂的数学方法的习题相比于其他模块要多一些。

中美教材习题运算难度比较,在力学、电磁学和光学模块上,习题运算难度中国教材高于美国教材,在热学和近代物理模块上,中国教材低于美国教材。究其原因,在力学、电磁学和光学模块,中国教材无运算(水平1)、运算简单(水平2)的习题广度占比均低于美国教材,运算较困难或者困难(水平3~5)的习题广度占比均高于美国教材;近代物理模块刚好相反,美国教材运算难度水平处于3~5的习题广度占比高于中国教材,水平1~2的习题广度占比低于中国教材,美国教材在此模块中涉及幂函数和指数函数的习题比较多,另外还有一些复杂的图形处理。在热学模块,中国教材无运算的习题广度占比超过一半,运算简单的习题广度占比比美国教材低15.59%,运算较困难或困难的习题广度占比相差不大,总体表现为热学模块运算难度低于美国教材。

中美教材习题在"运算难度"影响因素上各水平的习题广度和占比情况如表6-15所示。

表6-15 中美教材习题在"运算难度"影响因素上各水平的习题广度及占比

| 版本 | 水平1 | 水平2 | 水平3 | 水平4 | 水平5 |
| --- | --- | --- | --- | --- | --- |
| 中国教材 | 269,30.40% | 446,50.40% | 160,18.08% | 9,1.01% | 1,0.11% |
| 美国教材 | 994,32.58% | 1706,55.92% | 321,10.52% | 29,0.95% | 1,0.03% |

中美教材习题在"运算难度"因素上各水平的占比都是不均衡的,中美教材都是处于水平2的最多,占比为50.40%和55.92%,运算简单且使用的数学方法简单,或者涉及简单识图。其次是无运算的水平1,占比分别为30.40%和32.58%。中国教材习题在水平1和水平2上的占比低于美国教材,在3~5水平上的占比高于美国教材,差别比较大的是水平3,习题运算较难且涉及较复杂的数学方法使用,或涉及对图形的简单处理,中国教材占比高于美国教材7.56%,因而中国教材习题运算难度高于美国教材,但整体上中美教材习题的运算难度都比较适中,运算复杂的习题很少。

**4. 中美教材习题在"推理难度"因素上的差异**

中美教材各模块习题在"推理难度"因素上的难度对比如表6-16所示。

表6-16 中美教材各模块习题在"推理难度"因素上的难度对比

| 版本 | 力学 | 电磁学 | 热学 | 光学 | 近代物理 | 整套教材 |
| --- | --- | --- | --- | --- | --- | --- |
| 中国教材 | 2.89 | 2.87 | 2.67 | 2.67 | 2.55 | 2.82 |
| 美国教材 | 2.33 | 2.15 | 2.25 | 1.99 | 2.18 | 2.22 |

中国教材习题推理难度整体水平高于美国教材,各模块情况也是如此。难度

差别比较大的是电磁学、光学和力学。中美教材习题在"推理难度"影响因素上各水平的习题广度和占比情况如表6-17所示。

表6-17 中美教材习题在"推理难度"影响因素上各水平的习题广度及占比

| 版本 | 水平1 | 水平2 | 水平3 | 水平4 | 水平5 |
|---|---|---|---|---|---|
| 中国教材 | 47,5.31% | 332,37.51% | 305,34.46% | 132,14.92% | 69,7.80% |
| 美国教材 | 736,24.12% | 1338,43.85% | 655,21.47% | 228,7.47% | 94,3.09% |

数据表明,中美教材习题在"推理难度"因素上各水平的占比都是不均衡的,中国教材主要集中在水平2和3,而美国教材在水平1、2和3。中国教材在水平1~2上的占比低于美国教材,在3~5水平上的占比高于美国教材。具体而言,无推理的习题,中国教材占比为5.31%,美国教材占比为24.12%,美国教材习题比较注重对基本物理概念的掌握。中美教材中推理过程为一步(水平2)的习题广度占比都是最大的,中美占比分别为37.51%、43.85%,美国教材稍高于中国教材。推理过程为两步(水平3)的习题,中美教材占比分别为34.46%、21.47%,中国教材高于美国教材;推理过程为三步及以上的习题,中美教材占比分别为22.72%、10.56%,中国教材高于美国教材。由此说明中美教材习题在推理难度方面具有较大的差异,中国教材习题在解答时所需要进行的推理过程是相对较多的,推理整体难度高于美国教材,学生在解答习题时需要的思维能力也相对较高。

**5. 中美教材习题在"实验难度"因素上的差异**

中美教材各模块习题在"实验难度"因素上的难度对比如表6-18所示。

表6-18 中美教材各模块习题在"实验难度"因素上的难度对比

| 版本 | 力学 | 电磁学 | 热学 | 光学 | 近代物理 | 整套教材 |
|---|---|---|---|---|---|---|
| 中国教材 | 1.12 | 1.05 | 1.05 | 1.03 | 1.00 | 1.07 |
| 美国教材 | 1.01 | 1.02 | 1.00 | 1.01 | 1.00 | 1.01 |

中美教材习题实验整体难度分别为1.07和1.01,难度水平相接近。两国教材各模块习题实验难度差距不大,各模块习题实验难度之间的差距也是极其细微。中美教材习题在"实验难度"影响因素上各水平的习题广度和占比情况如表6-19所示。

表6-19  中美教材习题在"实验难度"影响因素上各水平的习题广度和占比

| 版本 | 水平1 | 水平2 | 水平3 | 水平4 | 水平5 |
|---|---|---|---|---|---|
| 中国教材 | 836,94.46% | 35,3.95% | 13,1.48% | 1,0.11% | 0,0.00% |
| 美国教材 | 3023,99.08% | 21,0.69% | 6,0.20% | 0,0.00% | 1,0.03% |

中美教材习题在"实验难度"因素上各水平的占比都是极不均衡的,中美教材都主要集中在不涉及实验的水平1,中美教材占比分别为94.46%、99.08%。由此说明中美教材绝大部分习题是不包含实验的。但中国教材中涉及实验的习题广度占比是高于美国教材,差别比较大的是水平2,即习题中涉及的实验原理和操作都非常简单且方法学生非常熟悉,中美教材占比分别为3.95%、0.69%,中国教材高于美国教材,其他水平的分布更少。因而两国教材习题在"实验难度"因素上水平相当。

**6. 中美教材习题在"物理过程"因素上的差异**

中美教材各模块习题在"物理过程"因素上的难度对比如表6-20所示。

表6-20  中美教材各模块习题在"物理过程"因素上的难度对比

| 版本 | 力学 | 电磁学 | 热学 | 光学 | 近代物理 | 整套教材 |
|---|---|---|---|---|---|---|
| 中国教材 | 1.64 | 1.41 | 1.31 | 1.06 | 1.23 | 1.47 |
| 美国教材 | 1.37 | 1.34 | 1.40 | 1.11 | 1.24 | 1.31 |

中国教材习题"物理过程"整体难度水平高于美国教材,中美教材排在后两位的都是近代物理、光学;差别比较大的是力学模块,中国教材高于美国教材0.27,其他模块差别较小。

中美教材习题在"物理过程"影响因素上各水平的习题广度和占比情况如表6-21所示。

表6-21  中美教材习题在"物理过程"影响因素上各水平的习题广度和占比

| 版本 | 水平1 | 水平2 | 水平3 | 水平4 | 水平5 |
|---|---|---|---|---|---|
| 中国教材 | 591,66.78% | 191,21.58% | 88,9.94% | 12,1.36% | 3,0.34% |
| 美国教材 | 2273,74.50% | 635,20.81% | 117,3.83% | 24,0.79% | 2,0.07% |

中美教材习题在物理过程因素上各水平的占比都是不均衡的,中美教材都主要集中在水平1和2,即单一过程的习题,中美教材占比分别为88.36%、95.31%,美国教材稍高一些。说明中美教材大部分习题物理过程比较单一,难度较低。在包含两个物理过程的习题(水平3)中,中国教材占比高美国教材6.11%,在包含三

个及以上物理过程的习题(水平4~5)中,中国教材占比高美国教材0.84%,可见中国教材习题对物理过程的要求程度稍高一些。

## 第四节　研究结论

基于对中美物理教材习题不良结构和难度的对比分析,得出以下研究结论:

### 一、习题不良结构

① 中美教材在习题不良结构上存在不同的侧重,美国教材侧重于题目的开放性;中国教材注重物理同生活以及其他学科的联系。

中国教材在A、E和F类特征高于美国教材,在D和G类低于美国教材,强调知识的应用,注重科目之间的横向联系;美国教材题目开放性较强,注重学生开放性以及发散思维的培养与训练。

② 在各模块习题结构不良问题分布上,中美教材习题在力学、热学以及近代物理中有较大的差异。

力学、热学以及近代物理模块差异较为显著,反映出两国教材在学生解决问题的能力目标上侧重点不完全一致。对于较为基础的知识内容,中国教材更注重学生获取信息能力的培养,美国教材强调对思维发散性的培养。在同实际联系较为紧密的在内容中,中国教材题目与实际生活的联系较密切,美国教材则更注重全面分析解决问题的能力。在同学科前沿结合较为紧密的内容中,中国教材结构特征分布较为平均,美国教材依旧注重对学生发散思维的培养。

### 二、习题难度

① 中国教材习题总难度小于美国教材习题,但平均难度高于美国教材。

两国教材习题的广度、平均难度存在差异,中国教材习题广度小平均难度高,美国教材习题广度大平均难度低。具体而言,中国教材各模块习题的广度均小于美国教材;但习题平均难度均大于美国教材,平均难度相差较大的是力学和光学模块。

② 中国教材习题在六个影响因素上的平均难度水平都高于美国教材。

在影响习题难度的六个因素上,中国教材平均难度均高于美国教材。具体而言,在物理情境、知识点和推理三个因素上差异较大。相对于美国教材,中国教材习题的情境涉及的对象多且复杂一些,习题整体的知识点综合程度要高一些,习题的推理过程较多较复杂,在运算、实验和物理过程方面,两国教材习题差距不大。因此,中国教材习题更加倾向于在稍复杂的问题情境中,关注学生推理思维和多知识点的综合运用。

# 第七章　中国高中物理教材与课程标准的一致性分析

《基础教育课程改革纲要(试行)》提出国家课程标准是教材编写、教学、评估和考试命题的依据,是国家管理和评价课程的基础。教材的编写是以课程标准为依据的,但教材编写难免受主观、地域等因素的影响。而一致性分析是一种相对公正、客观地评价教材质量的研究方法。这一章将从知识内容和习题两个方面分析人民教育出版社2019年版高中《物理》教科书与课程标准的一致性。

## 第一节　一致性分析方法

在教育领域中,一致性研究范式主要是分析判断课程中各个要素之间的吻合程度[94]。"课程一致性"是基于对课程评价的需求,运用专业规范的系统分析方法研究课程各要素之间的协调一致程度[59]。

### 一、教材知识内容与课程标准一致性分析方法

#### 1. SEC 模式

2001年,美国威斯康星州教育研究中心的教育研究学者 Andrew C. Porter 等开发了一致性判断程序—课程实施调查模式(Surveys of Enacted Curriculum Model),简称 SEC 模式[62]。计算一致性的过程是基于两组数据矩阵中的每一对对应单元格数据之间的比较,两个矩阵是源自对"被测"与"标准"的分析与评判,并且每个单元分析都是由内容主题与认知水平两个维度进行确定。将矩阵归一化后,再对所有对应单元格数据之差的绝对值求和,然后将这个值除以2,最后用1减去这个商,得到的差即为最终一致性系数。其优势在于一致性研究者将标准和被测各自按照相应的水平层级划分标准进行评判统计,最后映射到一个共同的框架中

进行量化计算。Porter 的一致性分析公式为：

$$P = 1 - \frac{\sum_{j=1}^{n}\sum_{i=1}^{m}|X_{ij} - Y_{ij}|}{2}$$

其中：$X_{ij}$、$Y_{ij}$ 分别表示教材、课程标准的矩阵中第 $i$ 行第 $j$ 列数据。

Porter 认为，虽然该系数并不能直接解释"被测"与"标准"之间的绝对一致性，但仍然能够通过相对大小的比较，在一定程度上体现二者一致性程度的高低。即一般情况下，系数的数值越大，二者之间的一致性越高。

后来许多学者也都在尝试着排除干扰因素，确定一个一致性指标的临界值。目前临界值确定方法有如下三种：第一，Emine Ç 提出一致性系数在 0.5 左右，则是"中等一致性"，大于 0.6 则被认为是"高等一致性"[91]，但是这种方法只能作为一种直觉性的判断，未包含统计意义在内，科学性依据不足。第二，通过微软 VBA（Microsoft Visual Basic for Applications）创建算法，随机地将课程和测试点（每个 100 分）分为两个矩阵（5 行 6 列），进行多次循环，每次循环都计算 20,000 个一致性系数，取之平均值为 0.71（SD = 0.042）的正态分布，基于从该算法获得的随机采样分布，得出要在 0.05 水平上具有统计学意义，标准参考值为 0.780[92]。第三，用数值模拟研究不同单元格数与不同的样本容量的取值，最后得出在 0.05、0.1 等显著水平上的 Porter 系数的临界值[93]。值得注意的是，往往单元格数越多、样本容量越大，一致性的临界值则越低。我们将采用第三种临界值确定方法。

**2. 知识内容提取**

（1）课程标准内容提取方法

提取前需要先界定课程标准知识点的提取范围，文本提取范围限定于课程标准中"课程内容"部分，不包括"活动建议"所涵盖的内容。各级主题的提取方法如下：一级主题是课程标准中每个模块（教材每一册对应课程标准一个模块）的组成主题，共 20 个。二级主题在课程标准"内容要求"部分中筛选，将每个一级主题下的具有知识代表性的名词（学习要求）判定为二级主题（即二级知识点），不包括"举例"部分，共得到 170 个二级主题。三级主题是内容主题提取的最小知识点单元，是以二级主题为中心，向"内容要求"部分辐射。对于部分知识点，将采取剔除、拆分、重组等方式进行处理。

（2）教材内容提取

教材的内容提取和认知水平划分与第四章中美教材难度分析部分相应方法相同，本章不再复述。

## 二、教材习题与课程标准一致性分析方法

### 1. Achieve 模式

通过第一章分析，Achieve 一致性分析工具从向心性、均衡性、挑战性三个维度来考量习题与课程标准的匹配程度，对于习题与课程标准的一致性研究有着明显的优势。具体又分为六个指标：内容向心性、表现向心性、平衡、范围、挑战的来源、挑战的层次[65,95]，将 Achieve 工具的六个指标与课程标准中的学业质量水平描述相结合，得到本土化的 Achieve 模式，具体的标准如表 7-1 所示。

表 7-1  Achieve 工具一致性指标判据

| 指标 | | 评价内容 | 评价程度 | 评价等级 | 一致性判断 |
| --- | --- | --- | --- | --- | --- |
| 向心性 | 内容向心性 | 习题所考查的知识内容与课程标准中知识内容的一致性程度 | 完全一致 | 等级2 | 习题中内容向心性等级为2的题目占比大于71%时，认为习题与课程标准在内容向心性方面一致性达到标准 |
| | | | 部分一致 | 等级1 | |
| | | | 完全不一致 | 等级0 | |
| | 表现向心性 | 习题对知识认知水平的考查与课程标准中要求的一致性程度 | 完全一致 | 等级2 | 习题中表现向心性等级为2的题目占比大于76%时，认为习题与课程标准在表现向心性方面一致性达到标准 |
| | | | 部分一致 | 等级1 | |
| | | | 完全不一致 | 等级0 | |
| 均衡性 | 平衡 | 课程标准中各个主题所包含的知识内容数与所有主题的知识内容数之百分比($R_1$)，习题在各个主题中所考查题数与习题所有题数之百分比($R_3$) | $R_3 \neq 0$ | 反映 | $R_1$ 和 $R_3$ 越接近，则认为习题更好地反映了不同主题在课程标准中的重要程度 |
| | | | $R_3 = 0$ | 无反映 | |
| | 范围 | 习题在各个主题中所考查的知识内容数与课程标准中该主题的所有知识内容数之百分比($R_2$) | $R_2 < 50\%$ | 不接受 | $R_2$ 越高，习题考查该主题范围越大，内容越全面 |
| | | | $50\% \leq R_2 \leq 66\%$ | 可接受 | |
| | | | $R_2 > 66\%$ | 满意 | |

续表

| 指标 | | 评价内容 | 评价程度 | 评价等级 | 一致性判断 |
|---|---|---|---|---|---|
| 挑战性 | 挑战的来源 | 通过对习题描述有无错误、图表有无错误、有无答案的分析来确定习题来源是否恰当 | 题目来源恰当 | 等级1 | 当习题中评价为等级1的题目越多,教材习题反映学生学习目标的掌握程度越精确 |
| | | | 题目来源不恰当 | 等级0 | |
| | 挑战的层次 | 根据课程标准中的5个水平、结合罗斯曼等人的分类体系,对挑战的层次中不同等级认知水平进行确定。判断解答习题所需要达到认知水平的相应等级 | 综合多个知识点并能结合生活情境,使用高级推理技能解决问题 | 等级5 | 习题要求的认知水平越高,挑战的层次越高 |
| | | | 使用综合性、策略性、批判性方式解决问题 | 等级4 | |
| | | | 进行简单分析、公式计算,使用综合步骤分析解决问题 | 等级3 | |
| | | | 使用再现、记忆知识内容或运用单一公式计算等常规步骤解答问题 | 等级2 | |
| | | | 通过初步了解、联系知识内容解答问题 | 等级1 | |

注:内容向心性指标中的等级1可划分为三种类型:知识点描述比较笼统,习题无法与知识点形成明确的一致;知识点描述过于细致,以至于习题无法与知识点达到精确的一致;知识点由多个更微观的知识点综合而成,而习题只涉及其中的部分知识[96]。

表7-1中"挑战的层次"指标主要关注教材习题所要求学生达到的认知水平,挑战等级覆盖越广,表明习题在各个水平上均有分布,习题的设计考虑了不同难度的考查。课程标准中关于高中物理学业质量水平描述给出了五个等级,是展开教

学活动的重要依据,也是命题的重要依据。结合课程标准,将 Achieve 模式挑战的层次指标中三等级细化为五等级,与学业质量水平相对应。据此可以更细致评估习题的挑战层次,并与课程标准要求进行比对分析。

利用 Achieve 模式进行习题一致性分析还需把握以下要求:

第一,内容向心性和表现向心性的等级评定需综合判断,减少单独选择学习目标内容或单独分析学习目标认知水平造成的误差;同时,挑战的层次的判定也要参考表现向心性指标的具体分析。

第二,若习题出现明显与课程标准不符的情况,内容向心性为完全不一致(等级0),表现向心性评级为完全不一致(等级0),该习题与其考查的学习目标数目不计入平衡、范围与挑战的层次指标评判。

第三,对平衡与范围指标内容进行数据统计时,若习题涉及多个学习目标内容或多个知识领域,需分析习题主要考查的学习目标,进而判断其所属的二级知识点以及一级主题。

第四,每一册习题一致性评估都是独立的,在对每一册教材习题涉及的二级知识点进行统计时,不交叉考虑其余教材下的主题以及知识点,如果本册教材习题有其他教材主题的相关内容,则认为该部分知识是解答习题过程中"综合步骤分析"的内容,只适当增加该习题的挑战层次。

**2. 课程标准中内容要求的水平界定**

在习题分析过程中,为明确挑战的层次等级,增强可操作性,根据课程标准中对物理学科核心素养的水平划分,结合学业质量水平描述,将水平层级与课程标准内容要求中的行为动词进行对应,以便操作,如表 7-2 所示。

表 7-2 课程标准内容要求水平界定

| 水平 | 行为动词 | | | |
|---|---|---|---|---|
| | 物理观念 | 科学思维 | 科学探究 | 科学态度与责任 |
| 水平 1 | 了解(初步)、联系 | 说出、知道、区别 | 使用、收集、整理(初步)、交流、讨论 | 认识、知道 |
| 水平 2 | 了解、解释(简单)、解决(简单) | 应用、分析、推理、获得、表达 | 观察、提出、获得、撰写、陈述 | 认识、了解 |
| 水平 3 | 了解(深入)、解释、解决 | 选用、解决、分析、推理、获得、使用质疑、思考 | 分析、提出、制定、使用、获得、分析、发现、形成、解释、撰写、交流 | 认识、尊重 |

续表

| 水平 | 行为动词 | | | |
|---|---|---|---|---|
| | 物理观念 | 科学思维 | 科学探究 | 科学态度与责任 |
| 水平4 | 理解、解释（正确）、应用（综合）、解决 | 转换、分析、推理、获得、使用（恰当）、证明、提出、解决 | 分析、提出、准确表述、假设、制定、获得、分析、发现、形成、解释、撰写、交流、反思 | 认识、学习、研究、坚持、修正、认识、评价 |
| 水平5 | 理解（清晰、系统）、解释（正确）、应用（综合）、解决（灵活） | 转换（较复杂）、分析、推理、获得（正确）、考虑、使用（合理）、审视检验（多个视角）、解决 | 提出（不同角度）、表述（准确）、制定、选用（灵活）、获得、分析（多种方法）、发现、形成、撰写、交流、反思 | 认识、学习、研究、抵制、参与（主动）、发挥、应用、遵守、养成 |

## 第二节 教材知识内容与课程标准的一致性分析

本节中主要研究2019年版的高中《物理》教科书知识内容部分与课程标准的一致性，分析教材与课程标准的符合程度。

**一、一致性数据统计**

**1. 教材与课程标准内容主题对应**

由于教材章节分布与课程标准一级标题分布并非一一对应，将教材小节标题与课程标准一级主题对应关系处理之后，如表7-3所示。

表7-3 教材小节标题与课程标准一级主题对应

| 课程标准一级主题 | 教材章节 | |
|---|---|---|
| 必修1 | A1 机械运动与物理模型 | 第一章 运动的描述 |
| | | 第二章 匀变速直线运动的研究 |
| | A2 相互作用与运动定律 | 第三章 相互作用——力 |
| | | 第四章 运动和力的关系 |

续表

| | 课程标准一级主题 | 教材章节 |
|---|---|---|
| 必修2 | A3 机械能及其守恒定律 | 第八章　机械能守恒定律 |
| | A4 曲线运动与万有引力定律 | 第五章　抛体运动 |
| | | 第六章　圆周运动 |
| | | 第七章　万有引力与宇宙航行(1~4节) |
| | A5 牛顿运动的局限性与相对论初步 | 第七章　万有引力与宇宙航行(第5节) |
| 必修3 | A6 静电场 | 第九章　静电场及其应用 |
| | | 第十章　静电场中的能量 |
| | A7 电路及其应用 | 第十一章　电路及其应用 |
| | | 第十二章　电能　能量守恒定律(1~3节) |
| | A8 电磁场与电磁波初步 | 第十三章　电磁感应与电磁波初步 |
| | A9 能源与可持续发展 | 第十二章　电能　能量守恒定律(第4节) |
| 选择性必修1 | A10 动量与动量守恒定律 | 第一章　动量守恒定律 |
| | A11 机械振动和机械波 | 第二章　机械振动 |
| | | 第三章　机械波 |
| | A12 光及其应用 | 第四章　光 |
| 选择性必修2 | A13 磁场 | 第一章　安培力与洛伦兹力 |
| | A14 电磁感应及其应用 | 第二章　电磁感应 |
| | | 第三章　交变电流 |
| | A15 电磁振荡与电磁波 | 第四章　电磁振荡与电磁波 |
| | A16 传感器 | 第五章　传感器 |
| 选择性必修3 | A17 固体、液体和气体 | 第一章　分子动理论 |
| | | 第二章　气体、固体和液体 |
| | A18 热力学定律 | 第三章　热力学定律 |
| | A19 原子与原子核 | 第四章　原子结构和波粒二象性(3、4节) |
| | | 第五章　原子核 |
| | A20 波粒二象性 | 第四章　原子结构和波粒二象性(1、2、5节) |

## 2. 归一化处理

根据前文课程标准的提取标准与方法,统计共 326 个三级主题。先将三级主题进行认知水平划分并统计入 20×5 的数据矩阵,再把每一单元格数据除以三级主题总数(326),最终的 20×5 矩阵中每一个单元格数值相加后的和等于 1(简称归一化处理),结果如表 7-4 所示。

表 7-4 课程标准认知水平统计数据归一化比率表

| 内容主题 | 记忆 | 理解 | 运用 | 分析 | 应用 | 合计 |
|---|---|---|---|---|---|---|
| 机械运动与物理模型 | 0.0245 | 0.0399 | 0.0123 | 0.0031 | 0.0000 | 0.0798 |
| 相互作用与运动定律 | 0.0092 | 0.0215 | 0.0153 | 0.0092 | 0.0000 | 0.0552 |
| 机械能及其守恒定律 | 0.0092 | 0.0215 | 0.0153 | 0.0031 | 0.0000 | 0.0491 |
| 曲线运动与万有引力定律 | 0.0245 | 0.0307 | 0.0245 | 0.0000 | 0.0000 | 0.0797 |
| 牛顿力学的局限性与相对论初步 | 0.0184 | 0.0000 | 0.0000 | 0.0000 | 0.0000 | 0.0184 |
| 静电场 | 0.0307 | 0.0337 | 0.0337 | 0.0061 | 0.0000 | 0.1042 |
| 电路及其应用 | 0.0092 | 0.0215 | 0.0153 | 0.0092 | 0.0000 | 0.0552 |
| 电磁场与电磁波初步 | 0.0245 | 0.0307 | 0.0092 | 0.0031 | 0.0000 | 0.0675 |
| 能源与可持续发展 | 0.0276 | 0.0000 | 0.0000 | 0.0000 | 0.0000 | 0.0276 |
| 动量与动量守恒定律 | 0.0153 | 0.0092 | 0.0031 | 0.0061 | 0.0000 | 0.0337 |
| 机械振动和机械波 | 0.0092 | 0.0399 | 0.0123 | 0.0031 | 0.0000 | 0.0645 |
| 光及其应用 | 0.0153 | 0.0245 | 0.0184 | 0.0000 | 0.0000 | 0.0582 |
| 磁场 | 0.0061 | 0.0215 | 0.0061 | 0.0000 | 0.0000 | 0.0337 |
| 电磁感应及其应用 | 0.0061 | 0.0276 | 0.0153 | 0.0031 | 0.0000 | 0.0521 |
| 电磁振荡与电磁波 | 0.0123 | 0.0153 | 0.0000 | 0.0000 | 0.0000 | 0.0276 |
| 传感器 | 0.0061 | 0.0061 | 0.0061 | 0.0000 | 0.0000 | 0.0183 |
| 固体、液体和气体 | 0.0215 | 0.0399 | 0.0153 | 0.0000 | 0.0000 | 0.0767 |
| 热力学定律 | 0.0092 | 0.0123 | 0.0000 | 0.0000 | 0.0000 | 0.0215 |
| 原子与原子核 | 0.0245 | 0.0245 | 0.0031 | 0.0000 | 0.0000 | 0.0521 |
| 波粒二象性 | 0.0153 | 0.0061 | 0.0031 | 0.0000 | 0.0000 | 0.0245 |
| 合计 | | | | | | 1.0000 |

根据前文教材知识内容的提取标准与办法,2019 版高中物理教材的内容主题统计共 625 个知识点(具体方法见第四章),研判相应的认知水平,将最终结果录入 $20 \times 5$ 的数据矩阵并归一化处理后,如表 7-5 所示。

表 7-5 教材"知识内容×认知水平"数据归一化比率表

| 内容主题 | 记忆 | 理解 | 运用 | 分析 | 应用 | 合计 |
| --- | --- | --- | --- | --- | --- | --- |
| 机械运动与物理模型 | 0.0128 | 0.0304 | 0.0192 | 0.0016 | 0.0000 | 0.0640 |
| 相互作用与运动定律 | 0.0304 | 0.0272 | 0.0176 | 0.0048 | 0.0032 | 0.0832 |
| 机械能及其守恒定律 | 0.0016 | 0.0080 | 0.0128 | 0.0032 | 0.0000 | 0.0256 |
| 曲线运动与万有引力定律 | 0.0304 | 0.0256 | 0.0240 | 0.0064 | 0.0032 | 0.0896 |
| 牛顿力学的局限性与相对论初步 | 0.0048 | 0.0016 | 0.0016 | 0.0000 | 0.0000 | 0.0080 |
| 静电场 | 0.0240 | 0.0320 | 0.0176 | 0.0080 | 0.0000 | 0.0816 |
| 电路及其应用 | 0.0080 | 0.0224 | 0.0240 | 0.0048 | 0.0000 | 0.0592 |
| 电磁场与电磁波初步 | 0.0256 | 0.0224 | 0.0032 | 0.0000 | 0.0000 | 0.0512 |
| 能源与可持续发展 | 0.0128 | 0.0016 | 0.0016 | 0.0000 | 0.0000 | 0.0160 |
| 动量与动量守恒定律 | 0.0096 | 0.0096 | 0.0128 | 0.0032 | 0.0000 | 0.0352 |
| 机械振动和机械波 | 0.0272 | 0.0336 | 0.0176 | 0.0016 | 0.0000 | 0.0800 |
| 光及其应用 | 0.0080 | 0.0224 | 0.0112 | 0.0016 | 0.0000 | 0.0432 |
| 磁场 | 0.0048 | 0.0048 | 0.0080 | 0.0080 | 0.0000 | 0.0256 |
| 电磁感应及其应用 | 0.0160 | 0.0096 | 0.0288 | 0.0048 | 0.0000 | 0.0592 |
| 电磁振荡与电磁波 | 0.0240 | 0.0048 | 0.0032 | 0.0032 | 0.0000 | 0.0352 |
| 传感器 | 0.0144 | 0.0032 | 0.0016 | 0.0016 | 0.0000 | 0.0208 |
| 固体、液体和气体 | 0.0208 | 0.0432 | 0.0128 | 0.0016 | 0.0000 | 0.0784 |
| 热力学定律 | 0.0048 | 0.0096 | 0.0064 | 0.0000 | 0.0000 | 0.0208 |
| 原子与原子核 | 0.0464 | 0.0336 | 0.0032 | 0.0000 | 0.0000 | 0.0832 |
| 波粒二象性 | 0.0224 | 0.0112 | 0.0064 | 0.0000 | 0.0000 | 0.0400 |
| 合计 | | | | | | 1.0000 |

### 3. 一致性系数参考值计算

采取第一节中列举的第三种方式确立一致性参考系数,即利用 Matlab 中

unidrnd 函数获取两个随机的矩阵,循环计算二者一致性系数 1,000,000 次,再分析其在 0.05 统计水平上的置信区间,若实际一致性系数小于该置信区间的置信下限,说明教材与课程标准不存在统计学意义上的一致性;若实际一致性系数大于置信上限,说明教材与课程标准存在统计学意义上的显著一致性;若实际一致性系数在该置信区间之内,说明教材与课程标准在统计学意义上存在一定的一致性,但不显著。因为后文一致性分析将涉及不同行数和列数的矩阵,所以需要分别对相应的随机矩阵进行一致性系数的模拟计算,计算结果如表 7-6 所示。

表 7-6 一致性参考系数统计结果

| 行数 | 列数 | 均值 | 标准差 | 置信上限 | 置信下限 |
| --- | --- | --- | --- | --- | --- |
| 1 | 5 | 0.679 | 0.122 | 0.918 | 0.440 |
| 2 | 5 | 0.671 | 0.086 | 0.839 | 0.503 |
| 3 | 5 | 0.669 | 0.070 | 0.806 | 0.531 |
| 4 | 5 | 0.668 | 0.061 | 0.787 | 0.549 |
| 20 | 5 | 0.667 | 0.027 | 0.720 | 0.613 |

## 二、教材与课程标准整体的一致性分析

### 1. 一致性系数分析

将表 7-4 与表 7-5 中数据,借助 Excel 软件按照 Porter 公式计算得

$$P = 1 - \frac{\sum_{j=1}^{n}\sum_{i=1}^{m}|X_{ij} - Y_{ij}|}{2} = 1 - \frac{0.4593}{2} = 0.770$$

根据表 7-6 中的一致性系数模拟,20×5 矩阵的置信区间为[0.613,0.720],实际值 0.770 略高于临界值 0.720,说明教材的整体存在统计学意义上的显著性一致性,但仍然有提高的空间。一致性系数只能反应整套教材与课程标准间的一致性程度,要了解其间差异以及造成差异的影响因素,需要从更多的角度更细致地进行具体分析。

### 2. 各主题知识点分布与课程标准的一致性分析

为了分析教材中 20 个主题知识内容分布与课程标准的吻合情况,分别计算教材和课程标准每个主题知识点占总知识点的比例,得到图 7-1,其中横坐标编号对应主题如表 7-3 所示。

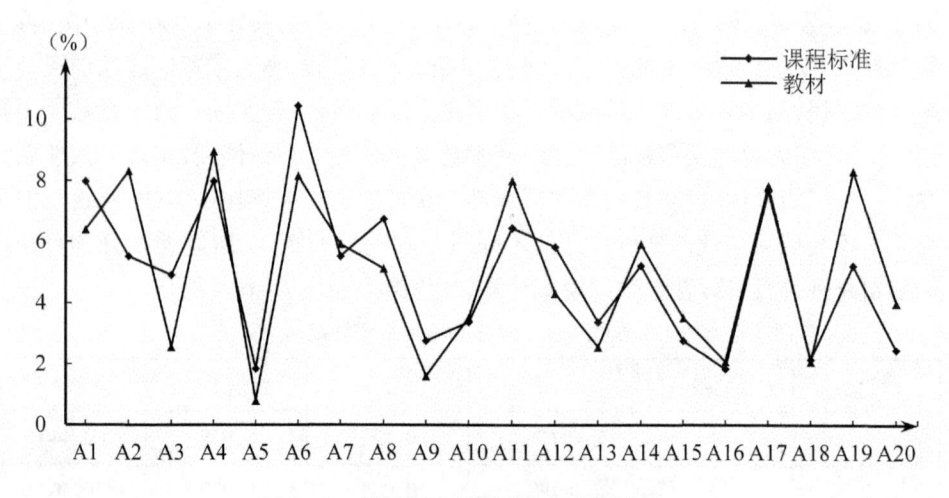

图 7-1  教材与课程标准内容主题分布

从图 7-1 可以看出，教材在"A19 原子与原子核""A2 相互作用与运动定律""A3 机械能及其守恒定律"和"A6 静电场"四个主题中比例差异较大，占比差的绝对值都大于 2%，其中大部分是必修的内容主题；教材与课程标准在"A18 热力学定律""A17 固体、液体和气体""A10 动量与动量守恒定律""A16 传感器"和"A7 电路及其应用"五个主题中的比例数据十分接近，占比差的绝对值均小于 0.5%，且其内容主题大多来自选择性必修。

### 3. 各认知水平知识点占比分析

将课程标准与六册教材中的各知识点的认识水平全部统计后，再分别将其归一化处理。图 7-2 为根据统计数据制作的折线图。

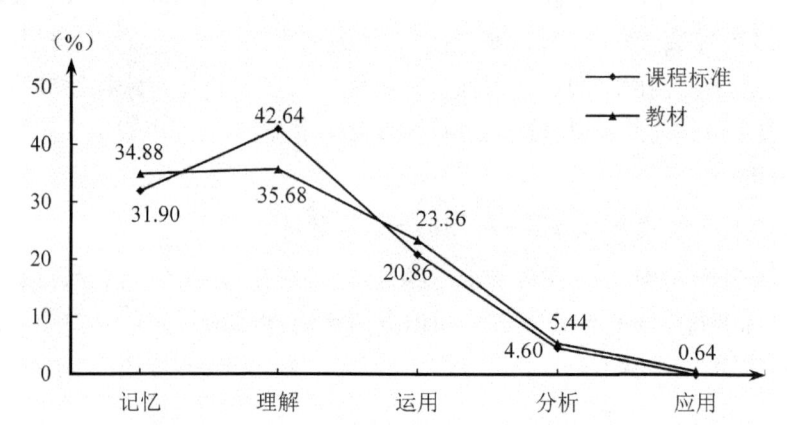

图 7-2  教材与课程标准认知水平分布

通过图 7-2 可以明显地看出,在总体上教材与课程标准各水平的相对知识数量次序是一致的,占比由大到小分别是理解、记忆、运用、分析、应用。分析六册教材后会发现,教材在深度与广度上都有所提升,部分概念(例如:加速度、动量)将课程标准中要求的"理解"认知水平提高至"运用"认知水平,或者扩展处于"记忆"认知水平的概念(例如:曲线运动中的弧度、转速,横波中的波动、介质),从而整体上认知水平在理解层次的知识占比低于课程标准 6.96%。而其余认知水平呈现高于课程标准,但差值的绝对值都小于 3%,说明二者的相异程度并不大,且此处差异是教材与课程标准实现不同功能必然出现的"误差"。毕竟教材在满足课程标准对学业水平要求的同时,也需要适当考虑高等学校选拔性考试这一现实的需求。

### 三、教材与课程标准的逐册一致性分析

分别对六册教材与课程标准的一致性系数进行计算,并将相应的一致性参考系数上限整理汇总,如表 7-7 所示。

表 7-7 各册教材的一致性系数

|  | 必修 1 | 必修 2 | 必修 3 | 选择 1 | 选择 2 | 选择 3 |
| --- | --- | --- | --- | --- | --- | --- |
| 一致性系数 | 0.769 | 0.783 | 0.841 | 0.781 | 0.577 | 0.846 |
| 参考系数 | 0.839 | 0.806 | 0.787 | 0.806 | 0.787 | 0.787 |

表 7-7 中的"选择 1"代表"选择性必修 1",其他类似。一致性最好的是选择性必修 3 和必修 3 两册,均具有显著性一致性。必修 2 与选择性必修 1 两册的一致性系数略低于一致性参考系数,必修 1 的一致性系数较低于一致性参考系数。而选择性必修 2 的一致性系数明显低于一致性参考系数,但略高于一致性的置信下限,也存在统计意义上的一致性。

因此总体看,每一册物理教材知识内容与课程标准的一致性都达到了要求,但程度参差不齐,存在差异。下面将对各册的一致性系数、内容主题知识点分布及认知水平分布进行详细分析。

**1. 必修 1 的一致性**

(1)一致性系数分析

教材与课程标准必修 1 中共有 2 个一级主题,所以将教材必修 1 与课程标准中必修 1 提取的知识点数据录入 2×5 的矩阵中,归一化处理后分别如表 7-8 和表 7-9 所示。

表7-8 课程标准必修1"内容主题×认知水平"归一化比率表

| 内容主题 | 记忆 | 理解 | 运用 | 分析 | 应用 | 合计 |
| --- | --- | --- | --- | --- | --- | --- |
| 机械运动与物理模型 | 0.182 | 0.295 | 0.091 | 0.023 | 0.000 | 0.591 |
| 相互作用与运动定律 | 0.068 | 0.159 | 0.114 | 0.068 | 0.000 | 0.409 |
| 合计 | 0.250 | 0.454 | 0.205 | 0.091 | 0.000 | 1.000 |

表7-9 教材必修1"内容主题×认知水平"归一化比率表

| 内容主题 | 记忆 | 理解 | 运用 | 分析 | 应用 | 合计 |
| --- | --- | --- | --- | --- | --- | --- |
| 机械运动与物理模型 | 0.087 | 0.207 | 0.130 | 0.011 | 0.000 | 0.435 |
| 相互作用与运动定律 | 0.207 | 0.185 | 0.120 | 0.033 | 0.022 | 0.567 |
| 合计 | 0.294 | 0.392 | 0.250 | 0.044 | 0.022 | 1.000 |

代入一致性系数计算公式得

$$P = 1 - \frac{\sum_{j=1}^{n}\sum_{i=1}^{m}|X_{ij} - Y_{ij}|}{2} = 1 - \frac{0.462}{2} = 0.769$$

即必修1部分,教材与课程标准一致性系数为0.769。根据表7-6模拟结果,2×5矩阵的置信区间为[0.503,0.839],实际的一致性系数值介于置信区间内,说明教材必修1与课程标准在统计意义上存在一致性,但不显著。即此部分两者间的一致性需要提高。

(2)内容主题一致性分析

分别计算课程标准与教材必修1各主题的知识点数量占比。再用教材主题的占比减去课程标准相应主题的占比,得到二者的差值,差值大于零说明教材对应主题知识点数量占比多于课程标准,反之亦然。统计结果如表7-10所示。

表7-10 教材必修1与课程标准内容主题下知识点占比及差值(%)

| 内容主题 | 课程标准 | 教材 | 差值 |
| --- | --- | --- | --- |
| 机械运动与物理模型 | 59.09 | 43.48 | -15.61 |
| 相互作用与运动定律 | 40.91 | 56.52 | 15.61 |
| 合计 | 100.00 | 100.00 | 0.00 |

表7-10数据显示,对于必修1,课程标准中"机械运动与物理模型"主题与"相互作用与运动定律"主题内容知识点之比约为1.44:1,而教材两个主题知识点之比为0.77:1,教材"机械运动与物理模型"主题下呈现的知识点少于课程标准

(15.61%),而在"相互作用与运动定律"主题呈现的知识点多于课程标准。"机械运动与物理模型"主题知识点少的部分原因在于教材中将与科学思维相关的知识点(比如模型建构、抽象、极限等思维方式的提取)放置在其他几册中,作为总结呈现。而"相互作用与运动定律"主题涉及大量的课程标准未曾包含但实现相应内容教学所必需的基础概念,例如:重力加速度、形变、惯性等,要合乎学生的认知发展规律则需要用更多的相关概念辅助建立运动和相互作用观。从而导致了教材在"机械运动与物理模型"主题知识量占比更低,教材在第二个内容主题知识量占比高的统计结果。

(3)认知水平一致性分析

根据表7-8和表7-9可计算课程标准与教材的知识点在不同认知水平中的占比分布,绘制折线图,如图7-3所示。

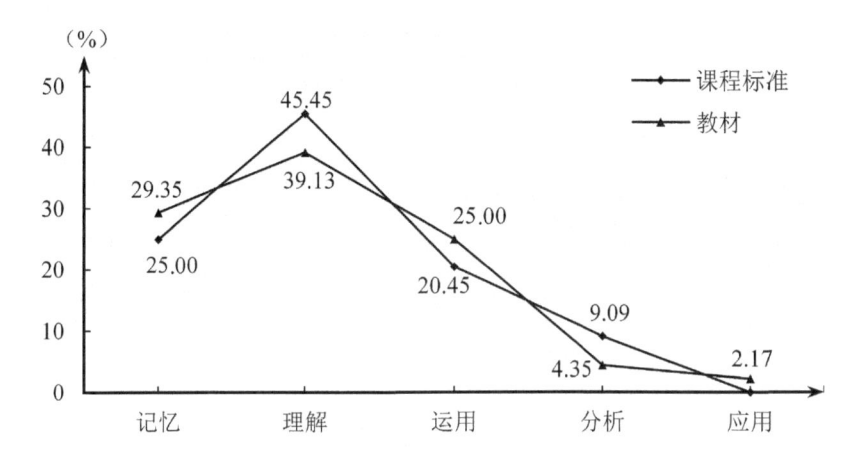

图7-3 必修1中教材与课程标准认知水平分布

图7-3中显示,教材与课程标准在认知水平的分布上是基本一致的,相对占比从大到小分别是理解、记忆、运用、分析、应用。整体一致的表征下也有着细微的差距,教材与课程标准知识点较多部分集中在理解以及记忆的认知水平上(占比达70%左右),教材在理解、分析层次的知识点占比中略少于课程标准,(相对量差值分别是-6.32%、-4.74%)。其他三个认知水平中投入的知识点相对数量略多于课程标准,其中理解层次的差别最大。教材必修1是学生从初中简单现象的定性分析逐渐到高中较复杂现象的定量分析,从形象思维到抽象思维的过渡,虽然在此阶段学生需要了解大量基本概念为后续内容做铺垫,但为了达成目标要求,还应适当提高理解和分析层次的知识点分布量。

## 2. 必修 2 的一致性

(1) 一致性系数分析

教材必修 2 中共有 3 个一级主题,将课程标准与教材必修 2 中提取的知识点数据分别录入 3×5 的矩阵中,再归一化处理后如表 7-11 和表 7-12 所示。

表 7-11　课程标准必修 2"内容主题×认知水平"归一化比率表

| 内容主题 | 记忆 | 理解 | 运用 | 分析 | 应用 | 合计 |
| --- | --- | --- | --- | --- | --- | --- |
| 机械能及其守恒定律 | 0.063 | 0.146 | 0.104 | 0.021 | 0.000 | 0.334 |
| 曲线运动与万有引力定律 | 0.167 | 0.208 | 0.167 | 0.000 | 0.000 | 0.542 |
| 牛顿力学的局限性与相对论初步 | 0.125 | 0.000 | 0.000 | 0.000 | 0.000 | 0.125 |
| 合计 | 0.355 | 0.354 | 0.271 | 0.021 | 0.000 | 1.000 |

表 7-12　教材必修 2"内容主题×认知水平"归一化比率表

| 内容主题 | 记忆 | 理解 | 运用 | 分析 | 应用 | 合计 |
| --- | --- | --- | --- | --- | --- | --- |
| 机械能及其守恒定律 | 0.013 | 0.065 | 0.104 | 0.026 | 0.000 | 0.208 |
| 曲线运动与万有引力定律 | 0.247 | 0.208 | 0.195 | 0.052 | 0.026 | 0.728 |
| 牛顿力学的局限性与相对论初步 | 0.039 | 0.013 | 0.013 | 0.000 | 0.000 | 0.065 |
| 合计 | 0.299 | 0.286 | 0.312 | 0.078 | 0.026 | 1.000 |

代入一致性系数计算公式得

$$P = 1 - \frac{\sum_{j=1}^{n}\sum_{i=1}^{m}|X_{ij} - Y_{ij}|}{2} = 1 - \frac{0.435}{2} = 0.783$$

得到教材必修 2 与课程标准一致性系数为 0.783。根据表 7-6 模拟结果,3×5 矩阵的置信区间为[0.531,0.806],实际的一致性系数值 0.783 处于置信区间内,说明在必修 2 中,教材与课程标准在统计意义上存在一致性,但不显著。两者间的一致性还需要提高。

(2) 内容主题一致性分析

分别计算课程标准与教材必修 2 中各主题下的知识点占比以及二者之间的占比差值,统计结果如表 7-13 所示。

表 7-13  必修 2 教材与课程标准内容主题下知识点占比及差值(%)

| 内容主题 | 课程标准 | 教材 | 差值 |
|---|---|---|---|
| 机械能及其守恒定律 | 33.33 | 20.78 | -12.55 |
| 曲线运动与万有引力定律 | 54.17 | 72.73 | 18.56 |
| 牛顿力学的局限性与相对论初步 | 12.50 | 6.49 | -6.01 |
| 合计 | 100.00 | 100.00 | 0.00 |

表 7-13 数据表明,教材与课程标准在各主题上的知识点分布并不完全一致。其中在"曲线运动与万有引力定律"主题中,知识点占比为 72.73%,高出课程标准占比 18.56%,其他两个主题则表现为教材低于课程标准。尤其在"机械能及其守恒定律"主题低于课程标准 12.55%。

"曲线运动与万有引力定律"主题中,教材分为"抛体运动""圆周运动"和"万有引力与太空航行"三章内容,特别是在"抛体运动"与"圆周运动"两章中,对物理概念的解析更加细致全面,例如课程标准中关于"向心力"的概念学习仅仅提到"能用牛顿第二定律分析匀速圆周运动的向心力",在教材中则分为"向心力""向心力的大小""变速圆周运动和一般曲线运动的受力特点"三个子概念。由此,教材中"曲线运动与万有引力定律"主题知识点占比也就远远高于课程标准。"机械能及其守恒定律"主题中,教材与课程标准知识点数量相同,概念间几乎是一一对应关系,但课程标准中必修 2 知识点总数量与教材必修 2 知识点总数量之比为 2∶3,从而导致了该主题下教材知识点比例少于课程标准的相应值。

(3)认知水平一致性分析

根据表 7-11 和表 7-12 可以计算出课程标准与教材的知识点在不同认知水平中的占比分布,并绘制图 7-4。

从图 7-4 中可以看出,教材在必修 2 中,大部分知识点集中于记忆、理解、运用三个水平,比例接近 90%,而在分析和应用两个水平分布的较少,与课程标准基本一致。但细致分析可以发现,教材在运用水平知识点占比最大,且在运用、分析、应用水平的知识分布均高于课程标准。说明相对于课程标准,教材对认知水平的要求更高、难度更大。课程标准中大多数如功、功率、第一宇宙速度等都在"理解"的认知层级上,而教材在理解的基础上会有公式的推导、相关物理例题的计算,以及更深入的分析性问题,因此教材对学生的要求会略高于课程标准。必修 2 是在必修 1 的基础上,进一步拓展与延伸,同时学生已经有了一定的物理认知基础,在本册中逐渐构建运动与相互作用、能量的物理观念,从学生认知发展的角度来说,是一个由浅入深、由简单到复杂的过程。考虑到中国选拔类考试要求以及教材本身的功能,教材此处呈现与课程标准的差异还是较为合理的。

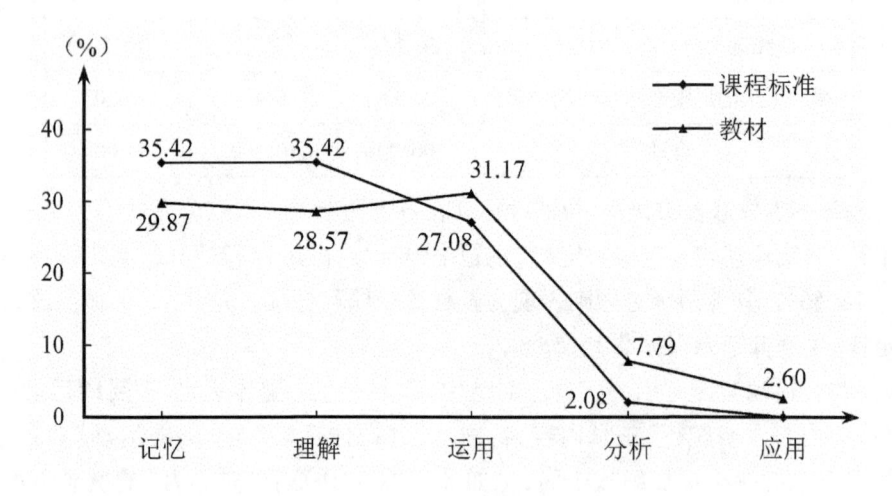

图 7-4 必修 2 中教材与课程标准认知水平分布

### 3. 必修 3 的一致性

(1)一致性系数分析

课程标准在必修 3 中共有 4 个一级主题,所以将课程标准与教材必修 3 中提取的知识点数据录入 4×5 的矩阵中,归一化处理后得到表 7-14 和表 7-15。

表 7-14 课程标准必修 3 "内容主题×认知水平"归一化比率表

| 内容主题 | 记忆 | 理解 | 运用 | 分析 | 应用 | 合计 |
| --- | --- | --- | --- | --- | --- | --- |
| 静电场 | 0.120 | 0.133 | 0.133 | 0.024 | 0.000 | 0.410 |
| 电路及其应用 | 0.036 | 0.084 | 0.060 | 0.036 | 0.000 | 0.216 |
| 电磁场与电磁波初步 | 0.096 | 0.120 | 0.036 | 0.012 | 0.000 | 0.264 |
| 能源与可持续发展 | 0.108 | 0.000 | 0.000 | 0.000 | 0.000 | 0.108 |
| 合计 | 0.360 | 0.337 | 0.229 | 0.072 | 0.000 | 1.000 |

表7-15 教材必修3"内容主题×认知水平"归一化比率表

| 内容主题 | 记忆 | 理解 | 运用 | 分析 | 应用 | 合计 |
| --- | --- | --- | --- | --- | --- | --- |
| 静电场 | 0.115 | 0.154 | 0.085 | 0.038 | 0.000 | 0.392 |
| 电路及其应用 | 0.038 | 0.108 | 0.115 | 0.023 | 0.000 | 0.284 |
| 电磁场与电磁波初步 | 0.123 | 0.108 | 0.015 | 0.000 | 0.000 | 0.246 |
| 能源与可持续发展 | 0.062 | 0.008 | 0.008 | 0.000 | 0.000 | 0.078 |
| 合计 | 0.338 | 0.378 | 0.223 | 0.061 | 0.000 | 1.000 |

代入一致性系数计算公式得

$$P = 1 - \frac{\sum_{j=1}^{n}\sum_{i=1}^{m}|X_{ij}-Y_{ij}|}{2} = 1 - \frac{0.317}{2} = 0.841$$

即教材必修3与课程标准的一致性系数为0.841。根据表7-6模拟结果,4×5矩阵的置信区间为[0.549,0.787],实际的一致性系数值大于置信上限,这说明教材必修3与课程标准在统计意义上存在显著性的一致性。即从必修3整体来说,教材与课程标准的符合程度很高,教材与课程标准的认知水平深度分布和知识广度分布基本一致。

(2) 内容主题一致性分析

分别计算课程标准与教材在必修3中各主题下的知识点占比以及二者之间的占比差值,结果如表7-16所示。

表7-16 必修3教材与课程标准内容主题下知识点占比及差值(%)

| 内容主题 | 课程标准 | 教材 | 差值 |
| --- | --- | --- | --- |
| 静电场 | 40.96 | 39.23 | -1.73 |
| 电路及其应用 | 21.69 | 28.46 | 6.77 |
| 电磁场与电磁波初步 | 26.51 | 24.62 | -1.89 |
| 能源与可持续发展 | 10.84 | 7.69 | -3.15 |
| 合计 | 100.00 | 100.00 | 0.00 |

根据表7-16可以看出:二者知识点分布基本一致,集中于"静电场"主题中的知识点相对较多(占比高达约40%),而"能源与可持续发展"主题中知识点相对较少。在"电路及其应用"主题中,教材比课程标准高6.77%,其他三个主题教材知识点占比均低于课程标准,但差值都不超过4%。相比于必修1和必修2两册的主

题占比与课程标准的差值,必修 3 中差值相对低很多,这也是必修 3 与课程标准一致性系数值较高的原因之一。

(3)认知水平一致性分析

根据表 7-14 和表 7-15 可计算出课程标准与教材的知识点在不同认知水平中的占比分布,得到图 7-5。

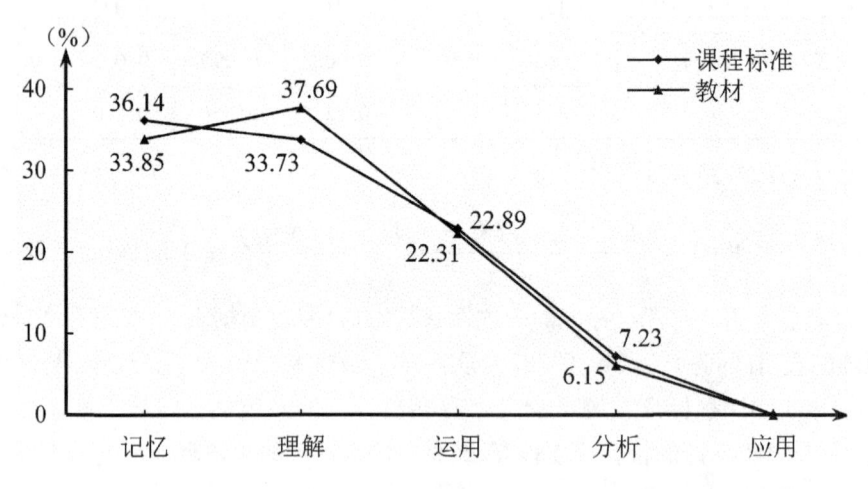

图 7-5　必修 3 中教材与课程标准认知水平分布

由图 7-5 可以得出,必修 3 中教材在认知水平上的分布与课程标准吻合得很好,各层次所占比例与课程标准相应值的差异较小。教材在理解层次上仅高于课程标准 3.96%,其他认知层次上占比与课程标准基本一致。教材在必修 3 内容中主要通过静电场、恒定电场、磁场、电磁场、电磁波等内容的呈现学生的物质观,通过电势能、电能、电源、能量守恒、能量耗散、能量量子化等内容的呈现形成学生的能量观,通过电场力和磁场力内容的呈现形成学生的运动与相互作用观。所以教材和课程标准有 70% 左右的知识点分布于记忆和理解层次,而在应用层次无知识分布。正是由于内容主题与认知水平两个维度的知识点分布的差值都很小,才使得必修 3 中教材与课程标准具有显著性一致性。

**4. 选择性必修 1 的一致性**

(1)一致性系数分析

课程标准在选择性必修 1 中共有 3 个一级主题,将课程标准与教材选择性必修 1 中提取的知识点进行认知水平划分后的数据录入 3×5 的矩阵中,归一化处理后得到表 7-17 和表 7-18。

表7-17 课程标准选择性必修1"内容主题×认知水平"归一化比率表

| 内容主题 | 记忆 | 理解 | 运用 | 分析 | 应用 | 合计 |
|---|---|---|---|---|---|---|
| 动量与动量守恒定律 | 0.098 | 0.059 | 0.020 | 0.039 | 0.000 | 0.216 |
| 机械振动和机械波 | 0.059 | 0.255 | 0.078 | 0.020 | 0.000 | 0.412 |
| 光及其应用 | 0.098 | 0.157 | 0.118 | 0.000 | 0.000 | 0.373 |
| 合计 | 0.255 | 0.471 | 0.216 | 0.059 | 0.000 | 1.000 |

表7-18 教材选择性必修1"内容主题×认知水平"归一化比率表

| 内容主题 | 记忆 | 理解 | 运用 | 分析 | 应用 | 合计 |
|---|---|---|---|---|---|---|
| 动量与动量守恒定律 | 0.061 | 0.061 | 0.081 | 0.020 | 0.000 | 0.223 |
| 机械振动和机械波 | 0.172 | 0.212 | 0.111 | 0.010 | 0.000 | 0.505 |
| 光及其应用 | 0.051 | 0.141 | 0.071 | 0.010 | 0.000 | 0.273 |
| 合计 | 0.284 | 0.414 | 0.263 | 0.040 | 0.000 | 1.000 |

代入一致性系数计算公式得

$$P = 1 - \frac{\sum_{j=1}^{n}\sum_{i=1}^{m}|X_{ij} - Y_{ij}|}{2} = 1 - \frac{0.437}{2} = 0.781$$

即对选择性必修1部分,教材与课程标准的一致性系数为0.781。根据表7-6模拟结果,3×5矩阵的置信区间为[0.531,0.806],实际的一致性系数值0.781处于置信区间内,教材选择性必修1与课程标准在统计意义上存在一致性,但不显著。

(2)内容主题一致性分析

分别计算教材和课程标准各个主题下的知识点占比及差值,数据如表7-19所示。

表7-19 选择性必修1教材与课程标准内容主题下知识点占比及差值(%)

| 内容主题 | 课程标准 | 教材 | 差值 |
|---|---|---|---|
| 动量与动量守恒定律 | 21.57 | 22.22 | 0.65 |
| 机械振动和机械波 | 41.18 | 50.51 | 9.33 |
| 光及其应用 | 37.25 | 27.27 | -9.98 |
| 合计 | 100.00 | 100.00 | 0.00 |

根据表7-19可以看出,在"动量与动量守恒定律"主题的知识点分布中,教材

与课程标准基本保持一致。但在"机械振动和机械波"主题中,教材比课程标准高9.33%,而在"光及其应用"主题中,教材比课程标准更是低9.98%。教材目录中,"机械振动和机械波"这一主题占有两章(11 小节),而"光及其应用"仅占有一章(6 小节)。在选择性必修 1 之前,学生已经学习了一些特殊机械运动,从匀速直线、匀变速直线、抛体运动,到匀速圆周运动,再到本册中更为复杂机械振动,从振动宏观描述到规律表征,还需要更多的知识点铺垫,所以在"机械波与机械振动"一章中,涉及了反射、折射、衍射和干涉等基础知识,导致知识点数量偏多;"光及其应用"这一主题中是在机械波与机械振动的基础上展开设计,从而减少了相关基础知识的赘述,因而知识点偏少。教材与课标知识点占比差值过大是导致一致性不显著的原因之一。

(3) 认知水平一致性分析

根据表 7 – 17 和表 7 – 18 可知课程标准与教材的知识点在不同认知水平中的占比分布,得到图 7 – 6。

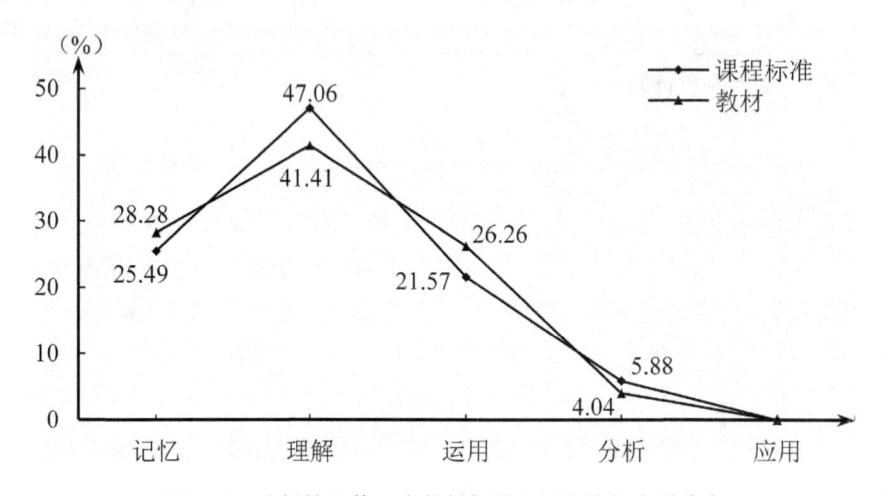

图 7 – 6　选择性必修 1 中教材与课程标准认知水平分布

图 7 – 6 表明,选择性必修 1 中,教材处于理解水平的知识点占比高于 40%,略低于课程标准。而在记忆和运用上略高于课程标准。理解和分析两个认知水平的知识点占比上都低于课程标准的认知要求。且将较多课程标准中处于理解认知水平的知识点提高至运用认知水平(比如动量),同时呈现一些要求较低的拓展知识(比如主动降噪技术),导致在理解层次相对差异更突出一些,这样的水平分布与必修 1 颇为相似,但在选择性必修 1 中各水平的差值更小。这正是与必修 1 相比,教材选择性必修 1 与课程标准一致性系数更高的原因之一。

## 5. 选择性必修 2 的一致性

(1) 一致性系数分析

课程标准在选择性必修 2 中共有 4 个一级主题,将课程标准与教材必修 2 中提取的知识点及其认知水平数据录入 4×5 的矩阵中,归一化处理后得到表 7-20 和表 7-21。

表 7-20 课程标准选择性必修 2 "内容主题×认知水平"归一化比率表

| 内容主题 | 记忆 | 理解 | 运用 | 分析 | 应用 | 合计 |
|---|---|---|---|---|---|---|
| 磁场 | 0.047 | 0.163 | 0.047 | 0.000 | 0.000 | 0.257 |
| 电磁感应及其应用 | 0.047 | 0.209 | 0.116 | 0.023 | 0.000 | 0.395 |
| 电磁振荡与电磁波 | 0.093 | 0.116 | 0.000 | 0.000 | 0.000 | 0.209 |
| 传感器 | 0.047 | 0.047 | 0.047 | 0.000 | 0.000 | 0.141 |
| 合计 | 0.234 | 0.535 | 0.210 | 0.023 | 0.000 | 1.000 |

表 7-21 教材选择性必修 2 "内容主题×认知水平"归一化比率表

| 内容主题 | 记忆 | 理解 | 运用 | 分析 | 应用 | 合计 |
|---|---|---|---|---|---|---|
| 磁场 | 0.034 | 0.034 | 0.057 | 0.057 | 0.000 | 0.182 |
| 电磁感应及其应用 | 0.114 | 0.068 | 0.205 | 0.034 | 0.000 | 0.421 |
| 电磁振荡与电磁波 | 0.170 | 0.034 | 0.023 | 0.023 | 0.000 | 0.250 |
| 传感器 | 0.102 | 0.023 | 0.011 | 0.011 | 0.000 | 0.147 |
| 合计 | 0.420 | 0.159 | 0.296 | 0.125 | 0.000 | 1.000 |

代入一致性系数计算公式得

$$P = 1 - \frac{\sum_{j=1}^{n}\sum_{i=1}^{m}|X_{ij} - Y_{ij}|}{2} = 1 - \frac{0.847}{2} = 0.577$$

即选择性必修 2 中,教材与课程标准一致性系数为 0.577。实际一致性系数值处于置信区间 [0.549, 0.787] 内,这说明选择性必修 2 部分的教材与课程标准在统计意义上存在一致性,但仍然有比较明显的差距。

(2) 内容主题一致性分析

计算教材和课程标准各个主题下的知识点的占比及差值,得到结果如表 7-22 所示。

表7-22 选择性必修2教材与课程标准内容主题下知识点占比及差值(%)

| 内容主题 | 课程标准 | 教材 | 差值 |
|---|---|---|---|
| 磁场 | 25.58 | 18.18 | -7.40 |
| 电磁感应及其应用 | 39.53 | 42.05 | 2.51 |
| 电磁振荡与电磁波 | 20.93 | 25.00 | 4.07 |
| 传感器 | 13.95 | 14.77 | 0.82 |
| 合计 | 100.00 | 100.00 | 0.00 |

根据表7-22可以看出：在"传感器"主题中，教材与课程标准在本章的占比基本一致(差值小于1%)，在"电磁感应及其应用"与"电磁振荡与电磁波"主题中占比差距较小(差值小于5%)。而在"磁场"主题中，教材的知识点占比低于课程标准近7.4%。对比教材与课程标准提取的知识点，发现在"磁场"一章中，教材与课程标准之间的概念，较多是直接对应关系，比如关于"安培力"，课程标准对其概念、方向、大小和应用都有相应的要求，但在教材中未能涉及更多关联概念，从而教材知识点数量与课程标准相近，在知识点占比上就自然要小于课程标准。

(3)认知水平一致性分析

根据表7-20和表7-21中课程标准与教材知识点在不同认知水平中的占比分布，得到图7-7。

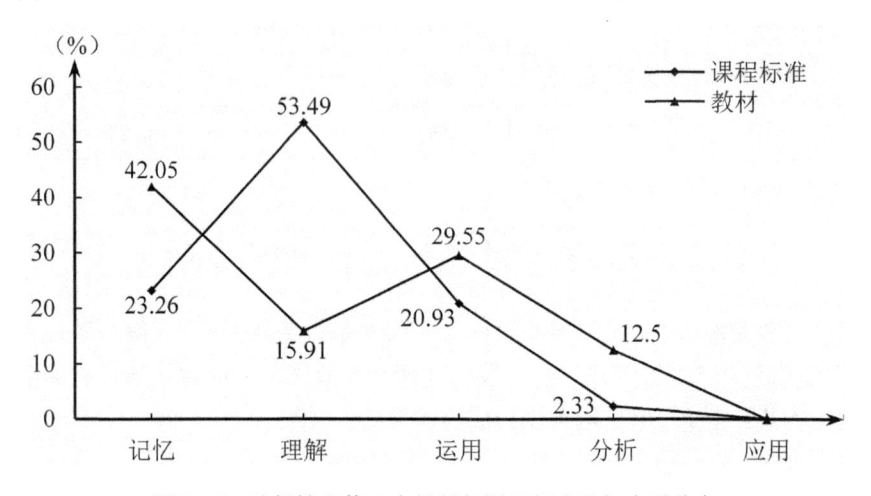

图7-7 选择性必修2中教材与课程标准认知水平分布

从图7-7中可以很直观看出教材与课程标准在记忆和理解两个认知水平上存在较大的差异，在运用和分析两个认知水平上的趋势较为相似。教材有42.05%

的知识点分布在记忆水平,是最高的,理解水平仅占15.91%,而课程标准大部分集中在理解水平上(占比53.49%),二者差异高达37.58%。结合具体内容分析,相比于课程标准,教材补充了较多的扩展知识点,例如在"无线电波"中增加"调频""调谐""解调"等相关概念,且都仅仅处于记忆认知水平上;而在课程标准中,相应的概念大多涉及概念的总结和对物理现象的解释,从而集中在理解水平之上。课程标准强调概念整体的构建,而教材更向生活实际靠近,因此提高了记忆、运用与分析三个认知水平的知识点占比。教材与课程标准在认知水平上的较大差异是造成选择性必修2一致性系数较低的主要原因。

### 6. 选择性必修3的一致性

(1)一致性系数分析

课程标准在选择性必修3中共有4个一级主题,所以将课程标准与教材选择性必修3中提取的知识点及相应的认知水平数据录入4×5的矩阵中,归一化处理后得到表7-23和表7-24。

表7-23 课程标准选择性必修3"内容主题×认知水平"归一化比率表

| 内容主题 | 记忆 | 理解 | 运用 | 分析 | 应用 | 合计 |
|---|---|---|---|---|---|---|
| 固体、液体和气体 | 0.123 | 0.228 | 0.088 | 0.000 | 0.000 | 0.439 |
| 热力学定律 | 0.053 | 0.070 | 0.000 | 0.000 | 0.000 | 0.123 |
| 原子与原子核 | 0.140 | 0.140 | 0.018 | 0.000 | 0.000 | 0.298 |
| 波粒二象性 | 0.088 | 0.035 | 0.018 | 0.000 | 0.000 | 0.141 |
| 合计 | 0.404 | 0.473 | 0.124 | 0.000 | 0.000 | 1.000 |

表7-24 教材选择性必修3"内容主题×认知水平"归一化比率表

| 内容主题 | 记忆 | 理解 | 运用 | 分析 | 应用 | 合计 |
|---|---|---|---|---|---|---|
| 固体、液体和气体 | 0.094 | 0.194 | 0.058 | 0.007 | 0.000 | 0.353 |
| 热力学定律 | 0.022 | 0.043 | 0.029 | 0.000 | 0.000 | 0.094 |
| 原子与原子核 | 0.209 | 0.151 | 0.014 | 0.000 | 0.000 | 0.374 |
| 波粒二象性 | 0.101 | 0.050 | 0.029 | 0.000 | 0.000 | 0.180 |
| 合计 | 0.426 | 0.438 | 0.130 | 0.007 | 0.000 | 1.000 |

代入一致性系数计算公式得

$$P = 1 - \frac{\sum_{j=1}^{n}\sum_{i=1}^{m}|X_{ij}-Y_{ij}|}{2} = 1 - \frac{0.309}{2} = 0.846$$

即教材选择性必修 3 与课程标准一致性系数为 0.846。根据表 7-6 模拟结果，4×5 矩阵的置信区间为 [0.549,0.787]，实际的一致性系数值高于置信上限，这说明选择性必修 3 部分教材与课程标准在统计意义上存在显著一致性，即从选择性必修 3 整体来说，不论是内容主题还是认知水平维度，教材与课程标准的一致性程度都很好。

(2) 内容主题一致性分析

分别计算教材和课程标准各个主题下的知识点占比及差值，数据如表 7-25。

表 7-25 选择性必修 3 教材与课程标准内容主题下知识点占比及差值(%)

| 内容主题 | 课程标准 | 教材 | 差值 |
| --- | --- | --- | --- |
| 固体、液体和气体 | 43.86 | 35.25 | -8.61 |
| 热力学定律 | 12.28 | 9.35 | -2.93 |
| 原子与原子核 | 29.82 | 37.41 | 7.59 |
| 波粒二象性 | 14.04 | 17.99 | 3.95 |
| 合计 | 100.00 | 100.00 | 0.00 |

表 7-25 表明，在"固体、液体和气体"和"热力学定律"主题中，教材比课程标准分别低 8.61%、2.93%，在"原子与原子核"和"波粒二象性"主题中，教材比课程标准分别高 7.59%、3.95%。

教材"原子与原子核"主题知识点数量偏多的原因在于："原子结构"与"波粒二象性"为培养学生的科学态度与责任，将许多物理概念的发展与物理史实紧密联系，且教材以此为基础，注重观念构建过程，设计了很多将物理与生活相联系的知识点。此外还有"能级""定态""基态""激发态"等多个小知识点的设计，使该主题的占比较大。而在"固体、液体和气体"主题中，"生活中的晶体、材料学有关知识及应用、纳米材料"等知识点在课程标准中有要求，但在教材中本章却未曾出现，导致内容占比低于课程标准。

(3) 认知水平一致性分析

根据表 7-23 和表 7-24 中课程标准与教材的知识点在不同认知水平的占比分布，得到图 7-8。

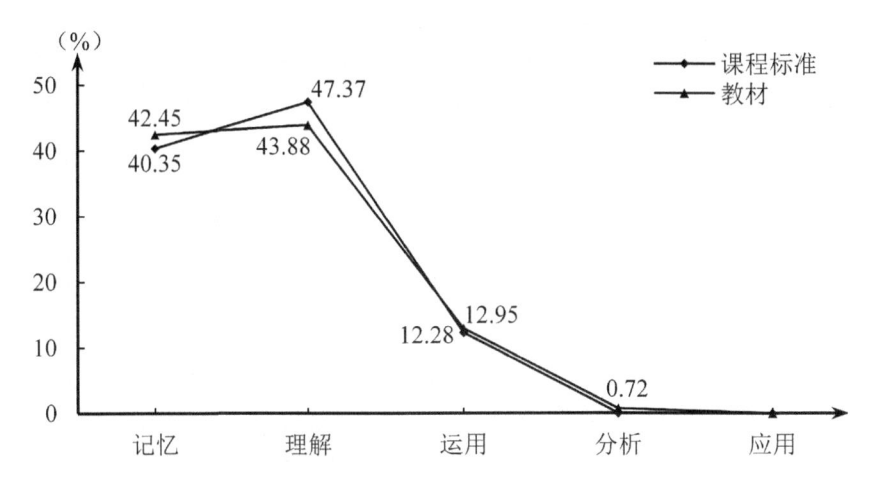

图 7-8 选择性必修 3 中教材与课程标准认知水平分布

图 7-8 可以形象地显示教材和课程标准中知识点主要集中在记忆和理解认知水平，二者占比之和高达 87% 左右。相比较而言，在运用、分析和应用三层次上符合程度更高。总体而言在认知水平维度的分布上差异较小，二者基本一致。

### 四、内容主题一致性分析

将课程标准与教材中各内容主题对应认知水平的矩阵数据，按内容主题分别归一化，再利用 Porter 公式计算各个内容主题的一致性，可得教材内容主题与课程标准内容主题一致性系数，如表 7-26 所示。

表 7-26 课程标准与教材内容主题一致性系数

| 内容主题 | P 值 | 内容主题 | P 值 |
| --- | --- | --- | --- |
| 机械运动与物理模型 | 0.854 | 机械振动和机械波 | 0.773 |
| 相互作用与运动定律 | 0.763 | 光及其应用 | 0.865 |
| 机械能及其守恒定律 | 0.750 | 磁场 | 0.551 |
| 曲线运动与万有引力定律 | 0.861 | 电磁感应及其应用 | 0.633 |
| 牛顿力学的局限性与相对论初步 | 0.600 | 电磁振荡与电磁波 | 0.581 |
| 静电场 | 0.892 | 传感器 | 0.564 |
| 电路及其应用 | 0.872 | 固体、液体和气体 | 0.949 |
| 电磁场与电磁波初步 | 0.864 | 热力学定律 | 0.692 |
| 能源与可持续发展 | 0.800 | 原子与原子核 | 0.913 |
| 动量与动量守恒定律 | 0.727 | 波粒二象性 | 0.935 |

根据表7-6一致性系数模拟的统计结果,1×5矩阵在总体平均数95%置信区间为[0.440,0.918]。选择性必修3中"固体、液体和气体"和"波粒二象性"两个主题实际$P$值大于置信上限,具有显著性一致性。$P$值最低的主题为必修3"磁场"主题,但实际值0.551仍然高于置信下限0.440,具有统计意义上的一致性,但不显著。

分析"磁场"主题下的认知水平分布可以发现,教材仅在记忆认知水平的占比上与课程标准一致,在理解水平上教材占比少于课程标准44.89%,而在运用和分析认知水平上占比分别高于课程标准13.07%、31.25%。再对比"传感器"主题下的认知水平分布可以发现,在记忆、理解和运用三个水平,教材与课程标准之间的差值高达35.90%、-17.95%、-25.64%。在"电磁振荡与电磁波主题"主题中,虽然教材与课程标准的知识点都集中于记忆、理解两水平,但差值仍然分别达到23.74%、-41.92%。而一致性较好的主题中对应水平占比差值大部分小于5%。

## 第三节 习题与课程标准的一致性分析

本节一致性分析的对象为必修教材设置的445道课后习题和选择性必修教材设置的440道课后习题,平均每册147.5题。必修3习题最多(173题),必修2习题数目最少(132题)。由于习题是对知识点的综合考查,一个习题可能包含多个知识点,但分析其与课程标准对应关系时,以主要考查的二级知识点来进行统计。

### 一、习题整体与课程标准的一致性

#### 1. 向心性维度

对教材所有习题进行分析,得到习题对应的"内容向心性""表现向心性"和"挑战的来源"指标数据,如表7-27所示。

表7-27 习题"内容向心性""表现向心性"和"挑战的来源"数据

| 一致性指标 | 内容向心性 | | | 表现向心性 | | | 挑战的来源 | |
| --- | --- | --- | --- | --- | --- | --- | --- | --- |
| 匹配等级 | 2 | 1 | 0 | 2 | 1 | 0 | 1 | 0 |
| 习题数目 | 815 | 38 | 32 | 771 | 82 | 32 | 885 | 0 |
| 比例(%) | 92.1 | 4.3 | 3.6 | 87.1 | 9.3 | 3.6 | 100.0 | 0.0 |

整体上教材习题与课程标准达到内容向心性与表现向心性的一致性标准。习题内容向心性"完全一致"的占比为92.1%,高于标准比率71%;习题表现向心性完全一致占比为87.1%,高于标准比率76%。依据评价判据,教材习题在向心性

维度上与课程标准具有良好的一致性,习题较好地反映了课程标准中相应学习主题的知识内容和认知要求。

**2. 均衡性维度**

对教材习题进行"范围""平衡"和"挑战的层次"指标分析,得到数据如表 7-28 所示。

表 7-28 习题"平衡""范围"和"挑战的层次"数据统计

| 课程标准 | | | 范围 | | 平衡 | | 挑战的层次 | | | | |
|---|---|---|---|---|---|---|---|---|---|---|---|
| 二级知识点 | | | 习题<br>二级知识点 | | 二级知识点 | | 1 | 2 | 3 | 4 | 5 |
| 教材 | 数目 | $R_1$(%) | 数目 | $R_2$(%) | 数目 | $R_3$(%) | 数目 | 数目 | 数目 | 数目 | 数目 |
| 必修 | 91 | 53.5 | 78 | 85.7 | 433 | 50.8 | 26 | 153 | 173 | 61 | 20 |
| 选择性必修 | 79 | 46.5 | 71 | 89.9 | 420 | 49.2 | 53 | 190 | 126 | 37 | 14 |
| 整套教材 | 170 | | 149 | 87.6 | 853 | | 79 | 343 | 299 | 98 | 34 |

教材习题在平衡与范围两个指标上达到一致性标准。课程标准中必修与选择性必修平衡性指标分别为 53.5%、46.5%,教材中必修与选择性必修平衡性指标分别为 50.8%、49.2%。在必修与选择性必修知识点的分配上,教材习题与课程标准基本吻合,在平衡性上较为一致。课程标准设置了 170 个二级知识点,教材习题中共考查了 149 个二级知识点,范围指标为 87.6%,高于"满意"标准,习题所考查主题的学业要求数目与课程标准中该主题的学业要求数目达到一致性要求,教材习题的范围一致性均达到满意程度。此外,分别分析必修教材与选择性必修教材习题,得到范围指标分别为 85.7%、89.9%,均达到范围一致性"满意"标准。

**3. 挑战性维度**

依据表 7-27 统计可知,在挑战的来源指标上教材习题全部为等级 1,来源恰当的比值为 100%,习题均能够根据学生的实际情况进行科学地编写,在挑战的来源指标层面一致性极高。将与课程标准一级主题有对应关系的 433 道必修教材习题与 420 道选择性必修教材习题进行挑战的层次等级分析,根据表 7-28 数据得到各个等级习题数目与总题数的百分比,结果如图 7-9 所示,统计得到习题挑战的层次等级 2 占总数比率 40.2%,等级 3 占总数比率 35.1%,等级 5 仅为 4.0%,习题挑战的层次主要以等级 2,等级 3 为主,凸显了教材习题作为巩固知识载体的

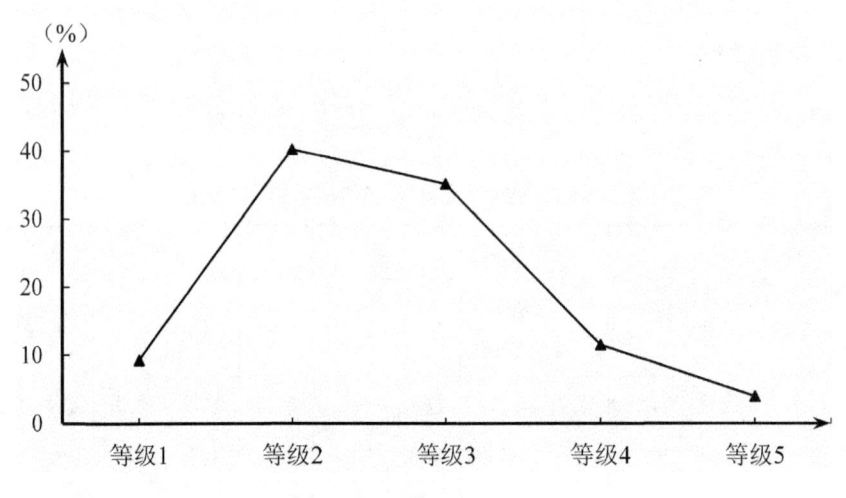

作用,未考查过多基础性问题,也没有包含过多需要运用高级推理能力的题目。

图 7 - 9 习题挑战的层次分布

## 二、必修教材习题与课程标准的一致性

教材必修部分445道习题对应的"内容向心性""表现向心性"以及"挑战的来源"指标数据如表7-29所示。

表7-29 必修习题"内容向心性""表现向心性"和"挑战的来源"数据

| 一致性指标 | | 内容向心性 | | | 表现向心性 | | | 挑战的来源 | |
|---|---|---|---|---|---|---|---|---|---|
| 匹配等级 | | 2 | 1 | 0 | 2 | 1 | 0 | 1 | 0 |
| 必修1 | 习题数目 | 130 | 5 | 5 | 126 | 9 | 5 | 140 | 0 |
| | 比例(%) | 92.8 | 3.6 | 3.6 | 90.0 | 6.4 | 3.6 | 100.0 | 0.0 |
| 必修2 | 习题数目 | 124 | 3 | 5 | 115 | 12 | 5 | 132 | 0 |
| | 比例(%) | 93.9 | 2.3 | 3.8 | 87.1 | 9.1 | 3.8 | 100.0 | 0.0 |
| 必修3 | 习题数目 | 163 | 8 | 2 | 152 | 19 | 2 | 173 | 0 |
| | 比例(%) | 94.2 | 4.6 | 1.2 | 87.9 | 11.0 | 1.1 | 100.0 | 0.0 |
| 合计 | 习题数目 | 417 | 16 | 12 | 393 | 40 | 12 | 445 | 0 |
| | 比例(%) | 93.7 | 3.6 | 2.7 | 88.3 | 9.0 | 2.7 | 100.0 | 0.0 |

### 1. 内容向心性

必修的1~3册教材习题在内容向心性上达到一致性标准。必修的三册教材

习题"完全一致"比率为93.7%,高于标准比率71%。"不完全一致或无法精确对应"和"完全不一致"题目数占必修教材习题总数的6.3%。必修3一致性水平最高,必修1的一致性水平最低,但各册之间差别很小。教材习题与课程标准一致性很好,习题的选择较好地符合了课程标准要求,习题考查的知识内容绝大部分为课程标准学业要求中规定学生需要掌握的知识。尽管一致性水平很高,但也有少数题目未很好地匹配课程标准,具体分析如下:

教材习题与课程标准存在不完全一致的原因是,个别习题对于知识点的要求与课程标准的内容要求不完全吻合,或者个别习题考查的知识点与课程标准有偏差,例如必修2"行星的运动"一节中习题考查了课程标准中并未具体说明的开普勒第三定律相关内容。除此之外,必修1作为高中阶段的第一册教材,考虑到知识衔接问题,习题考查了"参考系""时间"等简单知识内容,而此类知识点在初中阶段已有学习,在高中课程标准中并未提及此知识点,故导致习题内容向心性一致性下降。

### 2. 表现向心性

必修的1~3册教材习题在表现向心性上达到一致性标准。由表7-29可知,在表现向心性上,整体来说必修教材习题与课程标准内容认知要求"完全一致"的题目数占必修习题总数的88.3%,比率高于标准比率76%。习题与课程标准一致性较好,习题对知识点认知水平的要求能较好反映课程标准的要求。"不完全一致"和"完全不一致"题目数占必修教材习题总数的11.7%。在表现向心性指标层面,必修1一致性水平最高,必修2最低。表现向心性受内容向心性影响,在习题内容向心为"等级1"和"等级0"时,习题表现向心性对应的等级也会降低。除此之外,必修1与必修2习题在认知水平上与课程标准存在差异的原因是:部分习题要求知识点的掌握情况与课程标准对知识点的内容要求不一致,例如习题考查了"微小形变""伽利略实验""中心天体的测量"内容,以上内容在课程标准中对应的二级知识点是"弹力""牛顿运动定律""万有引力定律",其中并未涉及前述的习题考查内容。必修3习题表现向心性中不完全一致是因为在解决电磁学相关问题时,常需要综合力与运动等相关知识进行分析,因此少量习题对于知识点的考查难度高于课程标准要求,即作答习题时需要学生达到的认知水平要高于课程标准要求的认知水平。

### 3. 平衡

根据课程标准设置的以及必修教材习题考查的二级知识点,计算"平衡""范围"和"挑战的层次"详细指标数据,得到必修三册习题的相关数据,如表7-30

所示。

表 7-30　必修习题"平衡""范围"和"挑战的层次"数据

| 课程标准 | | | 范围 | | 平衡 | | 挑战的层次 | | | | |
|---|---|---|---|---|---|---|---|---|---|---|---|
| 二级知识点 | | | 习题 二级知识点 | | 教材习题 | | 1 | 2 | 3 | 4 | 5 |
| 教材 | 主题 | 数目 | $R_1$(%) | 数目 | $R_2$(%) | 数目 | $R_3$(%) | 数目 | 数目 | 数目 | 数目 | 数目 |
| 必修1 | A1 | 8 | 8.8 | 7 | 87.5 | 54 | 12.5 | 3 | 31 | 16 | 3 | 1 |
| | A2 | 12 | 13.2 | 11 | 91.7 | 81 | 18.7 | 5 | 28 | 34 | 9 | 5 |
| | 合计 | 20 | 22.0 | 18 | 90.0 | 135 | 31.2 | 8 | 59 | 50 | 12 | 6 |
| 必修2 | A3 | 7 | 7.7 | 7 | 100.0 | 37 | 8.5 | 4 | 15 | 17 | 1 | 0 |
| | A4 | 13 | 14.3 | 10 | 76.9 | 87 | 20.1 | 5 | 24 | 41 | 14 | 3 |
| | A5 | 2 | 2.2 | 1 | 50.0 | 3 | 0.7 | 0 | 3 | 0 | 0 | 0 |
| | 合计 | 22 | 24.2 | 18 | 81.8 | 127 | 29.3 | 9 | 42 | 58 | 15 | 3 |
| 必修3 | A6 | 17 | 18.7 | 16 | 94.1 | 67 | 15.5 | 6 | 19 | 28 | 11 | 3 |
| | A7 | 16 | 17.6 | 14 | 87.5 | 63 | 14.5 | 1 | 10 | 26 | 19 | 7 |
| | A8 | 9 | 9.9 | 8 | 88.9 | 36 | 8.3 | 2 | 21 | 11 | 2 | 0 |
| | A9 | 7 | 7.7 | 4 | 57.1 | 5 | 1.2 | 0 | 2 | 0 | 2 | 1 |
| | 合计 | 49 | 53.9 | 42 | 85.7 | 171 | 39.5 | 9 | 52 | 65 | 34 | 11 |
| 整体 | | 91 | | 78 | 85.7 | 433 | | 26 | 153 | 173 | 61 | 20 |

图 7-10 直观地将表 7-30 中各主题的平衡指标 $R_1$ 和 $R_3$ 表示出来，其中 $R_1$ 对应的是课程标准中各个主题的学业要求与学业要求总数之比，$R_3$ 则对应教材中考查不同主题的习题数目与习题总数之比。

必修三册教材习题在各主题下知识点的配置与课程标准的设计基本吻合，二者在平衡性上较为一致。从图 7-10 可以看出，必修 1 和必修 2 教材习题的配置比例高于课程标准，而必修 3 平衡指标低于课程标准 14.3%，差异较大。必修教材每个主题的课后习题数目对应比值 ($R_3$) 与课程标准各主题的对应比值 ($R_1$) 较为接近，二者之差绝对值小于 6.5%，与分布趋势大致相同。进一步从各主题分析，A1～A4 主题 $R_3$ 大于 $R_1$，说明教材在这些主题上的呈现比例高于课程标准要求，另外 5 个主题则相反，差别略大的有 A2、A4 和 A9 主题。"A2 相互作用和运动规律"和"A4 曲线运动与万有引力"这两个主题通过平抛运动、匀速圆周运动等运动形式的学习,对位移、速度、加速度等重要概念进行深化,进一步提高对力与运动的理解,故教材在这一部分设置了大量习题,巩固加强、拓展学生对复杂运动的认识;"A9 能源与可持续发展"主题要求学生认识能源的开发和利用对人类生产生活与社会发展的重要作用,教材相关的章节习题虽然对该主题的知识点有所涉及,但是对于二级知识点的考查还是不够全面,有部分知识点没有在课后习题中呈现。

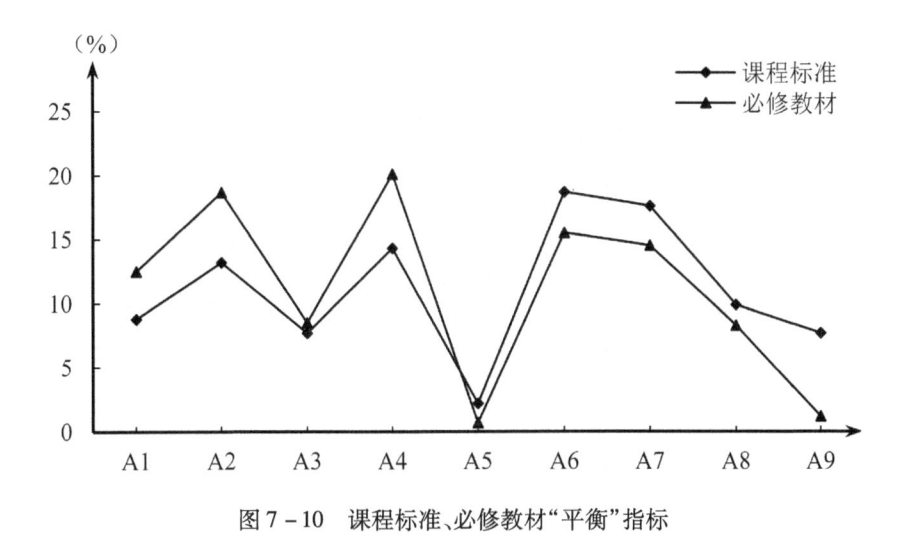

图 7 - 10 课程标准、必修教材"平衡"指标

### 4. 范围

必修部分习题所考查主题的学业要求数目与课程标准中该主题的学业要求数目达到一致性要求,把三册教材作为整体,习题范围指标 $R_2$ 为 85.7%,大于 66%,达到一致性"满意"程度,单独分析每册的 $R_2$ 分别为 90.0%、81.8%、85.7%,程度均为"满意"程度。但存在个别主题考查范围不一致,"A5 牛顿力学的局限性与相对论初步"主题和"A9 能源与可持续发展"主题一致性为"可接受"程度,其余均达到"满意"程度。其中必修 2 的"A5 牛顿力学的局限性与相对论初步"主题主要是引导学生关注近代物理科学前沿以及物理学与航天技术等现代科技的联系,了解人类对于宇宙的探索历程,体会人类对物理、对自然界的不断探索精神,课程标准中有 2 个知识点,而习题对应的只有 1 个,为 50.0%。必修 3 的"A9 能源与可持续发展"主题与生产生活、科技进步密切联系,但在习题中对科学·技术·社会·环境关系的考查还不到位。

### 5. 挑战的来源

如表 7 - 29 所示,必修各册教材习题的"挑战的来源"恰当的比率均为 100%,

必修教材习题表述、图表等无科学性错误。

### 6. 挑战的层次

根据表 7-30 中的数据,绘制必修 1~3 册教材及必修整体"挑战的层次"各等级习题数目占比图,如图 7-11 所示。

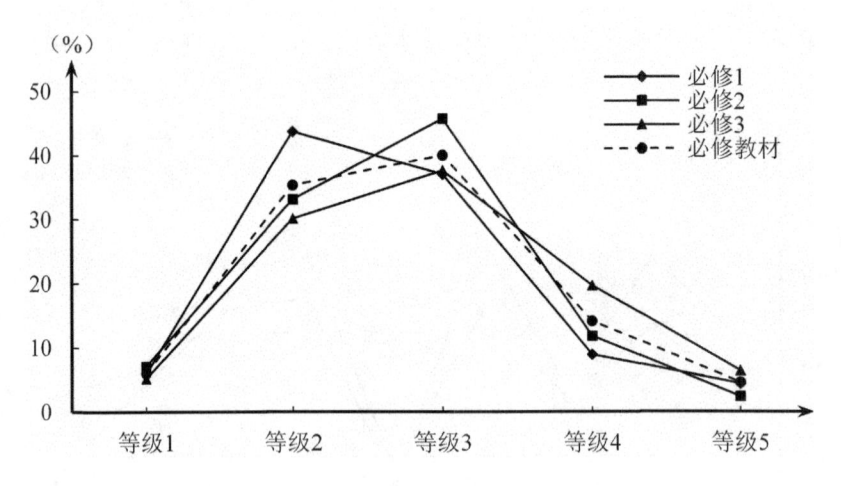

图 7-11 必修教材习题挑战的层次分布

整体来看必修教材习题挑战的层次主要为等级 3,处于等级 1、5 的习题最少,分布为偏正态分布。其中,必修 1 挑战的层次为等级 2 的习题最多,等级 3 次之;必修 2 与必修 3 挑战的层次为等级 3 的习题最多,等级 2 次之。等级 5 的习题在 A3、A5、A8 三个主题缺失,A5 上仅有等级 2 的习题。结合课程标准发现对"A3 机械能及其守恒定律""A5 牛顿力学的局限性与相对论初步""A8 电磁场与电磁波初步"主题的内容的认知水平要求多为"理解、验证""通过记忆与再现知识内容解答题目""知道、了解",故在教材 A3、A5、A8 主题中没有出现等级 5 的习题。

### 三、选择性必修教材习题与课程标准的一致性

教材选择性必修部分共 440 道习题,对应的"内容向心性""表现向心性"以及"挑战的来源"指标数据如表 7-31 所示。

表 7-31 选择性必修习题"内容向心性""表现向心性"和"挑战的来源"数据

| 一致性指标 | | 内容向心性 | | | 表现向心性 | | | 挑战的来源 | |
| --- | --- | --- | --- | --- | --- | --- | --- | --- | --- |
| 匹配等级 | | 2 | 1 | 0 | 2 | 1 | 0 | 1 | 0 |
| 选择性必修1 | 习题数目 | 139 | 3 | 2 | 130 | 12 | 2 | 144 | 0 |
| | 比例(%) | 96.5 | 2.1 | 1.4 | 90.3 | 8.3 | 1.4 | 100.0 | 0.0 |

续表

| 一致性指标 | | 内容向心性 | | | 表现向心性 | | | 挑战的来源 | |
|---|---|---|---|---|---|---|---|---|---|
| 匹配等级 | | 2 | 1 | 0 | 2 | 1 | 0 | 1 | 0 |
| 选择性必修2 | 习题数目 | 130 | 6 | 2 | 121 | 15 | 2 | 138 | 0 |
| | 比例(%) | 94.2 | 4.4 | 1.4 | 87.7 | 10.9 | 1.4 | 100.0 | 0.0 |
| 选择性必修3 | 习题数目 | 129 | 13 | 16 | 127 | 15 | 16 | 158 | 0 |
| | 比例(%) | 81.7 | 8.2 | 10.1 | 80.4 | 9.5 | 10.1 | 100.0 | 0.0 |
| 合计 | 习题数目 | 398 | 22 | 20 | 378 | 42 | 20 | 440 | 0 |
| | 比例(%) | 90.5 | 5.0 | 4.5 | 85.9 | 9.6 | 4.5 | 100.0 | 0.0 |

**1. 内容向心性**

选择性必修1~3册教材习题在内容向心性上达到一致性标准,与课程标准一致性程度较高,但一致性程度弱于必修教材。习题"完全一致"比率为90.5%,高于标准比率71%,"不完全一致或无法精确对应"和"完全不一致"题目数占选择性必修教材习题总数的9.5%,习题考查的知识内容绝大部分为课程标准学业要求中的知识。选择性必修1的内容一致性最高,对于动量与波的习题考查紧紧围绕课程标准要求展开,其中"不完全一致"或"完全不一致"是由于极个别习题考查的知识点在课程标准中未提及,例如在考查"光的干涉、衍射和偏振现象"相关知识时,题目的重点在于"光的直线传播"和"小孔成像"。该习题设置在一定程度上拓展了学生所要掌握的知识,但在课程标准主题中没有对应的二级知识点。选择性必修2存在部分习题"不完全一致"的主要原因是考查了三个课程标准中没有出现的知识点,分别是"电磁阻尼""电磁驱动"和"互感",说明教材习题在这三个知识点的要求上并不符合课程标准。选择性必修3"完全一致"比率为81.7%,达到内容向心性一致性标准,但低于其余五册教材的内容一致性程度。其中有10.1%的内容与课程标准"完全不一致",主要是因为该册教材介绍了物质相关概念和定律,像热力学定律、气体实验定律以及近代物理的相关知识,知识点数量较多且零散,整册教材的知识点关联性较弱,习题考查的知识有部分在课程标准要求之外。

**2. 表现向心性**

选择性必修的1~3册教材习题在表现向心性上达到一致性标准,习题与课程标准一致性较好,但一致程度弱于必修教材。由表7-31可知,整体上选择性必修教材习题与课程标准内容认知要求"完全一致"的题目数占选择性必修教材习题总数的85.9%,高于标准比率76%,习题设置的知识点认知水平能较好反映课程标准的要求。"不完全一致"和"完全不一致"题目数占选择性必修教材习题总数的14.1%,选择性必修1一致性水平最高,不足之处在于教材习题对于课程标准知识点内容侧重把握不到位。其次是选择性必修2,其一致性程度较低的原因是由于结合了力与运动知识,习题对应考查的知识点难度在课程标准要求的基础上有所提升。选择性必修3表现向心性一致性水平最低,是由于其内容向心性完全不一致的比率较高,影响了表现向心性一致性水平。

### 3. 平衡

根据课程标准设置的二级知识点以及选择性必修教材习题考查的二级知识点,计算"平衡""范围"和"挑战的层次"详细指标数据,得到选择性必修三册习题的相关数据,如表7-32所示。

表7-32 选择性必修习题"平衡""范围"和"挑战的层次"数据

| 课程标准 | | | 范围 | | 平衡 | | 挑战的层次 | | | | |
|---|---|---|---|---|---|---|---|---|---|---|---|
| 二级知识点 | | | 习题二级知识点 | | 教材习题 | | 1 | 2 | 3 | 4 | 5 |
| 教材 | 主题 | 数目 | $R_1(\%)$ | 数目 | $R_2(\%)$ | 数目 | $R_3(\%)$ | 数目 | 数目 | 数目 | 数目 | 数目 |
| 选择性必修1 | A10 | 5 | 6.3 | 5 | 100.0 | 41 | 9.8 | 2 | 13 | 21 | 5 | 0 |
| | A11 | 11 | 13.9 | 11 | 100.0 | 66 | 15.7 | 9 | 38 | 18 | 1 | 0 |
| | A12 | 7 | 8.9 | 7 | 100.0 | 35 | 8.3 | 9 | 12 | 10 | 2 | 2 |
| | 合计 | 23 | 29.1 | 23 | 100.0 | 142 | 33.8 | 20 | 63 | 49 | 8 | 2 |
| 选择性必修2 | A13 | 2 | 2.5 | 2 | 100.0 | 28 | 6.7 | 3 | 4 | 11 | 8 | 2 |
| | A14 | 9 | 11.4 | 7 | 77.8 | 63 | 15.0 | 3 | 25 | 20 | 9 | 6 |
| | A15 | 5 | 6.3 | 5 | 100.0 | 26 | 6.2 | 2 | 12 | 10 | 1 | 1 |
| | A16 | 1 | 1.3 | 1 | 100.0 | 19 | 4.5 | 3 | 5 | 6 | 3 | 2 |
| | 合计 | 17 | 21.5 | 15 | 88.2 | 136 | 32.4 | 11 | 46 | 47 | 21 | 11 |
| 选择性必修3 | A17 | 13 | 16.5 | 9 | 69.2 | 49 | 11.7 | 3 | 24 | 19 | 3 | 0 |
| | A18 | 3 | 3.8 | 3 | 100.0 | 25 | 6.0 | 2 | 19 | 4 | 0 | 0 |
| | A19 | 18 | 22.8 | 16 | 88.9 | 51 | 12.1 | 15 | 28 | 5 | 3 | 0 |
| | A20 | 5 | 6.3 | 5 | 100.0 | 17 | 4.0 | 2 | 10 | 2 | 2 | 1 |
| | 合计 | 39 | 49.4 | 33 | 84.6 | 142 | 33.8 | 22 | 81 | 30 | 8 | 1 |
| 整体 | | 79 | | 71 | 89.9 | 420 | | 53 | 190 | 126 | 37 | 14 |

将表 7-32 中平衡指标 $R_1$ 和 $R_3$ 的数值用图 7-12 直观地表示出来，$R_1$ 对应的是课程标准中各个主题的学业要求与学业要求总数之比，$R_3$ 对应考查教材中不同主题的习题数目与习题总数之比。

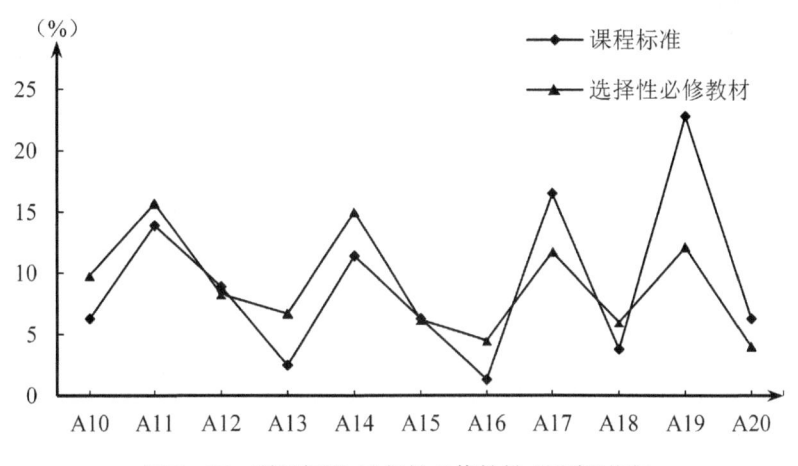

图 7-12　课程标准、选择性必修教材"平衡"指标

选择性必修三册教材习题在各主题下知识点的分配与课程标准大致吻合，二者在平衡性上较为一致。表 7-32 数据显示，选择性必修 1 和选择性必修 2 教材习题的配置占比高于课程标准，选择性必修 3 平衡指标低于课程标准 15.6%，差异最大。选择性必修 1 和 2 习题设置均超出课程标准的要求，这是由于在等级性考试考查选择性必修时，往往这两册内容占比也较多，是考查的重点内容；而选择性必修 3 整体来看教材习题各知识点考查均低于课程标准要求。选择性必修教材大部分主题的 $R_3$ 与课程标准主题对应的 $R_1$ 较为接近，但有个别差异较大。差别稍微大一些有 A13、A17 和 A19。其中"A19 原子与原子核"主题 $R_3$ 与 $R_1$ 差别最大（差值为 -10.7%），究其原因是课程标准在该主题下设置了非常多的知识点，而在教材课后习题中并没有得到足够的反映，选择性必修 3 习题在帮助学生形成相对完整物质观念的层面上还有待提升。

4. 范围

选择性必修部分习题所考查主题的学业要求数目与课程标准中该主题的学业要求数目达到一致性要求，把三册教材作为整体，习题范围指标 $R_2$ 为 89.9%，大于 66%，达到一致性"满意"程度。单独分析每一册，$R_2$ 分别为 100%、88.2%、84.6%，程度均为"满意"。虽然每个主题一致性水平都达到"满意"，但个别主题还有待提升，"A14 电磁感应及其应用"以及"A17 固体、液体和气体"主题相对低一些，其中选择性必修 2 的 A14 主题没有呈现"发电机、电动机"能量转化的题目，没有充分强调电磁学在人类生活和社会发展中的作用;选择性必修3的A17主题是材料科学的相关知识,"半导体、纳米材料"没有设置相应习题,不利于学生了解半导体技术在生产生活中的应用以及深入了解纳米材料的研究及其可能存在的问题。

**5. 挑战的来源**

如表7-31所示,选择性必修各册教材习题的"挑战的来源"恰当的比率均为100%,说明选择性必修教材习题并无科学性错误。

**6. 挑战的层次**

根据表7-32中的数据,绘制选择性必修1~3教材及选择性必修整体"挑战的层次"各等级习题数目占比图,如图7-13所示。

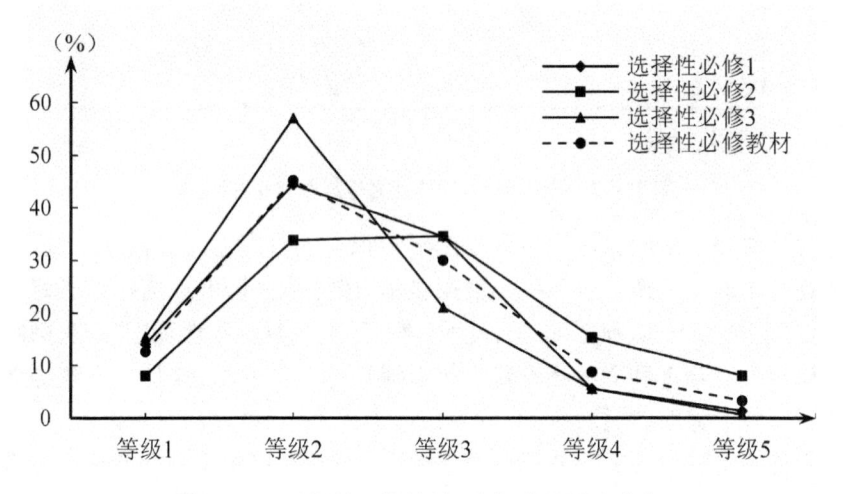

图7-13 选择性必修教材习题挑战的层次分布

整体来看选择性必修教材习题挑战的层次主要是等级2,等级5的习题最少,分布为偏正态。其中,选择性必修1和选择性必修3挑战的层次为等级2的习题最多,等级3次之;选择性必修2挑战的层次为等级3的习题最多。缺失等级5习题的主题较多,共有5个,分别是A10、A11、A17、A18和A19。结合课程标准发现对"A10动量与动量守恒定律""A17固体、液体和气体""A19原子与原子核"主题内容的认知水平要求分别是"了解、理解、体会""了解、知道""了解、认识、知道";"A11机械振动与机械波"主题下课程标准的认知水平要求主要是"通过实验,认识/了解……",且等级4仅有1道习题;"A18热力学定律"课程标准要求认知水平为"知道、了解",此主题下习题缺失等级4与等级5的习题。课程标准对这五个主题的要求较低,因而配置的习题难度较低。

## 第四节　研究结论

### 一、教材知识内容与课程标准的一致性

**1. 整体一致性**

2019年版高中《物理》教科书(人民教育出版社)与课程标准的一致性系数为0.770,存在统计学意义上的一致性,较好地体现了课程标准在内容主题和认知水平上的要求,同时也兼顾了高等学校的选拔要求,又在局部内容的组织上有特色与创新。

**2. 逐册一致性**

选择性必修3与必修3的一致性系数较高,且都高于参考系数,存在统计学意义上的显著性一致性,其余部分也具有统计学意义上的一致性,但不显著。其中选择性必修2的一致性程度最低。

在知识内容方面,必修3和选择性必修2的知识点在各个内容主题上的分布与课程标准匹配程度最高,而必修1和必修2的匹配程度与其他相比则稍逊一筹。其中分布水平与课程标准匹配程度较低的主题有:"曲线运动与万有引力定律""机械能及其守恒定律""能源与可持续发展"以及"磁场"。

在认知水平方面,选择性必修3和必修3的匹配程度最高,而选择性必修2的认知水平分布与课程标准的匹配程度最低,特别是在记忆与理解两个水平上差异较大。

**3. 各主题一致性**

"固体、液体和气体"和"波粒二象性"两个主题的一致性系数最高,且存在统计学意义上的显著一致性。"牛顿力学的局限性与相对论初步""磁场""传感器"和"电磁振荡与电磁波"四个主题的一致性相对较低,但都在置信区间内,具有统计学意义上的一致性。

在知识内容方面,"电路及其应用""动量与动量守恒定律""固体、液体和气体"以及"热力学定律"四个内容主题与课程标准的匹配程度很高。"原子与原子核""波粒二象性"和"牛顿力学的局限性与相对论初步"三个主题的匹配程度略低一些。

在认知水平方面,教材与课程标准对知识的认知要求基本是一致的,知识点数量的认知水平分布由高到低分别是理解、记忆、运用、分析、应用。

### 二、教材习题与课程标准一致性结论

基于Achieve一致性模式,结合课程标准中的学业要求,把挑战性等级调整为五个等级。从向心性、均衡性和挑战性三个维度共六个指标分析了教材课后习题与课程标准的一致性,研究结果表明教材习题对于知识内容和认知水平的考查与

课程标准的一致性较高,习题均衡性达到一致性标准,题目来源恰当,无科学性错误,挑战性等级基本符合课程标准的要求。具体结论如下:

**1. 向心性维度**

在"内容向心性"上,教材习题与课程标准达到一致性评价标准。各册教材习题内容向心性一致性水平从高到低排序为:选择性必修1、必修3、选择性必修2、必修2、必修1、选择性必修3。

在"表现向心性"上,教材习题与课程标准达到了一致性要求。但"表现向心性"一致性程度弱于"内容向心性",这是由于知识内容在课程标准中是显性的,而知识内容的认知要求在课程标准中没有特别明确的说明,指向性不强,需要教材编写者通过对课程标准内容进行思考判断,结合自己的理解设置习题。表现向心性一致性水平从高到低为:选择性必修1、必修1、必修3、选择性必修2、必修2、选择性必修3。

总体来说,在"向心性"层面,以与课程标准的一致性水平作为评价准则,必修教材习题的一致性程度要优于选择性必修教材习题。教材习题的一致性还有一定的提升空间,特别是选择性必修3的向心性需要加强。

**2. 均衡性维度**

在"范围"指标上,整体上教材习题与课程标准一致性达到"满意"程度,且选择性必修教材的一致性强于必修教材。其中选择性必修1习题与课程标准要求完全吻合,必修1、选择性必修2和选择性必修3一致性程度较高,必修2与必修3各存在一个主题的一致性为"可接受"程度。

在"平衡"指标上,习题在各主题下的分布与课程标准中知识点在主题下的分布基本一致,必修教材的一致性略高于选择性必修教材。各个主题的一致性有高有低,是因为教学导向在一定程度上也会影响习题的编制,对于重难点知识的考查肯定要高于其他知识点,因此习题不会平均分布,总体均衡但也会存在合理的侧重。

**3. 挑战性维度**

教材习题在"挑战的来源"上与课程标准具有高度一致性,不存在无答案、语义不清和描述性错误,无论是教材习题的内容还是图表的呈现方式都遵从科学性原则,准确反映了课程标准对于教材编写的要求。

教材习题"挑战的层次"等级分布与课程标准具有一致性。整体上看分布在等级2的习题最多。在必修教材习题中,挑战层次的等级3的占比最大,等级2和等级4的次之。选择性必修教材习题挑战的层次等级2的占比最大,其次是等级3。故教材习题在较为简单的认知水平上配置偏多。

# 第八章　中国高中物理教材2019年版与2010年版的对比

本章以人民教育出版社2019年版和2010年版高中《物理》教科书为对象,对两版教材的内容结构、图像、实验、习题以及科学本质的变化进行对比,进一步明晰新教材的特色及变化,帮助新教材的使用者较快地熟悉教材,洞察核心变化,同时为教材编写提供参考。

## 第一节　内容结构的变化

在教材的宏观体系的架构上,2019年版教材相较2010年版教材进行了调整,除此之外在知识点、章节编排以及知识内容的组织上,也存在不同程度的变动。

### 一、知识点变动对比

在知识点的分布上,2019年版教材必修1和必修2在知识内容上同2010年版教材必修1、必修2基本相同,但在表述结构上有所变化;2019年版教材必修3的内容来自2010年版教材选修3-1中的基础性定性分析的内容,具体包括对静电场和磁场的定义、描述以及应用,简单电路的基本概念,电场中的能量以及能量守恒;2019年版教材选择性必修1的内容来自2010年版教材选修3-3以及3-5的部分内容,对其中部分知识点进行删减;选修3-1中定量分析的内容同选修3-2一起构成了2019年版教材选择性必修2的内容,进行了部分的删减;2019年版教材选择性必修3的内容包含了2010年版教材选修3-3和3-5的部分内容,进行一定的修改。具体的知识变化如表8-1所示。

表8-1 2019年版与2010年版教材相比知识点变动分析

| | 移入的知识点(新增知识点) | 移出的知识点(删除的知识点) |
|---|---|---|
| 必修 | 光能量的量子化介绍、微观世界的量子化特征、相对论时空观初步介绍、静电场的定性描述、简单电路及电路中的能量变化、磁场的定性描述、电磁波的产生与应用 | 探究做功与动能变化的关系、多用电表原理、门电路、逻辑电路的基本原理、集成电路 |
| 选择性必修 | 电动机和发电机的能量转化、场的多样性与统一性、分子运动速率分布及图像的物理意义 | 惠更斯原理、激光全息照相、电容电感对交变电流的阻碍作用、温度与分子平均动能的关系、相对湿度、未饱和汽和饱和汽、康普顿效应、概率波、电子云、不确定关系、解释轻重核质子、中子数有不同比例的原因、链式反应条件及核电站、反应堆的工作模式、反电动势 |

通过对比可知,2019年版教材必修部分知识总量有所增加,将电磁学部分基础知识内容纳入了必修模块,进一步完善了高中物理必修部分的知识结构体系,有助于学生对物理学整体的认识。在选择性必修部分,新增内容较少,但删除的内容较多,删除的内容多为细枝末节且对于高中学生来讲理解难度较大的内容,且在2010年版教材中也属于较为边缘的知识点,以突出核心知识点的地位,利于学生和教师掌握教学的重点。

二、章节变动分析

2019年版教材较2010年版教材,在教材章节的编排与设置上有较大的变化,这些变化主要呈现出以下特征:

**1. 进一步优化每节内容的容量,以适应实际课时的需要**

这一特征主要体现在章节的合并与拆分上,将2010版教材部分内容容量较小的章节进行合并,容量较大的章节进行拆分,对每小节的知识容量进行平衡,使得知识点在各小节的分布更加均衡。这样的变化对教师以及学生更加友好,教师能更好地安排教学进度,组织教学内容;学生也能更好地掌握每小节的内容。

如在2019年版教材必修1中将"自由落体运动"和"伽利略对自由落体运动的研究"合并为一节"自由落体",首先这两部分知识联系较为紧密,其次是"伽利略对自由落体运动的研究"内容较为单一,又与"自由落体运动"有重合的部分。因此进行合并,使内容组织更加符合逻辑及认知的需要,进行合并的内容大都具有这样的特征。

在2019年版教材选择性必修1中,将2010年版教材"单摆"一节拆分为"单摆"和"实验:用单摆测量重力加速度"。将实验单独作为一节内容,在一定程度上强调了单摆内容的重要性,同时又体现教材对核心素养中培养学生科学探究能力的落实。对于拆分的章节,内容多是原来的教材不够重视,但却是学生学习过程中的易混、易错点,将其独立成一个小节在一定程度上体现了实际教学的要求,体现教材服务于实际教学的特点。

**2. 章节命名用词更加专业化,且更加突出核心概念**

对章节名称的修订主要体现在两个方面,一是物理学术语的使用,强调物理概念的专业性与准确性;二是精简标题,突出章节的核心概念,在节标题中剔除次要概念。尤其是对物理术语的强调,同新课程标准的要求相吻合,规范使用物理学科术语,有助于提升学生乃至教师的物理学科素养。此外,精简节标题,突出核心概念,可以帮助教材的使用者,准确地抓住每小节的重点内容,从而更有效地学习相关的知识。

如在机械振动这一章中,将2010年版教材中"外力作用下的振动"修改为"受迫振动 共振",使用专业的物理学术语,体现物理学科的严谨性,同时这样的修改也体现了教科书的权威性。

在静电场中将2010年版教材中"电荷及其守恒定律"修改为现"电荷",在内容不变的前提下,通过节标题的改变,指明小节的重点概念,为学生的学和教师的教指明了方向。

### 三、内容编排顺序变动分析

2019年版教材较2010年版教材在知识点的编排顺序上有一定程度的调整,主要集中在电磁学的内容,由于将电磁学的基础内容划入了必修内容,即对2010年版教材选修3-1中对电磁学的定性描述的内容进行提取、重组,在此基础上根据人们对电磁学的认识顺序,编入必修3中;对选修3-1中关于磁场定量分析的内容,再进行重组,编入2019年版教材选择性必修2中。除电磁学部分有大幅度的知识点顺序调整外,还有其他部分的顺序也进行了调整。这些调整大多具有以下特征:

**1. 基于学生已有的认知水平及经验,调整知识点的呈现顺序**

如在圆周运动中,2019年版教材相较2010年版教材,交换了"向心力"与"向心加速度"两小节的呈现顺序,变更为先介绍向心力,后呈现向心加速度。这一逻辑更加符合物理学的逻辑和学生的思维水平。基于圆周运动是变速运动的理解,学生更容易将其同受力情况联系,进而引出向心力,这符合动力学的分析逻辑,再进行向心加速度的教学,知识点间的跳跃性更小。

类似的调整在 2019 年版教材中较多,如在力学中,将牛顿第三定律的内容提前,设置在三大性质力之后。这一调整符合学生的认知发展过程,同时有助于加强对力的理解,也为后面的教学做好铺垫。

**2. 基于物理知识的系统性与连贯性,对知识内容进行重新组合**

这一变化的突出体现在对章节内容的合并上,章节的合并除考虑到知识容量这一要素外,还注意到知识点的联系。除去合并的内容外,2019 年版教材对部分小节的内容进行了拆分重组,将其置于不同的小节中,这是基于对知识体系的把控,改善 2010 年版教材中,因章节化编排引起的部分知识点间割裂的情况,强调知识体系的完整与连贯。

比如近代物理的内容,将 2010 年版教材"粒子的波动性"的内容进行拆分,把"光的波粒二象性"的内容纳入 2019 年版教材"光电效应"之中,学习完"光电效应"内容后,总结"光的波粒二象性",水到渠成,体现物理学体系的严密;关于"实物粒子的波动性"以及"物质波"的内容纳入了"粒子的波动性和量子力学的建立"。而"物质波"的提出,是推动量子力学发展的重要概念,将其与量子力学的建立合并成一章,符合物理学的发展历程。

## 第二节 教材图像的变化

### 一、图像增减变动分析

2019 年版教材共有图像 879 幅,比 2010 版教材增加 13 幅。其中新增 358 幅图像,保留 2010 年版教材中的图像 418 幅、改编重组 103 幅后编入 2019 版教材,345 幅图像被删减。从各模块图像绝对数量变化看,力学增加了 13 幅,电磁学增加了 11 幅,热学增加了 1 幅,光学和近代物理分别减少了 6 幅。各内容模块的图像详细变动情况如表 8-2 所示。

表 8-2 2019 年版与 2010 年版教材图像各知识模块的数量变化统计表

|      | 力学        | 电磁学       | 热学       | 光学       | 近代物理     | 总计         |
|------|-----------|-----------|----------|----------|----------|------------|
| 新增   | 142,41.2% | 130,41.0% | 41,48.8% | 11,21.6% | 34,41.4% | 358,40.7%  |
| 保留   | 155,44.9% | 162,51.1% | 30,35.7% | 35,61.4% | 36,43.9% | 418,47.6%  |
| 改编   | 48,13.9%  | 25,7.9%   | 13,15.5% | 5,8.8%   | 12,14.6% | 103,11.7%  |

通过表格我们可以发现 2019 年版教材超过四成的图像是新增内容,近六成来

自 2010 年版教材,表明 2019 年版教材对 2010 年版教材的图像内容在去粗取精的基础上进一步优化,提高图像系统的质量。同时可以发现各模块的新增比例差异较为明显。如热学模块新增比例最大(48.8%),保留比例最低(35.7%);光学模块保留比例最高(61.4%),新增比例最低(21.6%);改编比例最高的为热学模块(15.5%),最低的为电磁学模块(7.9%)。这一差异说明,2019 年版教材在对 2010 年版教材的图像取舍上,并非简单的"一刀切",而是从知识内容的特性和时代变化等方面进行了全面的考虑。热学模块等同生活联系较为紧密的内容,图像多为生活实例,随着时间的推移,其图像内容显得陈旧,因此保留的占比较低,新增内容较多;而对于光学模块,抽象的图像较多,因此保留的内容相应增加。

## 二、图像内容变动分析

从图像的内容角度进行分析,不同内容的图像变动情况存在不同,具体变动数目及相应的百分比如表 8-3 所示。

表 8-3  2019 年版与 2010 年版教材图像内容的增减变化表

|   | 科技生活 | 物理学史 | 实验探究 | 原理模拟 | 数据图表 | 结构框架 |
| --- | --- | --- | --- | --- | --- | --- |
| 新增 | 165,59.6% | 25,51.0% | 34,21.0% | 95,31.6% | 35,42.7% | 4,50.0% |
| 保留 | 92,33.2% | 22,44.9% | 94,58.0% | 164,54.4% | 43,52.4% | 3,37.5% |
| 改编 | 20,7.2% | 2,4.1% | 34,21.0% | 42,14.0% | 4,4.9% | 1,12.5% |

根据表 8-3 中给出的数据,从图像内容角度,2019 年版教材中不同内容的图像数量增减变化有着较大差异。如科技生活类新增比例最高(59.6%),保留占比最低(33.2%),实验探究类仅新增 21.0%,比例最低,保留占比 58.0%,比例最高;对改编的图像中,原理模拟类最高,物理学史类最低。

上述差异一部分是由于图像本身的内容特性所决定的,科技生活类的图像新增的比例较大,是因为该类图像与实际生活联系紧密,图像内容随着教材的修订本就应该及时更新,以更好地反映当前的生活实际与物理学的前沿内容。实验探究类和原理模拟类的图像新增比例较小,2019 年版教材与 2010 年版教材在知识的广度上变化不大,因此实验以及核心概念的变化也较小,使得这两类图像新增比例相应较低。物理学史类本应和原理模拟以及实验探究类图像情况保持一致,但由于 2019 年版教材加强了图像对人文素养的呈现,因此新增比例较大。

这一变动,使得两版教材在图像内容选择上,呈现较明显的差异,两版教材在图像内容分布上的总体差异如图 8-1 所示。

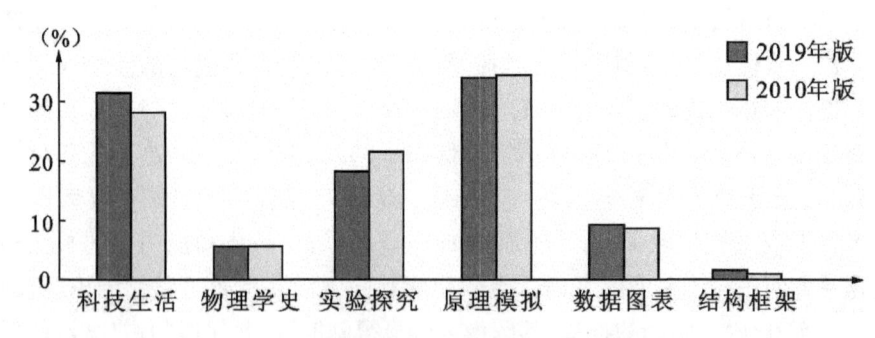

图 8-1　2019 年版与 2010 年版教材图像内容分布对比

在图像内容的选择上,2019 年版教材在科技生活和数据图表类的图像占比较 2010 年版教材有不同程度的增加,其中科技生活类的差异较为明显;原理模拟类和实验探究类有所下降,实验探究类下降较为明显;物理学史和结构框架类变化很小。

总体说来,2019 年版教材与 2010 年版教材在图像内容分布上变化不大,仅有细微的占比调整。表现为增加科技生活类图像的比例,加强物理同生活实际的联系,小幅度提高数据图表类的占比,体现对学科素养的关注。实验探究类图像占比下降,主要是由于 2019 年版教材对实验图像进行了整合,提升了图像部分综合性,所以数量有所降低,占比也相应下降,原理模拟类占比下降的原因与此相同。

在具体的模块中,2019 年版教材同 2010 年版教材在图像内容的分布上,受模块特点的影响,呈现出不同的特征,借助表 8-4 和表 2-9(2019 年版数据)进行分析。

表 8-4　2010 年版教材图像内容各模块数量/占比

| 模块 | 科技生活 | 物理学史 | 实验探究 | 原理模拟 | 数据图表 | 结构框架 |
| --- | --- | --- | --- | --- | --- | --- |
| 力学 | 121,36.2% | 14,4.2% | 71,21.6% | 101,30.2% | 27,8.1% | 0,0.0% |
| 电磁学 | 64,20.9% | 19,6.2% | 71,21.3% | 131,42.8% | 19,6.2% | 4,1.3% |
| 热学 | 22,26.5% | 4,4.8% | 16,19.3% | 20,24.1% | 19,22.9% | 2,2.4% |
| 光学 | 13,22.8% | 2,3.5% | 19,33.3% | 20,35.1% | 3,5.3% | 0,0.0% |
| 近代物理 | 21,23.9% | 5,5.7% | 16,18.2% | 37,42.1% | 9,10.2% | 0,0.0% |

不同的模块中,2019 年版教材与 2010 年版教材相比在图像内容上的变化并不一致,而是结合各自结构特点和课程标准的要求进行优化与调整,使图像更好地服务于教学。

在力学模块,两版教材图像内容分布情况变化不大。2019 年版教材在科技生活类、结构框架类、数据图表类和物理学史类图像比例有所上升,在实验探究类和原理模拟类有所下降,但变化较小,均在4%以内。表明两版教材在力学部分对图像内容选择上是一致的。

在电磁学模块中差异较显著的为科技生活类,2019年版教材较2010年版增加了7.8%。数据图表类和结构框架类有小幅度的上升;原理模拟类、实验探究类和物理学史类有不同程度的降低,增减幅度均低于4%。2019年版教材中适当增加了科技生活的图像,帮助学生认识科学·社会·环境的关系,体会基础科学的重大发现在工业革命中的作用。

在热学模块中原理模拟和数据图表类差异显著,原理模拟类比例上升10.4%,数据图表类下降9.8%;物理学史类基本持平;其余三类增减幅度较小,均低于3%。表明2019年版教材与2010年版教材相比在热学模块要求有所提高,加强了对概念的理解与掌握。

在光学模块,物理学史类、科技生活类和原理模拟类比例出现不同程度的上升,但升幅较小,均低于5%;实验探究类和数据图表类出现下降,下降的比例低于4%。两版教材在光学模块基本保持一致。

在近代物理模块,实验探究类、原理模拟类图像数量下降,下降的比例分别为13.3%和5.46%,其余四种图像占比有不同程度的上升,涨幅较大是:科技生活类(7.84%)、物理学史类(7.73%)。表明本模块的教学重点不是原理的掌握,应借助更多生活类和史学类的图像,帮助学生了解相关内容,知道科技对生活和社会发展的积极影响,但同时也带来一系列问题,树立正确的科学发展观。

### 三、图像功能变动分析

从图像的功能角度进行分析,不同功能的图像变动情况存在差异,具体变动数目及相应的百分比如表8-5所示。

表8-5 2019年版与2010年版教材图像功能上的增减变化

|  | S1 | S2 | S3 | C1 | C2 | C3 | C4 |
| --- | --- | --- | --- | --- | --- | --- | --- |
| 新增 | 18,62.1% | 162,56.3% | 104,43.5% | 49,64.5% | 10,62.4% | 11,5.3% | 4,16.7% |
| 保留 | 10,34.5% | 105,36.4% | 113,47.3% | 23,30.3% | 3,18.8% | 152,73.4% | 12,50.0% |
| 改编 | 1,3.4% | 21,7.3% | 22,9.2% | 4,5.2% | 3,18.8% | 44,21.3% | 8,33.3% |

在图像功能上,S1、C1和C2类的图像新增比例较大,均高于60%;C3类增加比例最低,仅为5.3%,但保留的比例最高,为73.4%;保留比例最低的为C2类;改编中C4的比例最高,S1最低,仅为3.4%。

不同功能图像的增减变化情况,在一定程度上反映了2019年版教材较2010年版教材在图像功能有了一定的调整,更加注重图像的演示功能,通过直观形象的图像,激发学生学习的兴趣,在兼顾知识点内容的前提下,更多考虑到学生的使用教材的情况,在教材编写中体现以学生为中心。

这一变动,使得两版教材在图像功能分布上,呈现较明显的差异,两版教材在图像功能分布上的总体差异如图8-2所示。

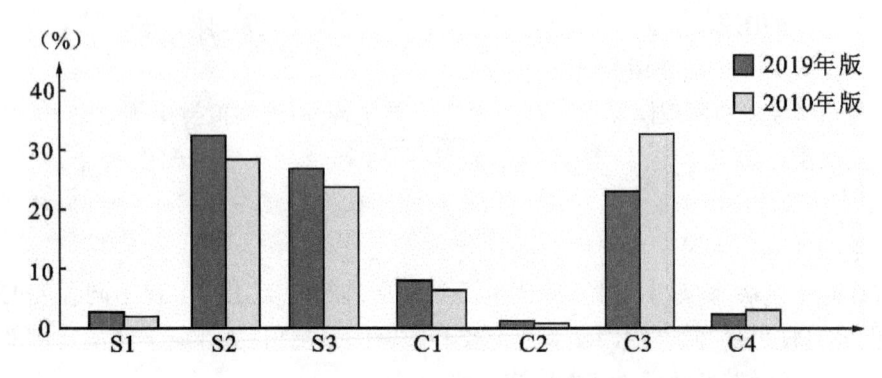

图8-2 2019年版与2010年版教材图像功能分布对比

结合统计图,不难发现在S1(演示)、S2(阐明)、S3(解释)、C1(演示+阐明)以及C2(演示+解释)功能的图像在2019年版教材中的比例均有不同程度的上升,其中S2类上升的比例较大;C3(阐明+解释)和C4(演示+阐明+解释)的比例下降,其中C3下降的幅度最大。

变动情况表明2019年版教材在图像功能上进行了调整,让图像更多作为教材文本的补充内容,因此S2的图像比重有较大程度的上升。明确了图像在教材中的地位,为进一步开发图像这一教学资源指明了方向。

2019年版教材中,单一功能的图像比例明显上升,相应复合型功能的图像比例下降。表明2019年版教材图像的功能更加专一化,图像的复合程度有所降低,图像处于文字内容的从属地位。

在具体的模块中,2019年版教材同2010年版教材在图像内容的分布上,受模块特点的影响,呈现出不同的特征,借助表8-6和表2-11(2019年版数据)进行分析。

表8-6 2010年版教材图像功能各模块数量/占比分布

| 模块 | S1 | S2 | S3 | C1 | C2 | C3 | C4 |
| --- | --- | --- | --- | --- | --- | --- | --- |
| 力学 | 2.1% | 27.8% | 23.4% | 11.4% | 1.8% | 29.3% | 4.2% |
| 电磁学 | 2.6% | 22.6% | 32.4% | 3.9% | 0.3% | 34.9% | 3.3% |

续表

| 模块 | S1 | S2 | S3 | C1 | C2 | C3 | C4 |
|------|------|------|------|------|------|------|------|
| 热学 | 1.2% | 37.4% | 22.9% | 3.6% | 1.2% | 32.5% | 1.2% |
| 光学 | 0.0% | 45.6% | 8.8% | 5.3% | 1.8% | 33.3% | 5.3% |
| 近代物理 | 5.7% | 29.6% | 14.8% | 4.6% | 0.0% | 42.1% | 3.4% |

在力学模块中,两版教材各功能的图像在占比上均有所调整,其中差异最大的是C3类,2019年版教材较2010年版教材下降了12.8%,其余功能的图像变动均未超过5%。从各模块来分析,在电磁学模块,除S2和C3外,其余功能两版教材占比相似。2019年版教材在S2类比重高于2010年版教材9.3%,在C3低于2010年版教材7.5%。在热学模块中,S3和C3比例变化较为明显,2019年版教材较2010年版教材,变化的百分比分别为8.1%和-7.5%。在光学模块中,S2和S3的比例变化较为明显,2019年版教材较2010年版教材,变化的百分比分别为5.4%和-4.9%。近代物理模块中,S2、S3以及C3的比重变化较为显著,2019年版教材较2010年版教材变化的百分比分别为5.8%、9.6%和-11.6%。

各模块的变化具有一定的共性,在C3类有不同程度降低。综合表现为教材整体C3类下降的幅度最大。其余在S2、S3以及C1功能上的调整,均是基于模块自身知识内容的特征进行配制,围绕知识点的特性,选定合适的功能的图像,以更有效地传递知识内容。如对较为抽象的内容增加具有阐明功能的图像,使其更容易理解;对较为晦涩的概念规律,配上具有解释功能的图像,使其更易被理解。

## 第三节　教材实验的变化

这一节将从物理教材实验内容、类型、实验难度、实验探究水平及探究技能四个方面详细分析2019年版教材实验的变化。

### 一、实验内容及类型变化

2019年版教材实验共有119个,2010年版教材实验共有140个,总数量减小21个。其中保留96个,新增23个,删除44个。

**1. 各模块实验变化**

提取教材中的实验并依据实验内容划分模块,整理得五个知识模块下的实验广度如表8-7所示。

表 8-7 2019 年版与 2010 年版教材实验数量及占比统计

| 版本 | 力学 | 电磁学 | 光学 | 热学 | 近代物理 | 总计 |
|---|---|---|---|---|---|---|
| 2019 年版 | 53,44.54% | 42,35.29% | 10,8.40% | 13,10.93% | 1,0.84% | 119,100% |
| 2010 年版 | 50,35.72% | 54,38.57% | 16,11.43% | 17,12.14% | 3,2.14% | 140,100% |

除力学实验数量增加 3 个外,其余模块数量均有不同程度压缩。实验数量变化最大的是电磁学,减少 12 个实验,占原电磁实验数量的 22%;从减小的数量占原来实验的比例看,近代物理最大(66.7%),其次是光学(37.5%)。

以知识模块为单位,进一步比较两版的实验内容,详细了解 2019 年版教材实验变化,结果如表 8-8 所示。

表 8-8 2019 年版教材新增、删减实验统计

| 模块 | 新增 | 删除 |
|---|---|---|
| 力学 | 用手机测自由落体加速度、探究弹簧弹力与形变量的关系、在电梯上放体重计体会实重与视重、观察钢球碰撞、投接气球体验动量变化、验证动量守恒、小车碰撞前后动能变化、用单摆测量重力加速度、观察弹簧形成的波、水波的反射、研究掷标枪动作的原理、橡皮筋弹力与伸长量关系、弹簧振子运动周期 | 看看你反应快慢、用数码相机拍物体下落研究物体运动、确定薄板的重心、探究弹性势能的表达式、功与速度变化关系、演示小球能摆多高、绘制弹簧振子上小球的振动图像、用传感器和计算机描绘简谐运动的图像、研究桥梁、潮汐现象 |
| 电磁学 | 观察电容器充放电、电阻率与温度的关系、金属丝电阻率的测量、观察常见磁场的分布、改变线圈匝数和磁体的强度,观察感应电流大小、WI-FI 与蓝牙同时使用会不会相互干扰、手机耗电因素、热敏电阻特性 | 研究空腔导体内表面的电荷、测绘小灯泡的伏安特性曲线、研究路端电压、用磁传感器研究磁场、演示平行通电直导线之间的相互作用、玻璃皿中放入导电液体,观察液体旋转方向、做一做摇绳发电、观察电动机启动过程中电流表的示数、观察电磁振荡电路的电流表示数、用传感器观察振荡电路、制作简易无线话筒、改变霍尔元件与磁感线工作面的夹角观察电压变化、日光灯启动器当温控开关、感温铁氧体加热现象、测量光照强度、检验二极管、演示与非门、霍尔效应、把交流电变成直流 |

续表

| 模块 | 新增 | 删除 |
|---|---|---|
| 热学 | 用手捂住烧瓶观察玻璃管水柱向外移动现象、观察食盐颗粒和松香外形 | 分子无规则运动实验、随机事件规律实验、观察铅块铁块放在沥青上的变化、观察低气压下的热水、观察玻璃和云母片上石蜡融化区、压下活塞观察筒底物品的变化 |
| 光学 | | 自制器材观察双缝干涉、做单缝衍射、用羽毛做光栅衍射、用白光做双缝干涉、手指捏住两块玻璃片观察现象、观察全息照片 |
| 近代物理 | | 演示玻璃管壁上的荧光及阴影、研究建筑石材的放射性 |

依据表 8-8,整理各模块新增、删减数量,并计算保留的数量占 2010 年版该模块实验的比例,结果如表 8-9 所示。

表 8-9　2019 年版与 2010 年版教材实验保留、新增、删减个数统计

| 内容模块 | 保留 | 新增 | 删减 |
|---|---|---|---|
| 力学 | 40,80.00% | 13 | 10 |
| 电磁学 | 34,62.96% | 8 | 20 |
| 光学 | 10,62.50% | 0 | 6 |
| 热学 | 11,64.71% | 2 | 6 |
| 近代物理 | 1,33.33% | 0 | 2 |
| 总计 | 96 | 23 | 44 |

与 2010 年版教材相比,实验内容变动百分比从多到少依次为近代物理、光学、电磁学、热学、力学。其中,引起近代物理模块变动最大的原因在于删减。2010 年版教材中近代物理安排了 3 个实验,2019 年版教材删减了 2 个,并无新增实验。

新增实验个数从多到少依次为力学、电磁学、热学,近代物理和光学无新增。其中,力学新增 13 个实验。以主题为单位,进一步分析力学新增实验内容,得出在"动能与动能守恒定律"主题新增最多,为 4 个。与旧课标相比,在内容要求上,新课标除了呈现"通过理论和实验理解动量定理和动量守恒定律"外,还增加了"通过实验,了解弹性碰撞和非弹性碰撞的特点"。在"活动建议"上,除了呈现与旧课标中相同的"制作水火箭"外,还增加了"观察台球碰撞前后的运动情况"。因此通

过新增观察钢球碰撞、投接气球体验动能变化、验证动量守恒、小车碰撞前后动能变化四个实验,应对新课标中的新要求。

删减数量从多到少依次为电磁学、力学、光学和热学、近代物理。以主题为单位,分析电磁学中删减的实验,删减最多的是"传感器"主题,删减实验数为7个。结合教材内容,2019年版教材删除了门电路知识点,相应的删除了实验"演示与、非门"2个实验。同时新版弱化了霍尔元件以及传感器的应用内容,因此相应的删减了2010年版教材关于霍尔元件的做一做实验以及温度传感器、光传感器应用的相关实验。

光学模块无新增实验,但有6个实验被删除。结合删减内容,2019年版教材删除了激光全息照相这一知识点,相应的与该知识点有关的观察全息照片实验被删除。除此之外,2019年版教材只保留了干涉、衍射知识点的教师演示和学生课堂实验,删除了2010年版教材"做一做"栏目中的课外实验,降低学生课外操作难度。

**2. 实验类型的变化**

依据实验目的的划分标准,对2019年版教材和2010年版教材实验类型进行统计,统计结果如表8-10所示。

表8-10 2019年版与2010年版教材不同实验类型数量及分布统计

| 类型 | 2019年版 | 2010年版 |
| --- | --- | --- |
| 探究类 | 79,66.39% | 79,56.43% |
| 验证类 | 14,11.76% | 26,18.57% |
| 应用类 | 26,21.85% | 35,25.00% |

与2010年版教材相比,2019年版教材实验类型更侧重于探究类实验的呈现。在总实验个数减少了15%的情况下,探究类实验与原来相比反而增加了9.96%,验证类、应用类降幅达6.81%和3.15%。由此可见,2019年版教材编写体现课程标准,更强调科学探究素养的培养。学生通过探究实验,可以了解科学方法,发展创新、实践能力,增强探究自然的兴趣、热情[97]。

**3. 实验设计的变化**

进一步对两版教材的实验设计进行比较,总结2019年版教材实验设计具有的特色。

(1)2019年版教材实验编写更严谨

2019年版教材在实验内容的编写上更为严谨。比如,在实验"探究小车速度随时间变化的规律"中,两版教材都呈现表格帮助学生去记录数据,但呈现位置不同,2010年版教材表格被编排在"处理数据"中,而2019年版则编排在"数据记录"步骤中,从内容上划分,2019年版教材呈现更为合适。其次,是对于表格的设计,2010年版教材中表格缺少题注,因此2019年版教材更为规范,为学生书写实验报告起到示范作用。

(2) 2019年版教材实验更符合操作逻辑

与2010年版教材相比,2019年版教材的实验设计过程更符合真实的探究过程,内容呈现也更符合实验报告的写作流程。比如,在"探究小车速度随时间变化的规律"实验中,2019年版教材会呈现"实验思路"环节,在实验操作前引导学生思考如何设计此实验,要求学生写出实验方案并和同学交流,并对实验进行积极思考,包括所需物理量的确定、测量物理量要选用的器材以及获得数据的处理。相对于2010年版教材中实验思路的缺失,2019年版教材更符合真实探究活动的过程。又如,在实验"验证机械能守恒定律"中,2019年版教材单独呈现"数据分析"环节,引导学生借助数学表格,进行数据分析。2010年版教材并没有该环节的单独呈现,仅在"实验方法"中对数据的处理进行大致描述。因此,从实验逻辑上看,与2010年版教材相比,2019年版教材的编排方式更符合实验操作逻辑。

(3) 2019年版教材实验设计更符合学生的学习规律

与2010年版教材相比,2019年版教材更符合学生学习规律。比如,在实验"测量电动势"的方案设计环节中,2019年版教材要求学生提出一两种实验方案,教材在正文中只呈现一种实验设计方案,留给学生更多的实验设计空间,培养学生的应用创新能力;而在2010年版教材中直接提供了三种实验方案,没有引导学生自主设计。同时对于呈现设计环节的实验,2019年版教材在探究类、验证类、应用类实验环节中存在着相似的设计,而2010年版教材三类实验环节设计各有不同。相同的实验环节设计,更利于学生对于实验流程的把握。

**二、实验难度变化**

**1. 总体实验难度的变化**

根据实验难度模型,对2019年版、2010年版教材实验分析赋值,计算出实验总难度和实验平均难度,结果如表8-11所示。

表8-11 2019年版与2010年版教材实验难度分析

| 版本 | 实验广度 | 实验总难度 | 实验平均难度 |
| --- | --- | --- | --- |
| 2019年版 | 119 | 794.92 | 6.68 |
| 2010年版 | 140 | 974.16 | 6.96 |

根据表 8-11 可知,2019 年版实验总难度、平均难度与 2010 年版相比,都有下降。教材实验总难度为 794.92,平均难度为 6.68。依据新课标,教材内容编排应有利于教与学,注重知识的基础性,不能随意拔高要求。因此,在内容上 2019 年版教材对 2010 年版中一些实验原理偏难、实验现象较难演示的实验进行了删减,比如"测量光照强度、用白光做双缝干涉实验"等;新增了一些体现基础性、时代性的实验内容,比如"实验研究小车碰撞前后的动能变化、课题研究手机耗电因素"等。2019年版教材在实验数量和内容上的变化使其实验难度低于 2010 年版教材。

进一步统计两版实验难度在实验原理、仪器、操作量和探究四个因素上的难度,如表 8-12 所示。

表 8-12 2019 年版与 2010 年版教材实验难度各因素统计

| 版本 | 实验原理 | 仪器 | 操作量 | 探究量 |
| --- | --- | --- | --- | --- |
| 2019 年版 | 248.64 | 144.80 | 226.32 | 175.16 |
| 2010 年版 | 311.36 | 177.60 | 283.36 | 201.84 |

数据显示,与 2010 年版教材相比,2019 年版教材实验难度中四个影响因素所占比例有所变化,但难度四个因素的影响程度和平均水平均无变化。

**2. 各模块实验难度变化**

以模块为单位,分析 2019 年版与 2010 年版教材各模块的实验总难度、平均难度,结果如表 8-13 所示。

表 8-13 2019 年版与 2010 年版教材各模块实验难度

| 版本 | 难度 | 力学 | 电磁学 | 热学 | 光学 | 近代物理 |
| --- | --- | --- | --- | --- | --- | --- |
| 2019 年版 | 总难度 | 347.36 | 279.8 | 94.24 | 66.68 | 6.84 |
| | 平均难度 | 6.55 | 6.66 | 7.25 | 6.67 | 6.84 |
| 2010 年版 | 总难度 | 357.12 | 382.12 | 107.56 | 107.04 | 20.32 |
| | 平均难度 | 7.14 | 7.08 | 6.33 | 6.69 | 6.77 |

依据表 8-13,在实验总难度方面,2019 年版教材各模块的总难度值降低。力学模块总难度由原来的第二变为第一,电磁学第二,其余模块高低排序与 2010 年版相同。分析该变动原因,主要是 2019 年版教材电磁学实验减少了 12 个,而力学实验增加了 3 个,力学、电磁学两模块广度之差为 11,在 2010 年版中二者广度之差为 4。广度的变化是引起实验总难度变动的主要原因。

在实验平均难度方面,2019 年版教材各模块的平均难度值以及大小顺序均有变化。其中热学、近代物理模块的平均难度增大,其余模块的平均难度降低。其中,热学模块变动最大,平均难度值提高了 0.92。结合实验内容变动,热学模块中删除了做一做、演示等 6 个平均难度为 4.9 的实验,增加了 2 个平均难度值为 5.02 的实验,导致热学实验平均难度增大。近代物理实验平均难度增大的原因也是如此,删除了 2 个实验难度相对较小实验所致。其次,变动较大的还有力学模块,结合实验内容,2019 年版教材增加了 13 个平均难度值为 5.94 的实验,删减了 10 个平均难度值为 7.45 的实验,使得力学模块实验平均难度降低。

**3. 各实验类型难度变化**

依据实验类型分类,统计 2010 年版教材探究类、验证类、应用类的总难度和平均难度,结果如表 8-14 所示。

表 8-14  2019 年版与 2010 年版教材各类型实验难度统计

| 版本 | 难度 | 探究类 | 验证类 | 应用类 |
| --- | --- | --- | --- | --- |
| 2019 年版 | 总难度 | 535.60 | 79.96 | 179.36 |
| | 平均难度 | 6.78 | 5.71 | 6.90 |
| 2010 年版 | 总难度 | 561.88 | 156.68 | 255.6 |
| | 平均难度 | 7.11 | 6.03 | 7.30 |

依据表 8-14,与 2010 年版教材实验相比,2019 年版教材三类实验总难度和平均难度值均有下降。各类型实验总难度、平均难度大小顺序无变化。其中,变动最大的是应用类实验。结合实验内容,2019 年版教材删除了 14 个平均难度为 6.82 的应用类实验,新增了 6 个平均难度为 6.66 的同类型实验,导致应用类平均难度值降低。其余两类变化原因类似。

**三、实验探究水平变化分析**

将 2019 年版、2010 年版教材实验五个环节探究水平占比相减,从而确定两版教材实验探究水平差异,结果如表 8-15 所示。

表 8-15  2019 年版与 2010 年版教材实验探究水平占比差异分布(%)

| 环节 | 缺失 | 控制性水平 | 引导性水平 | 自主性水平 |
| --- | --- | --- | --- | --- |
| 目的确定 | -12.44 | 13.49 | 0.38 | -1.43 |
| 方案设计 | 0.00 | -4.16 | 2.35 | 1.81 |
| 方案实施 | 1.22 | 4.66 | 5.88 | -11.76 |

续表

| 环节 | 缺失 | 控制性水平 | 引导性水平 | 自主性水平 |
|---|---|---|---|---|
| 结论形成 | -4.50 | 15.34 | -3.95 | -6.89 |
| 反思交流 | 0.04 | 2.06 | -1.51 | -0.59 |

总体来看,2019年版教材各环节探究水平均有变动,且变动不均衡。分析各环节探究水平占比,发现在环节呈现上,2019年版教材实验环节呈现情况更好。在探究水平上,2019年版教材方案设计环节探究水平略有提升,其余四环节有所下降。结合两版教材各水平表征频次,发现2019年版教材各环节缺失水平频次降低,说明2019年版更注重实验环节的呈现。其次,2019年版教材除了方案设计环节控制性水平频次降低外,其余各环节控制性水平频次升高,说明2019年版在文本表征上留给学生自主确定问题、实验操作、形成结论、反思交流的空间相对减少。

从各环节分析,得出2019年版教材探究水平变动并不是全方位的,而是主要体现在不同的实验环节上。其中,在目的确定、结论形成环节中探究水平变化显著($P<0.05$),在方案设计、方案实施、反思交流环节变化不显著($P>0.05$)。

**四、实验探究技能变化分析**

分析统计2019年版、2010年版教材的探究技能表征,其占比如图8-3所示。

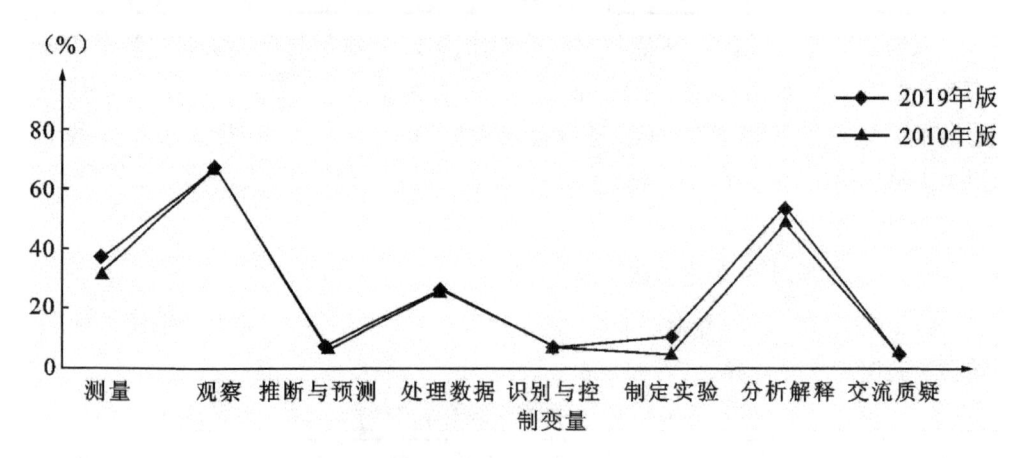

图8-3 2019年版与2010年版教材实验技能表征统计

基础技能方面,2019年版教材基础技能表征变化较小,且总体2019年版表征的均衡性有所改善。其中,2019年版教材在测量、推断与预测、处理数据技能有所提升,在观察技能表征上略微下降。对于变化较大的测量技能(增加了4.3%),结合实验文本,2019年版、2010年版教材对于测量的表征频次基本相同,但是2019

年版教材将2010年版教材中一些较难在课上或课外操作的演示、做一做栏目进行了删除,使得实验总数下降从而该技能占比增加。

综合技能方面,2019年版教材表征均衡性稍好。其中,2019年版教材除了在交流质疑中略微降低0.8%,其余三个技能方面均有提高。具体分析,在识别与控制变量、交流质疑技能表征上变动很小,且不足1%。分析解释技能表征提升了5.33%,但表征频次实际上下降了4次,原因与基础技能中测量技能占比增加原因相同。但制定实验技能表征频次在实验总量减小的情况下仍增加了6次,占比提升5.80%。说明新教材编写更加关注学生自主进行实验设计。综上分析,教材实验技能表征方面,2019年版教材有所改善。与其他技能相比,综合技能中的分析解释、制定实验技能表征增加稍多一些,但不是很显著。

## 第四节　教材习题的变化

以2019年版与2010年版教材的作业系统为研究对象,从总体数量分布、题目增减变动、题目对知识点的要求以及题目的不良结构等四方面进行对比分析。

### 一、教材习题数量分布情况分析

2019年版教材因新增章末习题这一栏目,题目数量较2010年版教材有明显的上升,由2010年版的597题上升到885题,增加了288道题目。两版教材在各模块的题目分布上呈现出相同的趋势,即力学、电磁学模块题目占据较大的比例,高达80%左右,其余三个模块比例相对较小。题目的配置是和各模块知识内容容量、认知要求相匹配的。

总体情况相似的前提下,2019年版教材习题较2010年版教材在各模块中的占比有所变化,为了更直观地描述这种变化,绘制如图8-4所示的统计图。

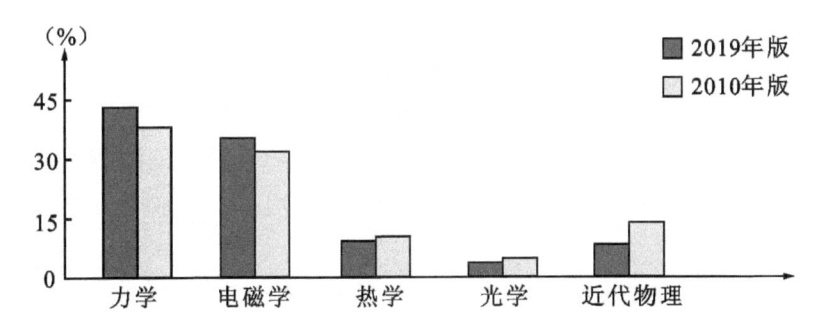

图8-4　2019年版与2010年版教材习题数量分布

在力学模块和电磁学模块出现不同程度的上升,上升的比例分别为5.02%和3.36%;在其余三个模块则下降,其中下降比例最大是近代物理模块,下降5.70%。这一比例的调整,反映了2019年版教材进一步加大对力学和电磁学模块的考查力度。热学与光学模块虽比例有小幅度下降,但题目数量有增加,仅有近代物理模块题目占比和数量都有下降。这是由于在2019年版教材删除了"概率波""不确定性关系"的介绍,使得题目数量有所降低。

二、教材习题增减变动分析

2019年版教材中总体新增题目占比略高于保留的题目,说明2019年版教材对2010年版教材有所继承,并在其基础上结合时代发展所提出的新的要求,进行了修订,以满足当前教育的需要。各模块的具体变动数量及占比如表8-16所示。

表8-16 2019年版与2010年版教材习题变动情况统计

| 变动 | 力学 | 电磁学 | 热学 | 光学 | 近代物理 | 总体 |
| --- | --- | --- | --- | --- | --- | --- |
| 新增 | 195,51.32% | 175,56.27% | 51,60.71% | 17,47.22% | 31,41.89% | 469,52.99% |
| 保留 | 150,39.47% | 123,39.55% | 33,39.29% | 18,50.00% | 38,51.35% | 362,40.90% |
| 改编 | 35,9.21% | 13,4.18% | 0,0.00% | 1,2.78% | 5,6.76% | 54,6.10% |

其中新增比例最大是热学模块,比例为60.71%,最小的为近代物理模块,比例为41.89%;保留比例最高为50%,出现在光学模块,保留比例最低为力学模块(39.47%);改编比例最大的为力学模块,占比9.21%,热学模块无改编题目。不同模块题目的变动情况的差异,主要受模块知识点结构以及知识点内容变化的影响。如:热学模块题目同生活联系较紧密,故有部分题目情境较为陈旧,便对这部分题目进行替换。此外,热学模块知识内容有小幅度的调整,因此会有部分新增的题目,故新增题目较多。其余模块的变动情况,也是基于这两点进行考虑的。

三、教材习题对知识运用要求分析

在题目对知识的要求上,两版教材分布情况大体相同,运用型题目比例极高,在两版教材中的占比均在60%左右,其次为理解型题目,但同运用型相比差距较大,比例最小的为创生型题目,两版教材创生型题目均在3%左右。具体比例如表8-17所示。

表 8-17　2019 年版与 2010 年版教材习题知识运用情况统计

| 版本 | 运用型 | 理解型 | 创生型 |
| --- | --- | --- | --- |
| 2019 年版 | 550,62.15% | 303,34.24% | 32,3.62% |
| 2010 年版 | 346,57.96% | 229,38.36% | 22,3.69% |

这表明两版教材的题目均注重对知识点的运用,即利用概念、规律分析问题,然后解决问题,指向能力的培养与解题技巧的训练。通过题目让学生将所学向所用转化,促进学生的知识的内化,建构较完整的知识体系。

但在具体的比例上 2019 年版教材相比 2010 年教材有所调整,2019 年版教材与 2010 年版教材相比在运用型题目占比有所提高,上升的比例为 4.15%;理解型题目占比有所下降,下降的比例为 4.08%;创生型题目变动不大。这一调整,突出了 2019 年版教材对学生运用知识的重视,体现了从学知识到用知识的转变,对知识的运用成为题目考察的重点。虽然理解型题目占比下降,但其数量仍有较大的增加,这表明 2019 年版教材并没有忽略对知识点的理解,对基本概念与概念的强调仍然是题目设置的一个重点。只是相对而言,将对知识的运用的考察作为了重中之重。

### 四、教材习题结构分析

2019 年版教材与 2010 年版教材在结构不良问题特征上分布,相似度较高。2019 年版教材结构不良特征从高到低排序依次为:E、G、A、D、F、C、B;2010 年版教材排序为:E、G、A、D、C、F、B。两版教材仅在 C 和 F 类有所不同,2019 年版教材 F 类高于 C 类,2010 年版反之。为了更直观地反映这一特征,绘制了如图 8-5 所示的统计图。

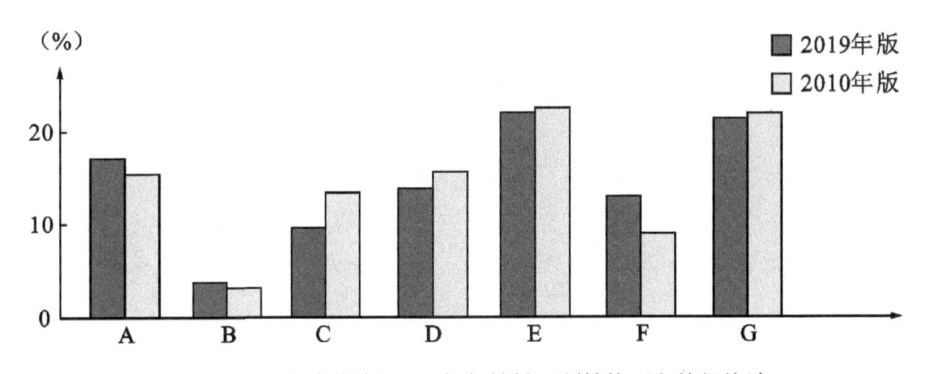

图 8-5　2019 年版与 2010 年版教材习题结构不良特征统计

这说明 2019 年版教材在 2010 年版的基础上,加强了同其他学科的横向联系,促进学科知识融合。具体表现为 2019 年版教材 F 类特征较 2010 年版教材上升了

3.87%；而 C 类特征相较 2010 年版教材下降 3.64%。这是由于新课标中对题目编制提出了一定的要求，指出题目应有明确的测试目标，反映到编写过程中便是题目应对解题方向有较为一定的提示与说明。基于这一要求 C 类特征比重有所降低，但由于 C 类结构的题目功能指向学生发散思维的培养，因此在教材习题中 C 类是不可缺失的。

## 第五节　科学本质表征的变化

本节对 2019 年版和 2010 年版高中物理教材在科学本质表征上的变化进行研究。研究模型和方法与第三章相同。

### 一、两版教材整体科学本质表征的比较

#### 1. 科学本质的呈现情况

按照分析框架和统计规则，得到 2019 年版与 2010 年版教材整体科学本质呈现频次和占比如表 8-18 所示。

表 8-18　2019 年版与 2010 年版教材整体科学本质呈现频次/占比

| NOS 维度 | 2019 年版 | | 2010 年版 | |
| --- | --- | --- | --- | --- |
| | 频次 | 占比(%) | 频次 | 占比(%) |
| N1 实证性 | 87 | 18.20 | 73 | 16.70 |
| N2 观察与推论的区别 | 32 | 6.69 | 20 | 4.58 |
| N3 创造性 | 43 | 9.00 | 41 | 9.38 |
| N4 理论负载性 | 16 | 3.35 | 19 | 4.35 |
| N5 暂定性 | 37 | 7.74 | 34 | 7.78 |
| N6 科学研究途径的多样性 | 31 | 6.49 | 24 | 5.49 |
| N7 科学理论的本质 | 31 | 6.49 | 26 | 5.95 |
| N8 科学定律的本质 | 29 | 6.07 | 30 | 6.86 |
| N9 科学知识建构的社群性 | 30 | 6.28 | 28 | 6.41 |
| N10 科学中社会与文化的嵌入性 | 144 | 29.71 | 142 | 32.49 |
| 总计 | 478 | 100.00 | 437 | 100.00 |

依据表 8-18,做出教材科学本质各维度的分布柱形图,如图 8-6 所示。

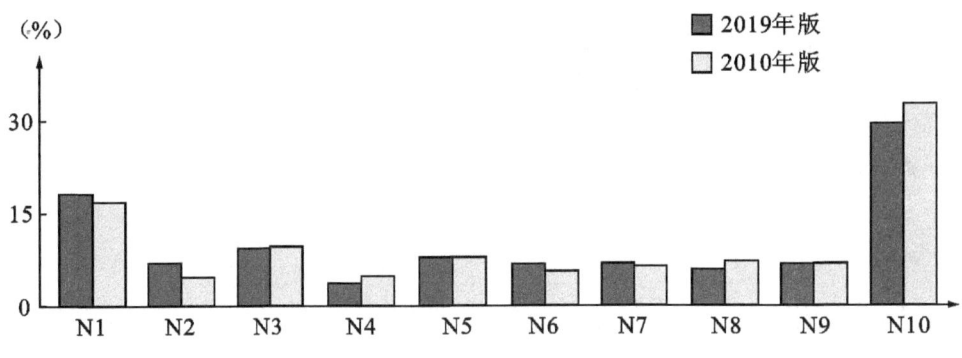

图 8-6　2019 年版与 2010 年版教材整体科学本质呈现比例

在整体科学本质呈现频次方面,2019 年版总频次比 2010 年版增加了 41 次。其中"理论负载性"和"科学定律的本质"频次却有所下降,其余维度的都有不同程度的上升,尤其是"实证性"增加了 14 次。

2019 年版在章节的划分上更为详细,通常教科书都会在节末设置一些栏目以拓展学生的知识面,以促进学生对知识的吸收和应用,文本内容的增加就会使相关的科学本质的表征相应增加。其次是文本对内容的处理方式发生了变化,例如 2010 年版中有些规律、结论是直接呈现的,但在 2019 年版中是通过实验探究得出的,就会增加"实证性"等的表征。

在科学本质整体内涵表征的完整性和均衡性方面,两版分布趋势大致相同,都全面呈现了十个内涵但不均衡,2019 年版均衡性较 2010 年版稍有改善。呈现频次最高的"科学中社会与文化的嵌入性"与最低的"理论负载性"在 2019 年版中占比相差 26.36%,在 2010 年版中相差 28.14%。因此,均衡性有所改善。

**2. 科学本质表征水平的分析**

为研究 2019 年版与 2010 年版教材整体科学本质表征水平的变化,即明确性和准确性(显性与隐性、理性与质朴),在对材料分析提取的基础上,依照赋值规则得到各维度表征水平如表 8-19 所示。

表 8-19　2019 年版与 2010 年版教材各维度科学本质表征水平评价

| NOS 维度 | 2019 年版 | | 2010 年版 | |
| --- | --- | --- | --- | --- |
| | 评分 | 表征水平 | 评分 | 表征水平 |
| N1 实证性 | 11.03 | 显性理性 | 10.54 | 显性理性 |
| N2 观察与推论的区别 | 6.31 | 隐性理性 | 6.50 | 隐性理性 |

续表

| NOS 维度 | 2019 年版 | | 2010 年版 | |
|---|---|---|---|---|
| | 评分 | 表征水平 | 评分 | 表征水平 |
| N3 创造性 | 8.76 | 隐性理性 | 8.15 | 隐性理性 |
| N4 理论负载性 | 7.02 | 隐性理性 | 7.83 | 隐性理性 |
| N5 暂定性 | 10.09 | 显性理性 | 8.90 | 隐性理性 |
| N6 科学研究途径的多样性 | 8.30 | 隐性理性 | 9.23 | 隐性理性 |
| N7 科学理论的本质 | 7.30 | 隐性理性 | 7.17 | 隐性理性 |
| N8 科学定律的本质 | 9.35 | 隐性理性 | 11.50 | 显性理性 |
| N9 科学知识建构的社群性 | 9.24 | 隐性理性 | 8.43 | 隐性理性 |
| N10 科学中社会与文化的嵌入性 | 9.14 | 隐性理性 | 9.02 | 隐性理性 |
| 整体 | 86.54 | 隐性理性 | 87.27 | 隐性理性 |

两版教材整体评分都在[+50,+100)区间,表征水平均为隐性理性,二者评分值相差不大。

两版教材对科学本质准确性的表征都为较好,都为理性表征。在明确性表征方面,2019年版的处理没有得到明显改善。"暂定性"表征水平由隐性理性提升为显性理性,但"科学定律的本质"表征水平降低为隐性理性,对"观察与推论的区别"表征评分都很低。新教材对各维度的表征的明确性尚需改善。

**二、知识模块科学本质表征的比较**

为更细致地呈现科学本质表征的变化情况,下面从知识模块的角度分析。各模块的科学本质呈现频次和占比如表8-20所示。

表8-20 2019年版与2010年版教材各模块科学本质呈现频次/占比

| 模块 | 2019 年版 | | 2010 年版 | |
|---|---|---|---|---|
| | 频次 | 占比(%) | 频次 | 占比(%) |
| 力学 | 159 | 33.26 | 133 | 30.43 |
| 电磁学 | 160 | 33.47 | 125 | 28.60 |
| 热学 | 52 | 10.88 | 59 | 13.50 |
| 光学 | 24 | 5.02 | 26 | 5.95 |
| 近代物理 | 83 | 17.36 | 94 | 21.51 |
| 总计 | 478 | 100.00 | 437 | 100.00 |

两版教材各模块科学本质呈现比例分布如所图 8-7 示。

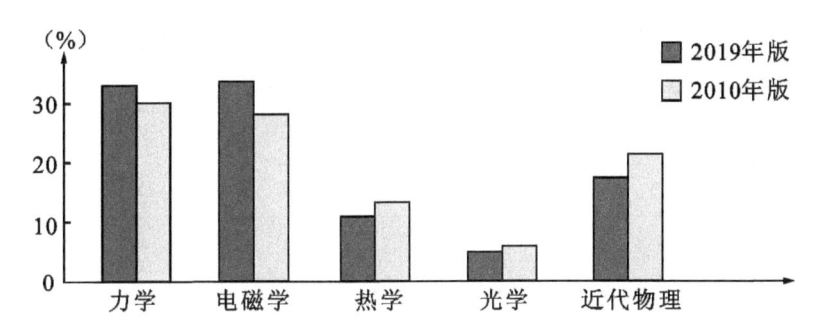

图 8-7　2019 年版与 2010 年版教材各模块科学本质呈现比例

2019 年版教材总频次高于 2010 年版,都在力学和电磁学模块呈现较多。新版各模块呈现频次的分布方面有小幅调整,在力学和电磁学模块有所增加,其他模块相应降低。2019 年版教材中呈现占比最高的电磁学和最低的光学相差 28.45%,2010 年版中占比最高的力学和最低的光学相差 24.48%,所以新版教材按模块分布的均衡性不如 2010 年版。

**1. 力学模块科学本质表征的比较**

按照分析框架和赋值规则,得到 2019 年版与 2010 年版教材力学模块科学本质呈现频次、占比、评分和表征水平如表 8-21 所示。

表 8-21　2019 年版与 2010 年版教材力学模块科学本质表征情况

| NOS | 2019 年版 | | | | 2010 年版 | | | |
| --- | --- | --- | --- | --- | --- | --- | --- | --- |
| | 频次 | 占比(%) | 评分 | 表征水平 | 频次 | 占比(%) | 评分 | 表征水平 |
| N1 | 28 | 17.61 | 2.29 | 显性理性 | 14 | 10.53 | 2.43 | 显性理性 |
| N2 | 13 | 8.18 | 1.31 | 隐性理性 | 8 | 6.02 | 1.50 | 隐性理性 |
| N3 | 10 | 6.29 | 1.60 | 隐性理性 | 9 | 6.77 | 1.67 | 隐性理性 |
| N4 | 5 | 3.14 | 0.60 | 隐性质朴 | 5 | 3.76 | 0.60 | 隐性质朴 |
| N5 | 12 | 7.55 | 1.75 | 隐性理性 | 15 | 11.28 | 1.67 | 隐性理性 |
| N6 | 19 | 11.95 | 2.00 | 显性理性 | 11 | 8.27 | 1.73 | 隐性理性 |
| N7 | 6 | 3.77 | 1.33 | 隐性理性 | 4 | 3.01 | 1.00 | 隐性理性 |
| N8 | 10 | 6.29 | 2.80 | 显性理性 | 10 | 7.52 | 3.00 | 显性理性 |
| N9 | 8 | 5.03 | 2.00 | 显性理性 | 10 | 7.52 | 2.00 | 显性理性 |

续表

| NOS | 2019年版 | | | | 2010年版 | | | |
|---|---|---|---|---|---|---|---|---|
| | 频次 | 占比(%) | 评分 | 表征水平 | 频次 | 占比(%) | 评分 | 表征水平 |
| N10 | 48 | 30.19 | 1.88 | 隐性理性 | 47 | 35.34 | 1.98 | 隐性理性 |
| 整体 | 159 | 100.00 | 17.56 | 隐性理性 | 133 | 100.00 | 17.58 | 隐性理性 |

(1)科学本质的呈现情况

在力学模块科学本质呈现频次方面,2019年版高于2010年版26频次,表现在各维度上有升有降,"实证性(N1)"增加了1倍,"暂定性(N5)"和"科学知识建构的社群性(N9)"表征频次略有减少。

"实证性"在2019年版呈现频次是2010年版的2倍,分析发现2019年版对于一些物理结论和规律的得出过程在表述上发生了变化,新教材的处理大部分是先进行实验探究,以证明其正确性,因此常出现"实验表明"等体现实证性的词语。例如,关于向心力大小的表达式的得出,2010年版直接给出向心力公式,但2019年版中则通过探究实验得出其表达式。

在科学本质内涵表征的完整性和均衡性方面,两版呈现都全面但总体都不均衡,2019年版的均衡性稍有改善。2010年版中呈现最高比例的"科学中社会与文化的嵌入性(N10)"在2019年版中下降了5.15%。2010年版中最高和最低频次呈现占比相差32.33%,而2019年版中差值降低至27.05%。这些均表明力学模块科学本质内涵表征的均衡性方面,2019年版教材较2010年版教材稍有改善。

(2)科学本质表征水平的分析

两版教材力学模块整体评分都在[+10,+20)区间内,表征水平都为隐性理性。

在力学模块科学本质表征的明确性方面,虽然两版的表征都为隐性,但对"科学研究途径的多样性(N6)"的表征由隐性调整为显性,以显性方式处理的维度稍有增加,占总维度的40%。其余维度表征水平未发生变化。

在科学本质表征的准确性方面,两版整体为理性处理,但对"理论负载性(N4)"的准确性表征均是质朴,处于最低水平,说明存在容易使学生或教师误解的表述。2019年版以质朴方式表述了对行星运动的圆形轨道和地球是宇宙中心的认识。2010年版则对科学家们认识四种相互作用和宇宙中心的表述是质朴表征。两版整体评分相差极小,变化不明显,教材对科学本质表征的明确性还有待提高,只是理性的表达不足以使学生理解真正的科学本质。

## 2. 电磁学模块科学本质表征的比较

按分析框架和赋值规则,得到 2019 年版与 2010 年版教材电磁学模块科学本质呈现频次、占比、评分和表征水平,如表 8-22 所示。

表 8-22 2019 年版与 2010 年版教材电磁学模块科学本质表征情况

| NOS | 2019 年版 | | | | 2010 年版 | | | |
|---|---|---|---|---|---|---|---|---|
| | 频次 | 占比(%) | 评分 | 表征水平 | 频次 | 占比(%) | 评分 | 表征水平 |
| N1 | 31 | 19.38 | 2.23 | 显性理性 | 22 | 17.60 | 2.41 | 显性理性 |
| N2 | 8 | 5.00 | 1.00 | 隐性理性 | 5 | 4.00 | 1.00 | 隐性理性 |
| N3 | 14 | 8.75 | 1.93 | 隐性理性 | 14 | 11.20 | 2.15 | 显性理性 |
| N4 | 3 | 1.88 | 1.67 | 隐性理性 | 4 | 3.20 | 1.50 | 隐性理性 |
| N5 | 9 | 5.63 | 1.67 | 隐性理性 | 3 | 2.40 | 1.00 | 隐性理性 |
| N6 | 10 | 6.25 | 2.30 | 显性理性 | 6 | 4.80 | 2.50 | 显性理性 |
| N7 | 11 | 6.88 | 1.36 | 隐性理性 | 6 | 4.80 | 1.00 | 隐性理性 |
| N8 | 11 | 6.88 | 2.55 | 显性理性 | 10 | 8.00 | 2.50 | 显性理性 |
| N9 | 6 | 3.75 | 1.67 | 隐性理性 | 4 | 3.20 | 1.50 | 隐性理性 |
| N10 | 57 | 35.63 | 2.00 | 显性理性 | 51 | 40.80 | 1.78 | 隐性理性 |
| 整体 | 160 | 100.00 | 18.38 | 隐性理性 | 125 | 100.00 | 17.34 | 隐性理性 |

(1)科学本质的呈现情况

在电磁学模块科学本质呈现频次方面,2019 年版较 2010 年版有明显提升,高出 35 频次,是增加最多的模块,有八个维度的频次增加。这是由于 2019 年版中该模块新增的有关"能量守恒和能源"以及"能量量子化"两部分内容,共涉及科学本质 15 频次,占 2019 年版增加频次总数的 42.9%。其中"实证性(N1)"频次增加最多,是因为教材新增了一些通过实验来证明相关结论和规律的内容。如对安培力方向和两平行线间的相互作用的学习,与 2010 年版相比都增加了实验证明。

在科学本质内涵表征的完整性和均衡性方面,两版教材全面但都不均衡,相对来说,2019 年版均衡性有略有提升。在 2010 年版中占比最高的"科学中社会与文化的嵌入性(N10)"在 2019 年版中占比下降了 5.17%。2019 年版中呈现的最高和最低频次占比相差 33.75%,2010 年版中相差 38.40%。这些均说明电磁学模块科学本质各维度表征分布不均衡,但 2019 年版教材有所改善。

### (2) 科学本质表征水平的分析

两版电磁学模块整体评分都在[+10,+20)区间内,表征都为隐性理性水平,但2019年版评分高于2010年版,表征水平更接近显性理性。2019年版教材对科学本质的表征水平稍有改善。

与2010年版教材对比,2019年版教材对"科学中社会与文化的嵌入性(N10)"的明确性表征由隐性提升为显性,2019年版教材中对科学的一些社会性功能的呈现更加明确。对"创造性(N3)"的表征水平从显性变为隐性,虽然频次相同,但2019年版教材中隐性表述相对较多,如法拉第提出"电场"概念对电磁研究发展的创造性等表述相对不明确。其他维度的表征水平未发生变化。整体评分2019年版教材高于2010年版教材,说明对科学本质的表征水平有一定的提升。

### 3. 热学模块科学本质表征的比较

按照分析框架和赋值统计规则,得到2019年版教材与2010年版教材热学模块科学本质呈现频次、占比、评分和表征水平,如表8-23所示。

表8-23  2019年版教材与2010年版教材热学模块科学本质表征情况

| NOS | 2019年版 | | | | 2010年版 | | | |
| --- | --- | --- | --- | --- | --- | --- | --- | --- |
| | 频次 | 占比(%) | 评分 | 表征水平 | 频次 | 占比(%) | 评分 | 表征水平 |
| N1 | 10 | 19.32 | 2.40 | 显性理性 | 12 | 20.34 | 2.00 | 显性理性 |
| N2 | 8 | 15.38 | 1.00 | 隐性理性 | 2 | 3.39 | 1.00 | 隐性理性 |
| N3 | 5 | 9.62 | 1.40 | 隐性理性 | 4 | 6.78 | 1.00 | 隐性理性 |
| N4 | 4 | 7.69 | 1.75 | 隐性理性 | 3 | 5.08 | 2.33 | 显性理性 |
| N5 | 3 | 5.77 | 1.67 | 隐性理性 | 4 | 6.78 | 1.50 | 隐性理性 |
| N6 | 1 | 1.92 | 1.00 | 隐性理性 | 2 | 3.39 | 2.00 | 显性理性 |
| N7 | 4 | 7.69 | 1.50 | 隐性理性 | 3 | 5.08 | 1.67 | 隐性理性 |
| N8 | 7 | 13.46 | 3.00 | 显性理性 | 8 | 13.56 | 3.00 | 显性理性 |
| N9 | 1 | 1.92 | 3.00 | 显性理性 | 3 | 5.08 | 2.33 | 显性理性 |
| N10 | 9 | 17.31 | 1.44 | 隐性理性 | 18 | 30.51 | 1.67 | 隐性理性 |
| 整体 | 52 | 100.00 | 18.16 | 隐性理性 | 59 | 100.00 | 18.50 | 隐性理性 |

### (1) 科学本质的呈现情况

在热学模块科学本质呈现频次方面,总体是下降的。一方面是因为2019年版教材在该模块章节较2010年版减少了一章,删除了"饱和汽和饱和气压"和"能源和可持续发展"两节内容,删去的内容里有6次的科学本质内涵呈现。另一方面是内容的呈现方式发生变化。其中,"科学中社会与文化的嵌入性(N10)"的呈现频次减少了一半,"观察与推论的区别(N2)"增加了6次。2019年版教材增加的实验是较多的,例如,两版对"浸润和不浸润"知识的呈现方式是不同的,2010年版教材中直接给出定义内容,而2019年版教材中是先进行实验现象观察,而后由实验推论给出定义解释,因此一定程度上使得"观察与推论的区别"有所增加。

在科学本质内涵表征的完整性和均衡性方面,两版教材呈现全面但都不均衡,2019年版教材均衡性有一定程度的提升。新教材对"科学中社会与文化的嵌入性(N10)"的表征下降是最大的,所占比例下降13.3%。同时,2010年版教材中最高和最低频次占比相差27.12%,2019年版教材中相差17.31%。因此,存在不均衡分布,但在2019年版教材中有较小的改善。

(2)科学本质表征水平的分析

两版教材热学模块整体评分在[+10,+20)区间内,都为隐性理性表征水平,评分都较接近显性理性,科学本质表征水平评分略有降低。

与2010年版教材相比,2019年版教材对"理性负载性(N4)"和"科学研究途径的多样性(N6)"的表征水平由显性降为隐性,是由于2019年版教材的"理论负载性"比旧版多出一处"分子动理论"的隐性表述,同时删除了2010年版教材中明确表述"测定分子大小有多种方法"的内容,因而"科学研究途径的多样性"表征水平下降。

**4. 光学模块科学本质表征的比较**

按照分析框架和赋值统计规则,得到2019年版教材与2010年版教材光学模块科学本质呈现频次、占比、评分和表征水平如表8-24所示。

表8-24 2019年版教材与2010年版教材光学模块科学本质表征情况

| NOS | 2019年版 | | | | 2010年版 | | | |
| --- | --- | --- | --- | --- | --- | --- | --- | --- |
| | 频次 | 占比(%) | 评分 | 表征水平 | 频次 | 占比(%) | 评分 | 表征水平 |
| N1 | 4 | 16.67 | 2.25 | 显性理性 | 4 | 15.38 | 1.75 | 隐性理性 |
| N2 | 2 | 8.33 | 2.00 | 显性理性 | 2 | 7.69 | 2.00 | 显性理性 |
| N3 | 2 | 8.33 | 2.00 | 显性理性 | 2 | 7.69 | 2.00 | 显性理性 |
| N4 | 2 | 8.33 | 2.00 | 显性理性 | 2 | 7.69 | 2.00 | 显性理性 |
| N5 | 1 | 4.17 | 3.00 | 显性理性 | 1 | 3.85 | 3.00 | 显性理性 |

续表

| NOS | 2019年版 | | | | 2010年版 | | | |
|---|---|---|---|---|---|---|---|---|
| | 频次 | 占比(%) | 评分 | 表征水平 | 频次 | 占比(%) | 评分 | 表征水平 |
| N6 | 0 | 0.00 | 0.00 | 无科学本质 | 1 | 3.85 | 1.00 | 隐性理性 |
| N7 | 1 | 4.17 | 1.00 | 隐性理性 | 1 | 3.85 | 1.00 | 隐性理性 |
| N8 | 1 | 4.17 | 1.00 | 隐性理性 | 2 | 7.69 | 3.00 | 显性理性 |
| N9 | 1 | 4.17 | 1.00 | 隐性理性 | 1 | 3.85 | 1.00 | 隐性理性 |
| N10 | 10 | 41.67 | 1.60 | 隐性理性 | 10 | 38.46 | 1.40 | 隐性理性 |
| 整体 | 24 | 100.00 | 15.85 | 隐性理性 | 26 | 100.00 | 18.15 | 隐性理性 |

(1)科学本质的呈现情况

在光学模块科学本质呈现频次方面,2019年版教材较2010年版教材没有明显变化。2019年版教材减少了"光的反射""光的颜色 色散"内容,删除了2010年版教材中对衍射实验方法和反射定律内容的描述,因而导致"科学研究途径的多样性(N6)"和"科学定律的本质(N8)"各减少了1次。除此之外其余文本变化很小。

在科学本质内涵表征的完整性和均衡性方面,与2010年版教材相比,2019年版教材缺少了"科学研究途径的多样性(N6)"。两版对各维度的分布都有集中处理的特点,尤其对"科学中社会于文化的嵌入性(N10)"和"实证性(N1)"的呈现依然较多,两维度在2019年版教材中总计占58.34%,而2010年版教材中占53.84%。2019年版教材中呈现最高和最低频次占比相差41.67%,2010年版教材相差34.61%。另外,2019年版教材在呈现同样较多的"科学中社会与文化的嵌入性(N10)"占比上升了3.21%,同时2010年版教材较少呈现的"科学研究途径的多样性(N6)"在2019年版教材中缺失,因此,相比之下2019年版教材对各维度的分布更不均衡。

(2)科学本质表征水平的分析

两版教材光学模块整体评分都在[+10,+20)区间内,表征水平都为隐性理性,2019年版教材评分有所下降。

2019年版教材中对"实证性(N1)"明确性表征水平由隐性提升为显性,是由于其对杨氏双缝实验有力证明光的波动性做出明确的表述;但"科学定律的本质(N8)"由显性变为隐性,是由于2019年版教材中删减了光的反射定律内容,且对折射定律的表述是对观察现象之间的关系进行了简单描述,处理方式较为隐性。尽管两版教材有一半的科学本质内涵以显性的方式进行表征,但显性表征的评分并不高。

### 5. 近代物理模块科学本质表征的比较

按照分析框架和赋值统计规则,得到 2019 年版教材与 2010 年版教材近代物理模块科学本质呈现频次、占比、评分和表征水平如表 8-25 所示。

表 8-25　2019 年版教材与 2010 年版教材近代物理模块科学本质表征情况

| NOS | 2019 年版 | | | | 2010 年版 | | | |
| --- | --- | --- | --- | --- | --- | --- | --- | --- |
| | 频次 | 占比(%) | 评分 | 表征水平 | 频次 | 占比(%) | 评分 | 表征水平 |
| N1 | 14 | 16.87 | 1.86 | 隐性理性 | 21 | 22.34 | 1.95 | 隐性理性 |
| N2 | 1 | 1.20 | 1.00 | 隐性理性 | 3 | 3.19 | 1.00 | 隐性理性 |
| N3 | 12 | 14.46 | 1.83 | 隐性理性 | 12 | 12.77 | 1.33 | 隐性理性 |
| N4 | 2 | 2.41 | 1.00 | 隐性理性 | 5 | 5.32 | 1.40 | 隐性理性 |
| N5 | 12 | 14.46 | 2.00 | 显性理性 | 11 | 11.70 | 1.73 | 隐性理性 |
| N6 | 1 | 1.20 | 3.00 | 显性理性 | 4 | 4.26 | 2.00 | 显性理性 |
| N7 | 9 | 10.84 | 2.11 | 显性理性 | 12 | 12.77 | 2.50 | 显性理性 |
| N8 | 0 | 0.00 | 0.00 | 无科学本质 | 0 | 0.00 | 0.00 | 无科学本质 |
| N9 | 14 | 16.87 | 1.57 | 隐性理性 | 10 | 10.64 | 1.60 | 隐性理性 |
| N10 | 18 | 21.69 | 2.22 | 显性理性 | 16 | 17.02 | 2.19 | 显性理性 |
| 整体 | 83 | 100.00 | 16.59 | 隐性理性 | 94 | 100.00 | 15.70 | 隐性理性 |

(1)科学本质的呈现情况

在近代物理模块,2019 年版教材在科学本质呈现相较 2010 年版教材减少 11 频次。和 2010 年版教材相比 2019 年版教材删除了"概率波""不确定性关系"两节内容,将"探测射线的方法"一节的内容压缩到拓展栏目,近代物理由原来三章变为两章。

2019 年版教材在"科学中社会与文化的嵌入性(N10)"等三个维度的呈现频次增加,但变化不大。"实证性(N1)"表征在原有基础上下降了 7 次,是由于删除了如"实验证明核力存在、相对论宏观验证"等 7 项内容。近代物理模块主要是向教科书使用者介绍近代物理发展的历程以及量子力学的建立,因此,相比较于其他模块,该部分涉及的探究实验和演示实验较少,文本材料多是通过介绍科学家的工作来证实某些猜想或实验的新发现来表征"实证性"。

在科学本质内涵表征的完整性和均衡性方面,两版皆不全面不均衡,2019 年版教材完整性和均衡性均没有得到改善。一方面,两版都缺失对"科学定律的本质(N8)"的表征,对"实证性(N1)""科学中社会与文化的嵌入性(N10)"两个维度的分布仍然占有较高比例,2019年版教材中两者共占总频次的38.56%,2010年版教材中占到39.36%。另一方面,2019年版教材中呈现最高和最低频次的维度占比相差21.69%,而2010年版教材相差22.34%。因此,2019年版教材该模块对科学本质各维度的分布均衡性基本没有改善。

(2)科学本质表征水平的分析

两版教材近代物理模块整体评分都在[+10,+20)区间内,表征水平都为隐性理性,2019年版教材整体表征水平未得到提升,但评分略高于2010年版教材。

与2010年版教材相比,2019年版教材中只有"暂定性(N5)"的表征水平发生变化,由隐性水平提高为显性。由于文本表述方式的不同,部分内容在新版中更明确一些,如对四种相互作用力的不断认识,以及光电效应与经典解释间的矛盾等等,在2019年版教材中用来体现暂定性的表述就更加明确。总之,在近代物理模块虽然2019年版教材较2010年版教材在文本内容上有较大的改动和变化,但科学本质表征的处理基本无变化,表征水平评分略有提升。

## 第六节 研究结论

### 一、表层系统变化

**1. 进一步优化了课程结构,使得高中物理体系更为清晰**

2019年版教材较2010年版教材,在主体知识不变的基础上,调整了必修与选择性必修的部分内容,使课程内容逻辑更加合理,同时使学生知识结构更加完善。优化了部分内容,使课程内容更加科学,体系更加清晰。

**2. 删减了部分边缘知识,优化知识呈现顺序,规范物理学专业用语**

在知识点的选取上,删除部分边缘知识点或将其移入拓展栏目,以突出重点知识;根据学生的认知水平和知识点自身的特点以及课堂容量,进一步优化具体小节的内容及呈现顺序;同时,教材物理学的专业用语更加规范。

**3. 改善了图像质量,调整了图像内容及功能上的倾向,更符合课程标准要求以及图像系统的定位**

2019年版教材与2010年版教材相比,在图像内容的选择上更倾向于使用科技生活类的插图,通过这些插图拉近物理学与生活的距离,这是课程标准的具体体现;在图像功能上,单一功能的在提高,复合功能的图像占比下降,表明2019年版教材更注重图像的直观性。

**4. 作业系统体系进一步完善,题目结构更符合人才的培养需求**

2019年版教材在2010年版教材的基础上,新增章后复习与提高类题目,且进行难度分层。数量及质量有较大幅度的提高,适当加大了运用类的题目比例,其中结构不良问题的结构特征根据课标的要求进行调整,对学生能力的培养更加符合社会对人才的需求。

## 二、实验变化

**1. 实验总广度降低,但探究类实验占比有所提升**

与2010年版教材相比,2019年版教材实验总广度减小,各模块实验广度均有变化。按模块分析,除了力学模块实验广度有所增加外,其余模块广度均降低,其中减少最多的是电磁学模块,总量为12个。

2019年版教材总实验数量减小的情况下,增加了探究类实验比例,相应降低了验证类和应用类实验比例,这说明2019年版教材实验设计更注重科学探究。

**2. 实验内容变动较大,内容设计更利教与学**

在实验内容上,从保留的实验数量占总数量的比例分析,近代物理模块保留比例最低(33.33%),最高的是力学模块(80%);从2019年版教材实验绝对数量变化分析,新增实验最多的是力学模块、删除实验最多的是电磁学模块。

在实验设计上,与2010年版教材相比,2019年版教材设计更为严谨、更符合实验操作逻辑、更能体现学生主体性。

**3. 实验总难度、平均难度均有下降**

与2010年版教材相比,2019年版教材实验总难度、平均难度均有所下降。从模块角度分析,2019年版教材热学、近代物理模块的平均实验难度升高,其余模块的均降低,平均难度变化最大的是热学模块。

**4. 探究水平表征略有下降,探究技能表征略有提升**

探究环节呈现方面,2019年版教材有所改善。各环节探究水平表征方面,2019年版教材探究水平变化主要体现在目的确定、结论形成环节,且总体探究水平略有降低。

基础、综合技能表征方面,2019年版教材总体表征略有改善。制定实验技能表征绝对数量增加较多,教材更加关注学生自主设计实验。

### 三、科学本质表征的变化

**1. 科学本质表征频次有所增加,各内涵呈现的均衡性有所改善,但完整性稍有降低**

2019年版教材在对科学本质各内涵表征的均衡性方面有所改善。在力学和电磁学模块科学本质表征频次明显提升,电磁学模块表征增加最多。其余三个模块呈现频次均减少,近代物理模块减少最多。2019年版科学本质的呈现主要集中在力学、电磁学模块,在各模块分布的频次均衡性略有降低。

两版教材在近代物理模块都缺少"科学定律的本质"的呈现,除此之外2019年版中光学模块缺少"科学研究途径的多样性"。因此,在科学本质表征的完整性上,2019年版的表现略低于2010年版。

**2. 科学本质表征水平未变化,仍为隐性理性**

虽然两版在五模块的科学本质表征准确性都是理性,但明确性整体表征都为隐性,对于以显性方式表征科学本质的水平没有较大变化。从各模块评分结果来看,2010年版对热学和光学模块的明确性表征更接近于显性水平,2019年版中则是电磁学和热学模块更接近显性,即2019年版教材科学本质明确性表征水平得到明显提升的只有电磁学模块。

**3. 注重科学实证性、社会与文化的嵌入性的表征,对理论负载性的关注较少**

2019年版与2010年版教材在各模块对科学本质内涵表征较好的是"实证性"和"科学中社会与文化的嵌入性",二者所占比例之和都接近总频次的一半。说明新旧教材在科学本质的表征上都侧重突出科学的实验和社会性功能,以提高学生对科学的正确认识和理解。但对"理论负载性"的表征比例都低于4.4%。

**4. 实验的呈现方式影响着实证性和观察与推论的表征**

教材呈现的实验文本中往往会表征着科学本质的"实证性"和"观察与推论的区别"。对实验现象的分析必然借助于观察与推论,而实验的结论常表明了科学的实证性。然而,教材中关于"观察与推论的区别"的明确性表征整体上都是隐性,这也意味着教材实验呈现不仅是简单地列出关于实验程序或预期结果,而是需要明确传达进行实验的目的,以及清楚解释与结论相关的结果。

# 第九章　启示和建议

通过对中国、美国教材较全面的分析比较，综合研究结论，对中国教材有如下建议：

**一、合纵连横，打破壁垒，多方位立体呈现知识，发挥教材的隐性教育功能**

教材是一个完整的体系，其中的各系统都承担着一定的教学功能，进一步优化系统的结构，使其功能更加专一，有助于更好地发挥其价值。此外，由系统论的观点可知，对于一个系统而言，其整体大于各部分之和。不同的系统间的相互作用，易催生出教育的隐性功能，所以加强系统的联系有助于更好地开发教材的教育价值。

对于教材系统的联系可以从两方面入手，一是优化各系统内部的结构和内容，二是注重系统间的横向对接。如图像系统、作业系统应和文本系统形成联动，在作业系统的题目中反映文本系统的重点知识，利用图像系统提供的信息设置题目背景，反过来，也可以利用作业系统对文本系统的知识内容进行拓展提升，使得系统间的信息共享。从而使得知识内容能多角度立体化地呈现于各个系统。

**二、拓宽广度，兼顾深度，注重衔接，落实核心素养**

中国教材在兼顾整体深度的前提下，可适当提高教材内容的广度。进一步开发拓展栏目，丰富内容，开阔视野，以适应个性化学习，促进学生的个性发展。

因此教材内容选择上要有明确的取向，形成自己的特色。例如美国教材通过增加知识在生活中的应用、前沿科学等方式培养学生对知识的应用能力，潜移默化地影响学生的发展和成长。

在知识内容呈现上，要注重逻辑，强调知识的衔接。逻辑主要是指在具体编写过程中要综合考虑知识特征、认知水平以及教学实际，对内容的呈现顺序合理安排，以期达到更好的教学效果。2019年版新教材在2010年版基础上已有所改进，但仍有进步的空间。可适当增加引导类的栏目，以提高教材对学生学习习惯的引领作用。在知识衔接上包括两方面，一是高中物理教材自身的衔接，在兼顾课堂容量的同时，注重体现知识脉络和知识内容的完整性，体现物理学科的内在逻辑。二是不同学段间的衔接，美国教材得益于较宽的广度，高中物理与大学物理衔接较为紧密，与美国教材相比，中国教材在高中物理与大学物理的衔接上还需要适度加强。

### 三、优化实验设计，创新实验内容，提高实验自主探究水平，均衡表征探究技能

实验作为物理学科的灵魂，在教科书中有着十分重要的作用，其编写质量直接影响学生的探究能力的发展，根据对比分析，对教材实验编写给出如下建议：

在实验设计上，提高实验内容的设计水平，增设与生活联系紧密的实验内容，提升学生实验研究的热情与学习兴趣。尤其在近代物理模块中，增加巧妙的模拟实验从而帮助学生理解微观或抽象模型；在实验器材选用上，应不断创新，更好地体现仪器的生活化取向，同时也要紧跟时代步伐，适当拓宽数字化实验的范围，提高教材的信息化程度。在实验难度上适当提升探究难度和实验原理难度。

完善实验探究环节，提高实验探究的自主性水平，不同实验栏目的探究水平应遵循从控制性水平到自主性水平有序过渡，符合学生的思维发展特点。教材实验尽量关注各种探究技能的全面呈现，对推断与预测、制定实验、交流质疑技能的表征还应加强。

### 四、重视物理学科思想和方法的培养

物理学在长期的发展过程中形成的科学思想和方法不仅对物理学的研究，而且对整个自然科学甚至社会科学的研究都有较大的影响。学生能力的高低，在一定意义上表现为掌握科学思想和方法的多少以及运用方法的灵活、熟练程度。因此和知识的学习相比，物理学的思想和方法的学习更为重要。学习科学方法的过程，也是人类认识事物从感性认识上升到理性认识的发展过程，可以更好地培养学生的科学素质。因此，教材关于物理学科思想和方法的呈现和处理尤为重要。比如在美国教材中用了一个章的篇幅来对高中物理科学方法、物理与数学的联系、测量和作图工具以及科学理论和科学定律的辨析等进行了综述。值得我国教材借鉴。

### 五、注重全面、均衡地呈现科学本质内涵，改善对科学本质的表征水平

科学本质是核心素养的重要组成内容，因此教材全面均衡、明确、准确地呈现其内涵，能帮助使用者正确理解科学本质，促进学生核心素养达成。中国教材对科学本质表征的材料较丰富，但集中于"科学中社会与文化的嵌入性"和"实证性"内涵上，对"理论负载性"关注相对较少。

2019年版教材整体在科学本质各内涵表征的均衡上有所改善。在各知识模块内呈现的均衡性有部分改善。仍可通过了解教科书中科学本质呈现的现状,结合模块的知识特点和高中学生的能力水平,适当均衡呈现科学本质的各个内涵,特别是关注明显较少的维度。

2019年版教材注重科学知识的完整性与内在逻辑的编排,对科学本质表征准确性水平较好。但在明确性方面,对科学本质内涵的表述大多是隐性的,因此显性表征需要提升的空间还很大。教材需要为学生提供沉浸在连续的科学认知和丰富的社会实践中学习的文本材料并显性表征,才能引导学生理解和构建正确的科学本质观。

### 六、丰富图像来源,创新二次加工,进一步挖掘图像价值

图像系统作为教材除文本以外篇幅最大的系统,其质量的高低对教材整体有着较大的影响,通过与美国教材的对比,不难发现我国教材的图像系统的质量可提升的空间较大,主要有以下几点:

图像的选取来源应更加丰富。多样性的图像可以使教材内容更加丰富多彩,提高教材的可读性。中国教材在图像来源上较为单一,变化性较少,2019年版教材在根植中国传统文化和古代文化结晶的内容上做了有益的尝试,赋予了物理教科书的人文素养与深厚的历史底蕴,同时丰富拓展了图像的来源。

多使用复合图,提高图像的信息承载量。中国教材图像的信息承载量不足,部分图像仅单一呈现了现象,没有进行解释或利用复合图的方式对关键信息进行标注与说明,对图像的二次加工还有空间。可借鉴美国教材处理方式,大量使用复合图,在提高图像信息负载量的同时充分挖掘其背后的教育价值。

明确图文的关系,更好地发挥图像在教材中的作用。如在美国教材中图像系统充当辅助作用,对文本系统的内容进行解释说明,将抽象的内容借助图像将其具象化,加深对概念规律的理解。中国教材中这点体现的不是很明显,教材中文本系统与图像系统的联系有些松散,多数情况像是通过两种不同的途径陈述相同的内容,没有明显的主次。这种情况容易引起学生的认知疲劳,同时也显得教材内容有冗余。因此,明确教材中图像系统的地位与作用,进行有针对性的再加工,更好地发挥图像的作用。

### 七、优化作业结构,注重多种能力的综合训练,充分发挥题目的延伸功能

作业系统作为教材中对学生学习情况进行检测与评价的系统,是训练学生多种能力的营地,在一定程度上展示学生的成果。

丰富习题栏目,体现系统内部的层次,同时适当增加题目,以满足实际教学需

求。中国教材在作业系统中,设置的栏目较少,使得题目的分类和针对性不能明确呈现,建议适量增加栏目,完善题目的类型,提高栏目的专业化程度与题目的层次性,同时解决了中国教材习题数量偏少的问题,增加习题的选择性。如美国教材中"批判性思维""挑战题""编写问题""分析与总结""科技写作"等形式的题目,更注重考查学生对知识的理解深度,培养思辨能力、证据意识、批判性学习、知识整合和创新能力。

优化题目结构,增加结构不良问题的占比,兼顾不同特征分布的相对均衡;同时适当配置逐步进阶的原始问题,培养学生获取信息、分析推理、建构模型等解决实际问题的能力,注重能力培养的全面性。

优化题目难度,中国教材习题难度高于美国教材,除涉及的知识点较多、推理较难外,还有问题情境较复杂、阅读量较大、引导不足等。在习题设置时,呈现适量的情境并注重引导,运用"问题链"的形式,层层递进,引导学生逐步解答问题。

利用习题巩固实验、延伸实验,同时将育人融入习题中,促进核心素养落地。目前中国教材习题中涉及实验的题目极少,且在习题栏目中缺少探究性问题。教材习题在编写过程中,要尽量平衡好物理与生产生活的关系,适当设置物理情境,利用习题去开发物理实验,提升学习兴趣。

关注题目的育人功能,注重人文关怀。站在素质教育的高度合理增加促进学生全面发展的习题。结合物理前沿背景,有意识地凸显中国的物理学成就以及科学技术成果,培养学生的爱国热情与民族自豪感,进而让学生理解物理学对社会发展的重要性,促进物理核心素养的落实。

### 八、进一步改善教材内容、习题与课程标准的一致性

教材的编写是以课程标准为依据,将课程标准对内容、认知的要求等反映在教材中。2019 年版教材整体与课程标准的一致性较好,但还有提升空间。从各册知识内容来看,选择性必修 2 尚需特别关注。从内容主题角度,电磁振荡与电磁波、磁场、牛顿力学的局限性与相对论初步、电磁感应及其应用、热力学定律的一致性程度相对较低,需要进一步改善。

习题与课程标准的一致性方面,必修教材习题的一致性程度要优于选择性必修教材,但匹配程度还需提高。特别是选择性必修 3,内容与认知水平的向心性需要加强。在挑战的等级方面整体处于水平 2 的题目总数量最多,可适当提升题目的挑战性,兼顾选拔性考试。

# 参考文献

[1] 龙安邦,余文森.我国基础教育课程改革与发展70年[J].课程·教材·教法,2019,39(02):11-18.

[2] 基础教育课程改革纲要(试行)[J].北京:人民教育出版,2001.

[3] 中华人民共和国教育部.普通高中物理课程标准(2017年版)[M].北京:人民教育出版,2018.

[4] 郭玉英.物理比较教育[M].南宁:广西教育出版社,2006:75-136.

[5] Casey Langer Tesfaye, Susan White. High School Physics Textbooks[EB/OL].(2010-09)[2021-07]. https://www.aip.org/statistics/reports/high-school-physics-textbooks.

[6] 张烁.全国高中2019年秋季起分步实施新课程使用新教材[N].人民日报.2018-8-27(12).

[7] 褚亚平,林培英,郑亚非.析现代学校地理教材构成的三系统[J].课程·教材·教法,1984(05):5-9.

[8] 翟志峰,董蓓菲.美国教材评价标准的指标和方法——以《优质教材工具》为例[J].全球教育展望,2019,48(05):91-104.

[9] 张颖.美国"2061计划"教材评价工具简介[J].课程·教材·教法,2009,29(03):82-85.

[10] Kostas Dimopoulos, Vasilis Koulaidis, Spyridoula Sklaveniti. Towards a Framework of Socio-Linguistic Analysis of Science Textbooks:The Greek Case[J]. Research in Science Education,2005,35(2-3):173-195.

[11] J Wang, X Lu. Selection of content in high school mathematics textbooks: an international comparison[J]. ZDM,2018,50(5):813-826.

[12] 蒋炜波,赵坚.新版普通高中教科书《物理》教材的习题配置分析[J].物

理教学,2020,42(09):2-11+28.

[13] 邹丽晖.高中物理教科书插图修订策略研究[J].课程·教材·教法,2019,39(09):94-99.

[14] 吕志兰.初中物理教材中力学知识结构编排的分析[J].湖南中学物理,2017,32(11):34-36.

[15] 曾海涛,陈娴.日本高中物理教材绪论内容与特点的分析及其启示[J].物理教学,2019,41(09):70-72+48.

[16] 孙宁波,袁海泉.人教版新旧高中物理教材习题对比研究[J].湖南中学物理,2020,35(09):27-30+4.

[17] 黄少楚,王笑君.基于STSE视角下对高中新旧教材课外阅读材料栏目变化的研究——以新旧人教版、新旧粤教版教材(必修一)为例[J].物理教学,2020,42(10):17-20.

[18] 侯新杰,赵欢欢.中美高中物理教材物理学史习题的分析与比较[J].物理教师,2017,38(11):63-67.

[19] 陈运保,曹小利,吴慧婷,等.中日新版初中物理教材插图的比较研究[J].比较教育研究,2014,36(09):71-76.

[20] 郭庆,乔翠兰.中英高中物理教材插图的比较[J].湖南中学物理,2021,36(01):15-19.

[21] Eugene L Chiappetta, David A Fillman. Analysis of five high school biology textbooks used in the United States for inclusion of the nature of science[J]. International Journal of Science Education,2007,29(15):1847-1868.

[22] 이영희, 손연아, 김가람. 초등 과학 교과서에 나타난 과학의 본성에 대한 분석 - 4가지 영역의 과학적 소양을 기준으로 [J]. 초등과학교육제, 2014, 33(2):207-216.

[23] 刘健智.论中学生科学本质观的内涵[J].物理教学探讨,2006,24(9):1-3.

[24] Lederman N G, Abd-El-Khalick F,et al. Views of Nature of Science Questionnaire: Toward Valid and Meaningful Assessment of Learners' Conceptions of Nature of Science[J]. Journal of Research in Science Teaching,2002(6):497-521.

[25] Abd-El-Khalick F, Waters M, Le A P. Representations of Nature of Science in High School Chemistry Textbooks over the past Four Decades[J].

Journal of Research in Science Teaching,2008,45(7):835-855.

[26] Chiappetta E L, Sethna G H, Fillman D A. A quantitative analysis of high school chemistry textbooks for scientific literacy themes and expository learning aids[J]. Journal of Research in Science Teaching, 1991, 28(10): 939-951.

[27] Knain, Erik. Ideologies in school science textbooks[J]. International Journal of Science Education, 2001,23(3):319-329.

[28] Niaz M. The oil drop experiment: A rational reconstruction of the Millikan Ehrenhaft controversy and its implications for chemistry textbooks[J]. Journal of Research in Science Teaching,2000(37):480-508.

[29] Niaz M, Coştu B. Analysis of Turkish general chemistry textbooks based on a history and philosophy of science perspective[M]. Dordrecht, the Netherlands: In M. S. Khine (Ed.), Critical analysis of science textbooks: Evaluating instructional effectiveness,2013.

[30] Niaz M, Kwon S, Kim N, et al. Do general physics textbooks discuss scientists' ideas about atomic structure? A case in Korea[J]. Physics Education, 2013,48(1):57-64.

[31] Abd-El-Khalick F. Images of nature of science in middle grade science trade books[J]. New Advocate,2002,15(2):121-127.

[32] Abd-El-Khalick F, J Y Myers, R Summers, et al. "A Longitudinal Analysis of the Extent and Manner of Representations of Nature of Science in US High School Biology and Physics Textbooks."[J]. Journal of Research in Science Teaching,2017,54(1):82-120.

[33] 李西营,马志颖,申继亮.中学科学教科书中科学探究评价指标体系的构建[J].课程·教材·教法,2019,39(10):124-130.

[34] 杨玉琴,王祖浩.中美高中化学教材中科学本质内容水平的比较及启示[J].化学教育,2010,31(12):11-15.

[35] 侯新杰,栗素姣,安淑盈,等.中美高中物理教材科学史内容分析与比较[J].比较教育研究,2013,35(09):45-50.

[36] 贺琳.中美高中物理教材中科学本质呈现的比较研究[J].物理教师,

2018,39(09):65-68.

[37] 黄晓,徐爽,高琦.中、美科学教材中科学本质内容与呈现评析[J].教育科学研究,2020(11):51-57.

[38] 严文法,李彦花.基于科学本质的鲁科版高中化学教材研究[J].化学教学,2012(12):8-11.

[39] Bing Wei, Yue Li, Bo Chen. Representations of Nature of Science in Selected Histories of Science in the Integrated Science Textbooks in China[J]. School Science and Mathematics,2013,113(4):170-179.

[40] 张雪,张静,姚建欣.物理教科书中科学本质表征变迁研究[J].全球教育展望,2020,49(07):106-118.

[41] 陈少丽,黎心瑜,陈博,等.化学教材中科学本质内容表征工具的评介与应用[J].化学教育(中英文),2021,42(07):1-7.

[42] 郭民,史宁中.中英两国高中数学教材函数部分课程难度的比较研究[J].外国中小学教育,2013(07):55-59.

[43] 史宁中,孔凡哲,李淑文.课程难度模型:我国义务教育几何课程难度的对比[J].东北师大学报,2005(06):152-156.

[44] 常晓慧,侯恕.中美高中物理教材难度比较分析[J].中学物理,2017,35(15):18-19.

[45] 刘健智,卢宇梦,颜熠乔.中美高中物理教材内容呈现方式的比较——以"加速度"的编写为例[J].物理教师,2014,35(05):59-62.

[46] 廖伯琴,霍静.高中物理教材难易程度的国际比较研究[J].物理教学探讨,2019,37(09):1-4+8.

[47] 鲍建生.中英两国初中数学期望课程综合难度的比较[J].全球教育展望,2002,31(09):48-52.

[48] 王建磐,鲍建生.高中数学教材中例题的综合难度的国际比较[J].全球教育展望,2014,43(08):101-110.

[49] 吴立宝,王建波,曹一鸣.初中数学教科书习题国际比较研究[J].课程·教材·教法,2014,34(02):112-117.

[50] 廖伯琴,罗军兵,马兰,等.高中物理教材习题难度国际比较[J].物理教学探讨,2017,35(11):1-4.

[51] 冯婷嫣.中美高中物理习题比较研究[J].教学与管理,2019(03):88-90.

[52] 陈娴,梁玲,梁寒冰.从改革后的新教材看美国中学物理实验教学的主要特点及发展趋势[J].课程·教材·教法,2007(04):92-96.

[53] 熊泽本,马世红.中美基础物理实验教科书的对比与启示[J].物理与工程,2017,27(03):10-17.

[54] 熊泽本,马世红.基础物理实验教科书对比与分析[J].实验室研究与探索,2017,36(10):186-190+222.

[55] 廖伯琴,左成光,苏蕴娜.国际中学科学教材实验内容难度比较——以高中物理为例[J].全球教育展望,2017,46(04):23-29+108.

[56] 李鼎,冯容士.数字化实验在AP物理教材中的呈现特点及其启示[J].物理教学,2020,42(08):16-19.

[57] 陈运保,李芳芳.初中物理教材探究实验中批判性思维内容比较研究——以"人教版"和"上教版"教材为例[J].物理教师,2020,41(11):50-53,56.

[58] 段戴平,李广洲,倪娟.课程一致性:方法比较、问题反思与本土化探寻[J].中国教育学刊,2015(06):73-78.

[59] Webb N L. Criteria for alignment of Expectations and Assessments in Mathematics and Science education Research Monograph No. 6[J]. Academic Achievement,1997,1(11):46.

[60] Michael J Subkoviak. A Practitioner's Guide to Computation and Interpretation of Reliability Indices for Mastery Tests[J]. Journal of Educational Measurement,1988,25(1):47-55.

[61] Webb N L. Issues related to judging the alignment of curriculum standards and assessments[J]. Applied Measurement in Education,2007(20):7-25.

[62] AC Porter,Smithson J L. Alignment of Assessments, Standards and Instruction Using Curriculum Indicator Data[J]. programs. ccsso. org,2002.

[63] Blank R K. Findings on alignment of instruction using enacted curriculum data:Results from urban schools[R]. San Diego, CA:Paper presented at the annual meeting of American Educational Research Association, 2004.

[64] Resnick L B,Rothman R,Slattery J B,et al. Benchmarking and alignment of standards and testing[J]. National Center for Research on Evaluation, Standards, and Student Testing,2004,9(1-2)2:1-27.

[65] Achieve,Inc,Washington,et al. Measuring Up:A Standards and Assessment

Benchmarking Report for Oklahoma. Part II of a Review of Standards, Assessments and Accountability[R]. Washington, DC, The Oklahoma State Department of Education, 2002.

[66] 邵朝友,周明.试论内容标准、表现标准的特点及关系——基于评价与标准一致性的角度[J].当代教育科学,2006(10):37-40.

[67] 刘学智,马云鹏.美国"SEC"一致性分析范式的诠释与启示——基础教育中评价与课程标准一致性的视角[J].比较教育研究,2007(05):64-68.

[68] 刘学智,张雷.学业评价与课程标准的一致性:韦伯模式本土化探究[J].外国教育研究,2009,36(12):13-17.

[69] 范立双,刘学智.美国"成功分析模式"的诠释与启示——学业评价与课程标准一致性的视角[J].比较教育研究,2010,32(08):77-80.

[70] 刘瑞生.美国"2061计划"的中学教材评估[J].比较教育研究,2003,24(10):56-61.

[71] 孙炘.美国实施《普及科学——美国2061计划》述略[J].扬州教育学院学报,2004,22(02):60-63.

[72] 杜爱慧.物理教材插图的分类与运用策略[J].教学与管理,2010(10):73-75.

[73] 杜爱慧,卢美枝.中学物理教材插图中的隐性知识及其运用策略探讨[J].教育理论与实践,2014,34(29):56-57.

[74] 祁映宏.中美物理教材插图的比较研究[J].长春师范学院学报,2007,26(08):143-146.

[75] 黄显华,霍秉坤.寻找课程论和教科书设计的理论基础[M].北京:人民教育出版社,2002:126-127.

[76] Victor R, Lee. Adaptations and Continuities in the Use and Design of Visual Representations in US Middle School Science Textbooks[J]. International Journal of Science Education, 2010, 32(8):1099-1126.

[77] Lederman N G. Nature of Science: Past, Present, and Future[M]. Handbook of Research on Science Education, 2007:831-879.

[78] Norman G Lederman, Stephen A Bartos, Judith S Lederman. The Development, Use, and Interpretation of Nature of Science Assessments[M]. Netherlands: International Handbook of Research in History, Philosophy and Sci-

ence Teaching,2014.

[79] Christine V McDonald,Fouad Abd-El-Khalick. Where to From Here? Implications and Future Directions for Research on Representations of Nature of Science in School Science Textbooks In Christine V. McDonald and Fouad Abd-El-Khalick (Eds.)[M]. Representations of Nature of Science in School Science Textbooks: A Global Perspective, 2017:215-231.

[80] Umesh Dewnarain Ramnarain,Tarisai Chanetsa. An analysis of South African Grade 9 natural sciences textbooks for their representation of nature of science[J]. International Journal of Science Education, 2016, 38(6):922-933.

[81] Karl Marniok,Christiane S Reiners. Representations of Nature of Science in German School Chemistry Textbooks. In Christine V. McDonald and Fouad Abd-El-Khalick (Eds.) [M]. Representations of Nature of Science in School Science Textbooks: A Global Perspective,2017:201-214.

[82] Irez S. Nature of science as depicted in Turkish biology textbooks[M]. Science Education,2009,93(3):422-447.

[83] Norman G Lederman,Judith S Lederman. Is Nature of Science Going, Going, Going, Gone? [J]. Journal of Science Teacher Education,2014,25(3):235-238.

[84] 李晓梅,李春密,孙会娟.中美大学物理教材难度的定量比较分析[J].大学物理,2017,36(01):41-44.

[85] 刘炳升.贯彻新大纲精神切实加强物理实验[J].课程·教材·教法,1997(6):21-23.

[86] 李春密.中小学理科教材难度国际比较研究[M].北京:教育科学出版社,2016.

[87] 张新宇,占小红,陈琳.基于探究水平的科学教材活动比较研究[J].化学教学,2012(10):10-13.

[88] 姚娟娟,王世存,姚如富,等.高中化学教材中实验类栏目的探究水平和探究技能研究[J].化学教学,2020,4(10):19-23+29.

[89] 张国镇.联想质疑 探究分析 交流创新——化学分层探究式实验教学的实践与思考[J].化学教学,2006(02):1-3.

[90] 侯新杰,吕齐银.高中物理必修教材栏目中的结构不良问题研究[J].中

学物理教学参考,2014,44(07):2-5.

[91] Emine Çil. Alignment between Turkish Middle School Science Curriculum Standards and High School Entrance Examination[J]. Journal of Turkish Science Education,2015,12(2):33-48.

[92] Liu X,Zhang B,Liang L L,et al. Alignment between the physics content standard and the standardized test: A comparison among the United States – New York State, Singapore, and China – Jiangsu[J]. Science Education,2010,93(5):777-797.

[93] Gavin W Fulmer. Estimating Critical Values for Strength of Alignment Among Curriculum, Assessments, and Instruction[J]. Journal of Educational and Behavioral Statistics,2011,36(3):381-402.

[94] Webb N,Madison W. Alignment of science and mathematics standards and assessments in four states[J]. Education,1999,289(3):559-569.

[95] 陈鹍娟,周莹.基于Achieve模式的2018年全国高考数学试题与最新版课程标准一致性研究[J].教育测量与评价,2019(06):57-64.

[96] 杨玉琴,张新宇,占小红.美国Achieve"测验—标准"一致性分析工具的研究及启示[J].外国中小学教育,2011(09):22-27.

[97] 张保雷.人教版高中物理新旧教材力学实验比较分析[J].物理教师,2011,32(06):16-17.